高等院校小学教育专业系列教材

GAODENG YUANXIAO XIAOXUE JIAOYU ZHUANYE XILIE JIAOCAI

XIAOXUE JIAOYU GUANLI

小学教育管理

赵复查 主 编

北京师范大学出版集团
BEIJING NORMAL UNIVERSITY PUBLISHING GROUP
北京师范大学出版社

图书在版编目(CIP)数据

小学教育管理/赵复查主编. —北京：北京师范大学出版社，2013.7(2025.7重印)

(高等院校小学教育专业系列教材)

ISBN 978-7-303-16129-4

Ⅰ.①小… Ⅱ.①赵… Ⅲ.①小学教育－教育管理学－高等学校－教材 Ⅳ.①G627

中国版本图书馆CIP数据核字(2013)第080824号

出版发行：北京师范大学出版社 https://www.bnupg.com
北京市西城区新街口外大街12-3号
邮政编码：100088

印　　刷：北京天泽润科贸有限公司
经　　销：全国新华书店
开　　本：710 mm×1000 mm　1/16
印　　张：18
字　　数：370千字
版　　次：2013年7月第1版
印　　次：2025年7月第5次印刷
定　　价：35.00元

策划编辑：陈红艳　　　　责任编辑：陈红艳
美术编辑：纪　潇　　　　装帧设计：纪　潇
责任校对：陈　民　　　　责任印制：马　洁

前　言

教育是改变生命存在状态，让人诗意栖息，享受幸福人生的事业。教育管理则是引导人如何履行教育职责，更好地完成教育使命的事业。小学教育是教育基础中的基础，其管理具有特殊意义。如何引导小学教育专业学生专注小学教育管理，从学科的性质、管理的现象、管理的规律，以及管理过程的认识和了解上，掌握管理的基础知识，从实践上了解管理的功能，初步理解管理的实践精神，是小学教育管理教材追求的真实意蕴。管理是一种实践，管理是一种过程，管理更是一门艺术。它追求的是效益、效能、效率和效果。讲求实效和成果是管理的本真内涵与意义。小学教育管理是研究小学教育管理活动及其现象，揭示小学教育管理内在运行规律的一门综合性应用学科。小学教育管理的研究对象是小学教育组织中的管理活动、管理过程和管理规律，寻求的是小学教育组织在活动中的实践意义，追寻的是教育活动的成就。

以实践为切入点研究小学教育管理是本教材的基本特色。从实践的角度探讨小学教育管理，既要考虑小学教育地位的特殊性，又要考虑小学教育管理与教育行政管理、学校管理的差异性。小学教育管理与广义的教育管理和狭义的教育管理研究的范畴都有不同的地方。其一，小学教育管理虽然研究的是具体的学校管理，但其又不完全堕入单纯的学校管理范畴，它还研究涉及学校管理的行政管理问题，以广义的教育行政管理视角探讨小学教育管理，这一点是与传统意义上的学校管理研究所不同的地方。其二，小学教育管理尽管在研究视野上借助广义的教育管理研究范式，但其却限制在小学教育，即小学的研究上，它既不是广义的教育管理研究，又不是狭义的学校管理研究，而是将学科定位在小学教育管理所涉及的宏观、中观、微观的教育管理实践上。这一研究定位体现了小学教育管理学科的综合性、应用性和可操作性。

小学教育管理学科由具有内在逻辑联系的四大板块构成。

第一板块是小学教育管理的理论研究。这一部分内容由小学教育管理基础、小学教育管理理论和小学教育管理过程三个方面组成。其主要任务是探讨小学教育管理的基础理论、学科属性、研究对象和研究方法等问题。其目的是为小学教育管理提供理论指导和学科理论发展的依据，明确小学教育管理的学科性质、定位、研究范式和方法，从而奠定学科基础。

第二板块是小学教育管理的范畴研究。这一部分内容由小学教育管理组织、小学教育管理规程和小学教育管理场域三个方面组成。其主要任务是探讨小学教育管理组织的形成与发展、小学教育管理规程的内涵与作用，以及小学教育管理的场域，即范畴问题。其目的是为小学教育管理提供完整的领地，扩大管理者的教育管理视野，摆脱狭隘的学校管理思维，从而形成整体的小学教育管理观。

第三板块是小学教育管理的内涵研究。这一部分内容由小学人力资源管理、小学公共关系管理和小学全面质量管理三个方面组成。其主要任务是探讨小学教育管理中的人力资源的开发与利用、教育质量的提升与监控，以及公共关系形象的树立与危机控制问题。其目的是帮助管理者弄清小学教育内涵提升的方向，从而树立正确的人才观、质量观和社会公共形象。

第四板块是小学教育管理的校本研究。这一部分内容由小学校本财政管理、小学校本文化管理和小学校本特色管理三个方面组成。其主要任务是从文化、特色和财政的角度探讨校本管理问题。其目的是引导小学教育管理者走出千篇一律的无特色、无活力、无生命的陈旧管理窠臼，形成以校本财政为契机、以校本文化为内涵、以校本特色为途径的小学教育全面发展的全新的教育管理观念。

本书从体例到结构的谋划都是一次大胆的尝试，它突破了以往的传统思维，从实践的角度论述了小学教育管理问题。参与编写的同人是多年从事小学教育专业教育管理课程教学的教师。全书由赵复查构思写作体例，拟定写作纲目并统稿。参与编写的人员有：广东省韩山师范学院赵复查(第一章)、广东省韶关学院吴文刚(第二章)、福建省漳州师范学院王伶俐(第三章和第七章)、韩山师范学院朱旭(第四章和第六章)、广东省肇庆学院杨小秋(第五章)、韩山师范学院张春珍(第八章)、安徽省淮南师范学院龚宝成(第九章)、韩山师范学院吴丹英(第十章)、韩山师范学院陈洵(第十一章)、韩山师范学院刘幼玲(第十二章)。本书在编写过程中参阅了大量的文献，在此表示真诚的谢意。

小学教育管理是一门新型学科，它有待于我们去开发、研究和建设。囿于我们的学识和水平，编写中难免有误，我们衷心期望各位专家、同人和读者朋友的批评与指正。

编者

2013 年 2 月于广东潮州

目 录

第一章　小学教育管理基础

本章重点

- 了解小学教育管理的基本概念，理解管理与教育管理的内涵
- 了解小学教育管理的学科属性、研究对象及特点
- 了解小学教育管理常用的研究方法

第一节　小学教育管理的基本概念

一、管理

1. 管理是人类社会的普遍现象

社会要发展，人类要生存，就要获得基本的生产和生活资料。在人类社会产生的初期，生产力水平极其低下，利用手中粗糙的石器、木器和骨器很难战胜如大象之类的猛兽动物，要想获得基本的生存资料，实现社会发展和稳定生活的目标，依靠个人的力量已无法达到目的。于是人们就联合起来，与自然展开坚决的斗争。通过协作、分工与统一指挥，获得生产和生活资料，这就是人类社会管理的开端。在人类社会发展的过程中，管理由来已久，人们对其含义的认识也历经变化。在我国古代，“管”原为竹筒之意，后指锁钥，如《周礼》云：“司门掌授管键，以启闭国门”，再后又引申为对人、财、物的制约和执掌。“理”作“治”解，许慎的《说文解字》中指出：“理，治玉也”，专指对玉的雕刻和打磨，后来又沿用到人身上。在英文中，“管理”为 manage ，源于意大利文 maneggiare，意指训练或处理马匹，后来其应用范围逐渐扩大。[①]

随着人类社会的进步和生产力水平的提高，人类协作劳动的规模、范围越来越大，管理活动日益发展，各种朴素的管理思想也随之诞生。在工业文明之前，中外都有迄今看来非常宏大的工程。在国外有古埃及的金字塔，其中最大

① 李保强：《学校管理学》，1 页，北京，高等教育出版社，2002。

的一座由230万块石头组成，每块平均重达2.5吨，最重的达15吨。当时的统治者动用10万人，花了20年时间才建成。中国有秦时始建的万里长城、隋朝开挖的大运河等。所有这些巨大的工程都需要大规模的协作劳动，因而也体现着管理的发展。另外，在中国历史上，还有不少体现科学管理思想的例子。如唐朝刘晏的漕运改革也颇有创举。他实行有偿劳动，并将漕运分为几段，按各段水情招聘船工，使用船只，并将大米由散装改为袋装，既方便搬运，又便于失事后打捞。这项改革使当时南方大米运进京都——西安的时间由原来的八九个月缩短到40天左右。又如“一举而三役济”，说的是宋朝当朝宰相丁谓受命重建被焚的宫殿，采取了挖街取土烧砖，引水于沟用于船运，完工后用废旧砖土填沟以恢复原街道，可谓“一举多得”。[①]

综上所述，管理是人类社会生活中所体现的一种特有现象，它是人类赖以存在和发展的重要条件。无论是古代社会，还是现代文明社会，人类的生存与发展都直接依赖于管理。马克思认为：“一切规模较大的直接社会劳动或共同劳动，都或多或少地需要指挥，以协调个人的活动，并执行生产总体运动——不同于这一总体的独立器官的运动——所产生的各种一般职能。”“一个单独的提琴手是自己指挥自己，一个乐队就需要一个乐队指挥。”[②]“一旦从属于资本的劳动成为协作劳动，这种指挥、监督和调节的职能就成为资本的职能。”[③]管理是社会劳动或共同劳动的需要，它是实现社会生产和社会生活的必要条件，社会生产和生活的现代化程度越高，管理的作用就越大。如果社会生活中没有了管理，社会的秩序就会大乱。人们追求的美好与幸福就会破灭。可见，管理并不是可有可无的事情。

2. 管理是人类文化的价值反映

人类文化的发展经历了漫长的年代。所谓文化，是指一个国家或民族的历史、地理、风土人情、传统习俗、生活方式、政治宗教、文学艺术、行为规范、思维方式、信念、态度和价值观，以及人们普遍认可的见解等。从某种意义上说，人是文化的人，没有文化就没有人的生存方式。文化是人存在的生命意义与价值，离开了文化，就没有真正意义上的人。因为“人类生活的基础不是自然的安排，而是文化形成的形式和习惯。正如我们历史地所探究的，没有

① 王绪君：《管理学基础》，3页，北京，中央广播电视大学出版社，2001。

② 马克思、恩格斯：《马克思恩格斯全集》，第23卷，367页，北京，人民出版社，1971。

③ 马克思：《资本论》，第1卷，322页，北京，中国社会科学出版社，1983。

自然的人，甚至最早的人也是生存于文化之中”。[①]文化是人类超自然的创造物，是历史地积淀的类本质对象化。具体说来，文化是历史凝结成的稳定的生存方式，其核心是人自觉不自觉地建构起来的人之形象，它自发地影响人的生存活动。根据文化所涉及的范畴与特性，人们将文化大致分为四类，即物质文化、精神文化、行为文化与制度文化。从文化体现的类型看，管理也是一种文化。

管理的文化特性反映在管理主体与管理客体，以及管理主客体的主体间性关系上。人是文化的人，管理是人与人之间施加影响，并相互作用的过程。其特性就是文化价值在主体间的折射与反映。管理与被管理之间，在文化价值、思维方式、行为习俗、态度与观念上都存在差异，而促使主体间文化的高度统一，则是管理最强有力的功能。通过管理获得共同的价值观与行为习惯，通过管理达到统一态度与世界观，通过管理提升国家、民族和地区的综合实力，通过管理弘扬民族文化，增强人民的幸福感。这些都是管理文化的价值反映。在传统与现代管理的文化历史中，管理也同样显现了文化价值。中国古代儒家的“仁民爱物”、道家的“无为而治”、法家的“严法律民”的管理思想，以及民间俗语“三思而后行”的行为判断，都是管理文化的价值反映。在西方，现代管理者更是强调管理的文化功能。美国管理学大师德鲁克认为，“管理不只是一门学问，还是一种‘文化’，它有自己的价值观、信仰、工具和语言”。其管理受所在国家传统的影响，如“美国的竞争对手的传统，欧洲大陆的重商主义传统，日本的家族传统，英国的俱乐部传统等”。[②]

管理本质的二重性，即管理的自然属性和社会属性体现了不同文化的价值观。马克思主义认为，“凡是直接生产过程具有社会结合过程的形态，而不是表现为独立生产者的孤立劳动的地方，都必然会产生监督劳动和指挥劳动。不过它具有二重性。一方面，凡是有许多个人进行协作的劳动，过程的联系和统一都必然要表现在一个指挥的意志上，表现在各种与局部劳动者无关而与工场全部活动有关的职能上，就像一个乐队要有一个指挥一样。这是一种生产劳动，是每一种结合的方式中都必须进行的劳动。另一方面，—— 完全撇开商业部门不说，—— 凡是建立在作为直接生产者的劳动者和生产资料所有者之间的对立上的生产方式中，都当然会产生这种监督劳动。这种对立越严重，这种监

---

① 蓝德曼：《哲学人类学》，260页，北京，工人出版社，1988。

② 陈孝彬、高洪源：《教育管理学》，20页，北京，北京师范大学出版社，2008。

督劳动所起的作用就越大”。[①]马克思所说的“指挥劳动”反映了管理活动的自然属性，“监督劳动”反映了管理活动的社会属性，而管理文化中的协调则起到了调节双重属性的作用。

3. 管理是人类生存的社会实践

马克思认为，“社会生活在本质上是实践的，凡是把理论导致神秘主义方面去的神秘的东西，都能在人的实践中以及对这个实践的理解中得到合理的解决”。[②] 人的实践是为了人的生存，人的生存也是为了人能更好地进行实践。人类对生存的理解并不完全定位在已有的存在物上，人通过自身的历史实践活动造就一个属于自己且更赋予其生存意义的属人世界。实践具有感性、对象性和目的性的特征。实践是人的感性活动，它具有直接现实的品格，它是人真实的、可靠的感知觉过程，它与思辨和假设具有本质的区别；实践是人的对象性活动，它是人作为对象性存在物的最基本的特征，人通过活动的对象意识自己、确认自己、展现自己；实践又是人有目的的主观见之于客观的活动，目的性把人的实践活动和动物的本能活动区别开来，实践的目的性决定人实践活动的方式与方法，体现了人自由自觉的超越本性。

从实践生存的角度探讨管理实践，管理具有如下特性：[③]

(1)理性与非理性的统一。理性与非理性，是人类实践生存不可分割的两个方面。没有理性，人的生存实践只会处于低能的动物性阶段，没有非理性，人的实践也不可能真实地展现生命特质，正是理性和非理性的统一，才真正生成了人的本质。理性是实践生存的重要组成部分，是人类超越自我，追求价值，探索生命意义，改善生存境遇的一种自由与自觉。非理性是人通过自身的活动展示生命的存在与价值，体现生命欲望与冲动，表现生命感性、流变，及其有限特性的多样性生命本质。在管理实践中，管理者要摆脱困境，回避冲突，整合资源，最大限度地调动人的积极性，就必须在理性和非理性之间寻找均衡，保持张力，实现管理决策的优化。

(2)对象性与非对象性的转化。对象性和非对象性的转化，是人类实践生存活动得以可能的最基本条件。没有对象性活动，人就无法确认自己，没有非对象性活动，人就难以理解生命存在的价值与意义。对象性强化了人对自然，以及其他客体的改造，把人的主观能动性发展到较高的境地，使主体赋予生命

---

① 马克思、恩格斯：《马克思恩格斯全集》，第3卷，431页，北京，人民出版社，1975。

② 马克思、恩格斯：《马克思恩格斯全集》，第2卷，18页，北京，人民出版社，1972。

③ 赵复查：《走向实践生存——教育变革的人学路径》，载《韩山师范学院学报》，2008(5)。

力量，为人的自由自觉活动提供前提。非对象性则相反，它使主体转化为客体，或形成主体间关系，使人的生存活动受制于对象的客观规律，促使人与自然、人与社会、人与自身的和谐发展，从而更充分自由地发挥人的创造性。在管理实践中，对象性与非对象性之间是相互逆转的，管理者改变管理对象，管理对象也改变管理者。当管理过程中对象性与非对象性发生转化时，管理就达到了真善美结合的理想境界。

(3)主体性与主体间性的融合。主体性是人的生命活动及其表现形式中所体现的自我认识、自我创造和自我超越，是人实践生存的能动反映。主体间性是对现实生活世界中人的重新认识，是对人的主体性进行更准确、更具价值的关系性定位，是主体与主体之间的理解、通融与共识。主体间性是对主体性的扬弃与超越，是主体性合理的、适度的发挥与发展，它强调主体在尊重人性的前提下实施生命价值的弘扬。在生存实践中，任何个体都处在由他人共同构成的主体间性的生活世界。类主体的共生、共在与自由发展是主体间性的价值追求。管理是主体性与主体间性相互融合的社会实践活动。管理生命的心灵慰藉，为我们展示了主体需求的生命内涵；管理人生价值的提升，更需要主体间的生命观照。

二、教育管理

1. 教育管理的界定

管理与教育管理既有联系又有区别。管理是人类社会普遍存在的现象，其活动涉及企业、商业、医学、卫生、公共事务等诸多方面。管理是将理性认识付诸有组织的活动，其目的是提高组织活动的效率。在现代社会中，各组织机构及其管理都具有很强的渗透性，其部门与行业间都会相互学习与借鉴。管理是大类活动，是教育管理的上位概念。教育管理则是管理在教育领域的应用，是对教育进行管理或管理教育的专业化活动，是教育活动和管理活动交叉与结合的活动。美国学者 D. E. 奥洛斯基在其所著的《今日教育管理》一书中把教育管理视为管理科学加教育。

教育管理是以管理问题为活动对象，以管理学、教育学和其他相关学科为基础，运用定性、定量，以及其他相关方法，通过对教育管理有关问题的研究，发现教育管理规律，形成教育管理理论并指导教育管理实践的一种管理。[1]教育管理有广义和狭义之分。[2]广义的教育管理是指包括教育行政管理和学校教育管理在内的对所有教育活动的管理，通常以英文 educational administration 和 school management 交叉指称；狭义的教育管理则专指教育行政管理，即国家、政府教育部门对教育事业的介入、干预、控制、协调、指导和服务等职能活动，通常以英文 educational administration 对应。

2. 教育管理发展的趋势

随着管理现代化和教育现代化的推进，教育管理在多元文化的影响下，从思想观念、组织形态、管理体制，以及管理方法与手段等方面都发生了显著变化。特别是在知识经济、信息社会的宏观背景下，教育管理的发展已出现新的趋势。

(1)学科研究的多元化。教育管理学科的研究既受管理科学的影响，同时也受教育科学的影响。随着管理科学和教育科学研究的发展，教育管理学科的研究出现了多元化的格局。在教育管理理论的研究上，多元哲学思潮的影响较大。如文化哲学、过程哲学、生命哲学，以及生态文化等的切入，引起了管理理论的新变化。不同理论视角下的教育管理研究，在其学科体系、组织设置，以及管理方法与手段上都会产生不同的观点。另外，教育管理是一个多层次类型的系统，它要求各层次各类型教育系统必须有相适应的管理理论和方法为其服务，未来教育管理的研究也将体现出不同的特色。

(2)组织形态的整合化。传统的教育管理比较重视组织各部门的内部优化，而往往忽略各部门之间的联系与优化。现代社会的发展和教育管理自身的特点要求教育管理既要重视各部门自身的优化，更要重视各部门组合的整体优化。在组织形态的设计上，由于受现代信息技术，尤其是云计算的影响，组织对信息的处理层次减少。因此，现代教育管理组织的设计多以扁平为主，强调组织整体的优化与整合，减少中间环节不必要的缓冲，提高中心组织决策的应变速率。

(3)管理体制的均权化。在管理体制的设计上，受知识理性和非理性管理思想的影响，对于体制中的权力问题，必须分清集权与分权的优劣。如果体制完全实施集权，管理就会失去应有的活力。如果体制实施分权，管理就会一盘散沙，而不会出现权力中心。所谓均权化是既要考虑集权的优越性，又要考虑分权的优越性，做到扬集权与分权之长，避集权与分权之短。使权力的运作符

① 黄　葳：《教育管理学——概念与原理》，12 页，广州，广东高等教育出版社，2002。

② 杨天平：《教育管理学基本范畴论》，南京广播电视大学学报，2005(1)。

合知识理性与非理性统一的思想。

(4)管理主体的间性化。传统教育管理在研究管理对象上，要么倾向教育行政人员和学校领导，要么只注重对下属的管理，管理的领导与对象之间的关系，是主客体关系，或辩证的双主体关系。这是受主客二元论哲学思想影响的结果。现代教育管理，受主体间性哲学的影响，颠覆了主客二元论的思想，对管理中的人赋予了全新的理念。在管理活动中，所有的人都是主体，而且主体之间是主体间性关系。这一关系强调管理中主体之间必须是合作、对话、理解、共创、共生、共展、共荣的双赢关系。

(5)管理手段的人性化。现代教育管理受多元管理思想与思潮的影响，其管理手段与方法更多地倾向于人性化管理，即向善的管理。未来的教育管理是科学管理、人本主义管理与文化管理的融合①。科学管理是求真的管理，它揭示了管理的自然属性；人本主义管理是求善的管理，它揭示了管理的社会属性；文化管理则是求美的管理，它揭示了管理的双重属性。教育管理的发展大有行政管理科学化，制度管理人性化，组织管理文化化的趋势。在管理手段上，能真正体现真、善、美融合的管理，其核心一定是人性化的。

三、小学教育管理

1. 小学教育管理的界定

小学教育管理是国家或地方政府对小学教育事业，以及学校的组织、领导和管理。广义的小学教育管理，既包括小学教育行政管理，同时也包括小学教育的内部管理，即学校管理。狭义的小学教育管理，主要指学校管理。即管理者通过组织协调和优化内部教育机构与人员，充分发挥教育人力、财力、物力、时间、空间和信息的作用，利用教育内部各种有利条件，高效率地实现教育管理目标的活动过程。小学教育管理具有特指范围，它相对于高等教育管理，而从属于普通教育管理，是教育管理的一个重要组成部分。随着社会和教育的发展，小学教育越来越受到国家、社会和家庭的重视，其管理也越发具有专业性。

小学教育管理的本质在于实践。根据管理法则，教育管理是一种追求效能的活动，其实质是追求效率、效益和效果。这种活动具有很强的实践性，它在实践中通过激励等手段，达到追求组织和个人价值的目的，从而促进教育组织中管理主体与客体的发展。现代管理之父德鲁克说："管理是一种实践，其本

① 赵复查：《科学、人本、文化——现代学校管理的必然融合》，载《教育导刊》，1999(7)。

质不在于知，而在于行；其验证不在于逻辑，而在于成果；其唯一权威就是成就。”①管理学科如此，小学教育管理更是如此。因为，小学教育管理是一门交叉性、应用性的实用性学科，它充满了挑战，充满了智慧，充满人文与科学相结合的价值关怀，它是在实践的基础上发生的。离开了实践，一切都是空谈。

小学教育管理在实施中要处理好两方面的关系。一是教育同外部环境的关系。在小学教育管理活动中，教育所涉及的自然环境和社会环境被称为外部环境，这些环境因素对管理的影响是非常大的。管理者要充分利用有利因素，化解或回避不利因素，使管理获得最佳效益；二是教育内部各个因素之间的关系。在小学教育管理的微观方面，教育内部也存在着质量、效益、秩序以及人际关系等问题。如教育智慧生发、教育理论总结、教育模式的创新、教师专业的发展，以及教书育人目标的实现等。这些问题的解决都需要教育管理者，通过科学研究的方法，从理论和实践的结合上做出回答。在实践中，小学教育管理效能的提高，其首要的问题就是协调、处理、优化教育管理的内外部环境，使外部环境为内部优化服务，使内部环境为争取外部环境的优化奠定基础。只有这样，教育管理的目标达到的效率就高。

2. 小学教育管理的价值取向

小学教育管理是基础教育管理的重要组成部分，其管理的效能如何直接影响国家基础教育发展，也关系到新时期教育改革的成败。要想提高小学教育管理的效能，充分发挥教育管理的作用。管理者就要充分认识和了解管理的价值取向问题。因为管理的价值取向直接影响管理者的思想和行为，最终影响管理目标的实现。从学理上讲，价值既涉及哲学问题，又涉及哲学之外的人文学科、社会学科以及日常生活中的常识问题。价值是管理主体对管理对象所做出的“是否有用”的一种判断，它是主观的心理因素与观念，但其却影响管理的效能。在小学教育管理中有三种不同的价值取向，即科学管理、人本管理与文化管理。②

科学管理源于19世纪末20世纪初的美国，泰罗制就是其典型代表。“泰罗制的产生是以规范实验为起步的，它把熟练工人的操作用摄像机拍摄下来，然后用慢镜头逐步放出来，把多余的动作剪掉再接辑起来，由此形成标准的动作”③，进而形成一整套管理的理论和方法。泰罗的科学管强调对管理对象的分

① 张东娇等：《教育管理学》，1页，北京，高等教育出版社，2011。

② 赵复查：《科学、人本、文化——现代学校管理的必然融合》，载《教育导刊》，1999(7)。

③ 张庆范、王龙章：《管理在东西方文化间的走势》，载《企业文化》，1997(1)。

解，并力求建立数学模型进行精确的定量分析，在此基础上通过逻辑推导制定规范的操作规程，然后通过实验进行修正。科学管理对转变过去的经验式管理、放任式管理，以及强调个人权威的独裁式管理具有重要的意义。

人本主义管理源于西方的行为科学，它把管理建立在以人为本的思想之上，把调动人的积极性当成管理的根本。其理论认为，管理只有发挥了人的主观能动性，才能最大限度地提高生产效率。在管理的具体措施上，一是强调人的内在价值，把激励人的行为作为管理的最高目标。其代表有马斯洛的需要层次理论，赫茨伯格的“双因素”理论，斯金纳的“强化”理论，弗鲁姆的“期望”理论。二是注重组织的人际关系，把人与人之间关系的协调当成组织的又一目标。其观点认为，在组织内建立和谐的人际关系，不仅能消除人际间的心理障碍，减少行为挫折，而且可以提高生产效率。其主要代表有卢因的“团体力学”理论，梅奥的人际关系理论。三是讲究领导艺术。其理论认为，领导方式对员工的影响极大，不同的领导方式将产生不同的生产效果。其主要代表有坦南鲍姆和施密特的“领导方式连续统一体”理论，利克特的“支持关系”理论。人本主义管理认为，科学管理只强调生产的硬性管理，缺乏对人的情感管理，忽视了人的因素。

文化管理是指管理者站在组织发展战略的高度，从文化的视角研究管理对象和自身，从而建立一套以东方文化为核心的系统管理模式。文化管理的基本理论有三个方面。首先，认为组织是一种文化体，是社会文化的最基本单位，文化功能是它最基本的功能。在管理中，通过对组织文化的发掘或创建，使全体员工形成共同的文化理念。其次，认为组织是“文化人”建构的精神家园，管理者理应使人的精神回归到社会纯朴的文化之中，使人的精神能体现社会、民族和地方的文化价值。最后，认为组织是一个相对独立、统一和稳定的文化体，它所形成的文化精神将以不变应万变的风格体现管理的哲学意蕴。

科学管理的实质在于揭示教育管理的客观规律，人本主义管理强调人的核心作用，而文化管理的根本则是将共同的理念和价值观统一在文化信仰的追求上，从而形成强大的凝聚力。小学教育管理的价值取向应该是整合的，片面强调某一种管理理论，单纯追求某一种管理模式都是不可取的。

第二节　小学教育管理的学科属性

一、小学教育管理的性质

学科性质的定位，受学科分类方法的影响。在学术界，不同的分类方法所得出的学科属性是不同的。迄今为止，世界各国关于学科分类的标准仍难获得一致。在我国，由于受传统文化和现代多元文化的影响，对学科的分类也是众说纷纭。根据教育管理学科相关学者的研究，我们认为小学教育管理既是一门综合性强的管理学科，又是一门应用性非常突出的管理学科。

1. 小学教育管理是一门综合性的管理学科

小学教育管理是“一门独具个性的双栖型、交叉型、协同型的综合科学。它既具有科学的一般属性，又依次或同时具有抽象科学与经验科学、人文科学与社会科学、教育科学与管理科学以及基础科学与应用科学、发达科学与发展科学、理论科学与实践科学、实证科学与解释科学、事实科学与价值科学、历史科学与新兴科学、技术科学与道德科学等诸多科学的学科性质，或者说是上述科学多重学科性质的高度综合，因而综合性乃是其最根本的性质”。[①]小学教育管理的综合性，在实践中由如下方面决定。

管理理论的综合性。小学教育管理的理论基础和依据不仅具有广泛性、多元性，而且具有学科的综合性。首先，小学教育管理离不开教育科学理论的支撑。教育科学理论关于教育原理，特别是学校教育的研究，为小学教育管理奠定了学科基础；其次，管理科学为小学教育管理提供了管理理论的原理与方法，对指导小学教育管理理论的研究，提供了营养；最后，其他学科，如心理学、社会学、人类学、生命科学、文化学，以及当代新兴的控制论、信息论、系统论、运筹学、评估学、测量学等众多学科的研究成果都为丰富小学教育管理理论打下了坚实的基础。

管理实践的综合性。小学教育管理实践是由多种要素组成的多结构、多层次、多类别的复杂活动，其过程体现了综合实践的特征。首先，小学教育管理对象具有综合性，它不是单一的管理。在管理实践中，有对学校人、财、物、事、时间、空间、信息等方面的综合管理，为达到教育目标，如何协调、指

① 杨天平：《论教育管理学的综合性质》，载《教育研究》，2002(8)。

挥、控制、监督管理的对象，最大限度地提高教育效率就需要综合考虑各种管理因素；其次，小学教育管理的任务也具有综合性。在管理实践中，其任务涉及教学管理、德育管理、体育卫生管理、科研管理、人事管理、财务管理、总务管理、社区管理、学籍管理、招生管理等，一所学校无论规模大小，但其管理任务是相通的。在管理中，如果不能很好地协调各任务间的关系，就会顾此失彼，甚至背离管理目标。

2. 小学教育管理是一门应用性的管理学科

小学教育管理涵盖学校管理和教育行政管理的部分内容。它的属性除了综合性外，还有一个显著的特征就是应用性。关于教育管理的应用性问题，很多专家和学者都做过论述。萧宗六认为："学校管理学是一门应用科学"，"应用科学有个很大的特点，就是实践性、政策性很强。我们研究学校管理学是为指导实践。学是为了用，不是搞纯理论研究"。① 吴志宏认为："关于教育行政学的学科性质，一般都认为是一门应用性学科。所谓应用性，是说在方法上，它以事实和经验为研究的出发点，很多的实证研究手段被用于研究之中；在研究的目的上，它虽然也要发展本学科的理论知识，但主要是为实际的教育管理工作提供指导，解决教育管理的实际问题，改进管理工作。"②小学教育管理的应用性是由其学科特点所决定的。

首先，小学教育管理的目的是应用多学科知识提高教育管理水平的实践活动。小学教育管理就其学科而言，它所承担的主要任务不是理论研究，而是将其他学科的知识综合应用于学校管理。在管理实践中，通过引进自然科学、社会科学、管理科学，以及人文科学的相关理论，解决管理中出现的问题，如学校的组织结构与管理的效率问题。当我们探讨如何提高组织管理效率时，就可借助管理学中的组织结构理论、人文学科中的人际关系理论等，从学校实际出发实施有效的组织管理，达到提高教育管理水平的目的。

其次，小学教育管理的过程是应用多学科知识指导教育管理实践的活动过程。小学教育管理的实践性体现在管理过程的应用上。如小学教育管理过程中的计划、组织、实施、监督、反馈、检查、总结等环节，从一定意义上讲，它是运用管理理论直接应用到实践的一种具体活动。如教育管理计划的实施问题，它需要管理者通过学习计划理论的有关知识，把握计划的制订原则与尺度，以及掌握计划制订的方法等技术问题，按有关理论去应用就可以了。它并

① 萧宗六：《学校管理学》，8页，北京，人民教育出版社，2001。

② 吴志宏：《教育行政学》，19页，北京，人民教育出版社，2000。

不需要管理者去研究计划制订的理论问题。

最后，小学教育管理的手段是应用多学科知识处理教育管理问题的具体活动。管理手段的运用是方法学研究的范畴。在小学教育管理学科中，关于管理手段的理论研究并不多见，更多的是对管理手段与方法的应用研究。如应用统计与测量的方法评估教育质量，其手段就是量化的管理方法。在小学教育管理活动中，其统计与测量的方法来源于教育统计与评价的理论，如何统计、测量与评价，只是借助已有的理论，并不需要研究统计与测量，以及评价的原理等问题。一般说来，小学教育管理的很多手段与方法都来自于其他成熟学科，这种倾向是应用性学科的典型特征。

二、小学教育管理的特点

1. 实践性

马克思主义认为，管理的本质是实践的，离开实践的管理就是空谈。因为“社会生活在本质上是实践的，凡是把理论导致神秘主义方面去的神秘的东西，都能在人的实践中以及对这个实践的理解中得到合理的解决”。[①]实践是人改造世界的方式，实践是人之为人的根本属性，离开实践，人类将不复存在。历史上一切关于人的本性的超验学说都抽掉了人的“实践”这一根本问题，使人的生存堕入了纯生物的自然主义泥坑。走向实践生存的教育认为，[②] 人的实践是为了人的生存，人的生存也是为了人能更好地进行实践。人类对生存的理解并不完全定位在已有的存在物上，人通过自身的历史实践活动造就一个属于自己且更赋予其生存意义的属人世界。改造世界，就是通过实践构建一个更加完美的、更加富有人性的生活世界。

管理实践的本质是管理价值的确认。管理活动中人自身力量的丰富性、完整性、发展性主要体现在生命活动的历程中，人生价值的张扬，人自身价值的确证，只有通过实践才能得以展现，人自身的本质、特性、能力和力量，只有在实践中才能表现。管理实践具有感性、对象性和目的性的特征。管理实践是人的感性活动，它具有直接现实的品格，它是人真实的、可靠的感知觉过程，它与思辨和假设具有本质的区别；实践是人的对象性活动，它是人作为对象性存在物的最基本的特征，人通过活动的对象意识自己、确认自己、展现自己；实践又是人有目的的主观见之于客观的活动，目的性把人的实践活动和动物的

① 《马克思恩格斯选集》，第1卷，18页，北京，人民出版社，1972。

② 赵复查：《走向实践生存——教育变革的人学路径》，载《韩山师范学院学报》，2008(5)。

本能活动区别开来，实践的目的性决定人实践活动的方式与方法，体现人自由自觉的超越本性。[①]管理活动的实践本质，体现管理活动人性的生存价值。

小学教育管理是一种情景性的教育管理实践。美国管理学家孔茨(Koontz, H.)认为，“管理实践本来就要求管理者在应用理论和方法时要考虑现实情况。科学和理论的任务绝不是也不可能是去规定在某种具体情况下该怎么办。管理科学和管理理论没有也不可能提供在每一种情况下如何行事的‘最好办法’”。[②]小学教育管理的有效性，在于管理主体根据管理对象的特点和管理情景，对管理知识进行合理的、灵活的运用，直至上升到管理艺术。在复杂多变的管理活动中，常规管理是可预测的，而例外管理，或突发事件的处理就没有固定章法了，它要求管理者从管理的情景与实践中，集中管理智慧、运用管理机智，最大限度地提高管理的质量与效益，实现管理目标。

2. 政策性

政策是国家政权机关、政党组织为了实现自己所代表的阶级利益与意志，在一定历史时期内，以权威的形式所规定的行动准则，以及为实现奋斗目标所确立的任务、工作方式、行为步骤和具体措施。政策的实质是阶级利益的观念化、主体化和实践化。政策具有以下特点：①阶级性。在阶级社会中，政策只代表特定阶级的利益，从来不代表全体社会成员的利益、不反映所有人的意志。②正误性。任何阶级及其主体的政策都有正确与错误之分。③时效性。政策是在一定时间内的历史条件和国情条件下，推行的现实政策。④表述性。政策不是物质实体，而是外化为符号表达的观念和信息。它由权力机关用语言和文字等表达手段进行表述。作为国家的政策，一般分为对内与对外两大部分。对内政策包括财政经济政策、文化教育政策、军事政策、劳动政策、宗教政策、民族政策等。对外政策即外交政策。政策是国家或者政党为了实现一定历史时期的路线和任务而制定的国家机关或者政党组织的行动准则。[③]

教育政策是一个政党和国家为实现一定历史时期的教育发展目标和任务，依据党和国家在一定历史时期的基本任务、基本方针而制定的关于教育的行动准则。

政策性是小学教育管理的基本特性。管理的政策性特征是指教育管理要以国家的相关政策为指导，其一切活动要以党和国家的教育政策为依据。离开政

① 赵复查：《走向实践生存——教育变革的人学路径》，载《韩山师范学院学报》，2008(5)。

② 孙耀斌：《西方管理学名著提要》，58页，南昌，江西人民出版社，1995。

③ 百度百科：baike. baidu. com/view/15030. htm 2013-1-11。

策，或者法规的管理是非法的，是违背党和国家利益的管理。当然也是低效，甚至是无效的管理。小学教育管理的政策性很强，在管理过程中，政策的执行程度直接影响管理的水平。例如教师的绩效工资管理问题，管理者就要根据国家和地方政府的绩效工资政策，认真评估和严格执行，否则就违背了党的政策，损害了教师的利益，最终影响教育事业的发展。

3. 开放性

开放是社会组织信息交换的重要特性。社会是一个开放的大系统，没有开放，社会组织就没有信息的交换，而缺乏信息交换的社会组织，在封闭的系统中是不可能持续发展的。在教育管理活动中，存在着两种因素。一类是确定性因素，另一类是不确定性因素。确定性因素是指可以预见的、比较稳定的、在系统中长期起作用的因素。不确定性因素是指偶发的、不稳定的，或难以预料的因素，这些因素往往不被人们重视。这两种因素的交替影响就造成管理环境的变化，我们通常说的信息对系统的影响，就是指管理活动中多种因素对管理效率的影响。教育管理活动是信息汇集与交换的系统活动，它要求管理者在计划、决策中不断与外界交流信息，从开放的大环境中吸取有效信息，提高管理的水平。

小学教育管理是围绕国家教育方针确立教育目标，实现教育优化的管理。在管理过程中，开放的本质要求管理者在决策时打破学校封闭的自循环系统，主动参与外在信息的交换。现代决策理论认为，决策的优化性首先体现在信息的开放性上，因为只有开放的信息源，才能形成清晰的决策思路，而情况明、信息全、思路清晰这些都是获得优化决策的必备条件。小学教育的发展要求管理者在管理过程中必须与外系统进行信息交换，并使小学教育的管理与社会的发展紧密联系。在教师专业发展、学校课程建设、教育方法的改革与创建过程中，如果管理者只是在封闭或半封闭的状态下进行决策，就难免会产生脱离社会发展的实际，造成决策的相对失误。在学校超常规发展的过程中，有的学校与国际名校联手成功地创办了国际品牌，有的与国内名校联合形成了跨区域优化的教育结构，还有的与企业集团联姻充分利用和优化了人力、财力与教育资源，从而成功地促进了学校的发展。这些超常规的决策都得益于学校领导决策思维的开放性。[①]

4. 文化性

小学教育管理的文化特征，是指教育管理本身所反映的文化现象。东方的

① 赵复查：《转型时期校长决策思维的特点》，载《韩山师范学院学报》，2003(3)。

重情重义式的人文管理与西方的制度强化式的科学管理，其本质就在于东西方文化的差异。文化是一种社会现象，是人们长期创造形成的产物。同时又是一种历史现象，是社会历史的积淀物。确切地说，文化是指一个国家或民族的历史、地理、风土人情、传统习俗、生活方式、文学艺术、行为规范、思维方式、价值观念等。文化的内部结构由物态文化、制度文化、行为文化、心态文化四个方面构成。物态文化是人类的物质生产活动方式和产品的总和，是可触知的具有物质实体的文化事物；制度文化是人类在社会实践中组建的各种社会行为规范；行为文化是人际交往中约定俗成的以礼俗、民俗、风俗等形态表现出来的行为模式；心态文化是人类在社会意识活动中孕育出来的价值观念、审美情趣、思维方式等主观因素，相当于通常所说的精神文化、社会意识等概念。文化具有整合群体行为和价值观的功能。社会群体中不同的成员都是独特的行动者，他们基于自己的需要、根据对情景的判断和理解采取行动。文化是人们之间沟通的中介，如果他们能够共享文化，那么他们就能够有效地沟通，消除隔阂、促成合作。文化具有导向功能，通过共享文化，行动者可以知道自己的何种行为在对方看来是适宜的、可以引起积极的回应，并倾向于选择有效的行动，这就是文化对行为的导向作用。文化具有秩序功能。文化是人们以往共同生活经验的积累，是人们通过比较和选择认为是合理并被普遍接受的东西。某种文化的形成和确立，就意味着某种价值观和行为规范的被认可和被遵从，这也意味着某种秩序的形成。而且只要这种文化在起作用，那么由这种文化所确立的社会秩序就会被维持下去。① 根据文化的特性，我们可以说管理就是一种文化。

三、小学教育管理研究的对象

学习研究小学教育管理这门课程，首先要了解这门课程的研究对象、学科体系，以及课程的内在逻辑联系。学习是为了运用，研究是为了更好地应用和发展学科。小学教育管理这门课程以其独特的理论视角和应用价值，向读者展示了学科的体系与内在的逻辑联系，为读者提供了可资借鉴的管理理论与方法。

小学教育管理是研究小学教育管理活动及其现象，揭示小学教育管理内在运行规律的一门综合性应用学科。小学教育管理的研究对象是普通基础教育小学教育组织中的管理活动、管理过程和管理规律。从当前各级各类教育管理的

① 百度百科：baike. baidu. com/view/3537. htm 2013-1-19。

视角，我们可以把教育管理分为广义的教育管理和狭义的教育管理，广义的教育管理包括教育行政管理和学校管理；狭义的教育管理特指学校管理。小学教育管理与广义的教育管理和狭义的教育管理研究的范畴都有不同的地方。其一，小学教育管理虽然研究的是具体的学校管理，但其又不完全堕入单纯的学校管理范畴，它还研究涉及学校管理的行政管理问题，以广义的教育行政管理视角探讨小学教育管理，这一点是与传统意义上的学校管理研究所不同的地方。其二，小学教育管理尽管在研究视野上借助广义的教育管理研究范式，但其却限制在小学教育，即小学的研究上，它既不是广义的教育管理研究，又不是狭义的学校管理研究，而是将学科定位在小学教育管理所涉及的宏观、中观、微观的教育管理范畴上。这一研究定位体现了小学教育管理学科的综合性、应用性和可操作特性。

小学教育管理学科由具有内在逻辑联系的理论研究、范畴研究、内涵研究和校本研究四大板块构成。各板块之间既相互联系，又独立研究学科的一个部分，对建立学科体系的理论基础、界定学科研究的范畴、提升小学管理的内涵，以及探讨小学管理的特色等都具有重要的意义(详见前言诠释)。

第三节　小学教育管理的研究方法

小学教育管理的综合性、实践性、政策性，以及文化性的学科特点，决定了小学教育管理研究方法的多样性。就教育管理而言，国内外许多学者对其研究方法做了深入的探讨，并从不同的角度提出了几十种研究方法。有些学者将这些方法进行了归纳分类，并提出了明确的研究方法。[①]根据小学教育管理学科的研究对象和学科特点，我们将探讨如下几种研究方法。

(一)定性研究

定性研究是根据研究方法分类所确立的方法。在小学教育管理研究中，凡是采用文字描述而不是用数字和量度来说明事物的性质或属性的研究方法，都是定性研究方法。定性研究在小学教育管理中经常用到的方法有归纳演绎法、经验总结法和比较研究法。

(1)归纳演绎法。归纳演绎法是研究者根据事物，或事件发展的特性，采用三段式推理演绎归纳所形成的研究方法。演绎研究必须遵循从一般到特殊的

① 黄崴：《教育管理学——概念与原理》，38页，广州，广东高等教育出版社，2002。

推理过程，其形式是三段论，即大前提、小前提和结论。其公理是，一类对象的全部具有或不具有某种属性，那么该类对象中的部分也具有或不具有某属性。如教育管理对象具有主体间性关系，教师和学生都是管理对象，所以，师生之间的关系就应该是主体间性关系。归纳推理研究要从已有的事实或状态出发，根据某一或某种事实或现象推论出结果，或发展趋势。归纳推理有完全归纳推理和不完全归纳推理，完全归纳推理是指根据所有事实和前提条件做出事件属性的推理判断。不完全归纳推理是根据某一事件的部分和局部事实或现象，做出事件属性的推理判断。

(2)经验总结法。经验总结法是研究者将教育管理实践中所获得的感性认识，以及行之有效的点滴工作经验，通过分析、整理、归纳和概括，形成具有一定认识规律的理性知识的过程。这种方法在小学教育管理中运用得比较广泛。管理活动中经常进行的阶段性总结，就属于这一类研究方法。经验总结法的运用要注意如下问题，一是事实的叙述要有理有据，不能凭空想象，不能以假设为前提，这是经验总结的首要条件。二是要从事实出发提炼具有一定指导意义的方法，将具体的做法上升为理论。经验总结不只是对事实的描述，或将做法进行罗列，而是要从事实提炼出观点，上升为理性。三是注重观点的内在逻辑联系，将一个个小观点串连成具有理性认识和反映管理规律的理论，使管理经验真正成为具有普遍意义的理论。

(3)比较研究法。比较研究法是管理者根据一定标准，对同类事物，或现象在不同情况下的反映进行对比分析，寻找事件所具有的普遍性、差异性，以及可适性的研究方法。通过比较研究，可将事实，或经验上升为理论。比较研究的类型有很多，就事件内容的比较来划分，可分为纵向比较和横向比较两类。纵向比较是指对同一事件的内容进行历史比较，从中得出有益的启示，并上升为理性认识。横向比较是指对同一事件在不同区域或情景中发生反映进行比较，从中得到理性认识的过程。如对我国小学教育管理体制改革的研究，如果从我国历史发生的角度进行比较，就是纵向比较研究。如果将我国的小学教育管理与国外若干国家的小学教育管理进行比较，就是横向比较研究。当然纵向比较中也可渗透横向研究，横向比较中也可渗透纵向研究。总之，通过纵向和横向的比较研究，我们可寻找到我国小学教育管理体制改革努力的方向。

(二)定量研究

定量研究是指运用数字和量度对事物某一方面所进行的规定性研究，它相对于定性研究，同时为定性研究提供科学的数字依据。如事物的某一项指标超过了一定的量，我们就认为其内部产生了质的变化。通常定量研究与科学实验、数理分析密切相关，其具体研究方法主要有调查研究法、实验研究法、统计研究法等。

(1)调查研究法。调查研究法是研究者通过观察、问卷、访谈、考察和测量等方式，了解、搜集研究对象的客观情况，或直接获取相关材料，并对所掌握的材料进行分析研究，最终得出科学结论的研究方法。调查研究法从对象来分，可分为全面调查和非全面调查。从调查的方式来分，可分为访谈调查、问卷调查、文献调查、座谈调查和测试调查。全面调查是以全体调查对象为样本的调查，非全面调查是对调查对象的部分样本进行抽样调查。研究中选取哪些对象，采取什么样的调查方式，可根据调查研究的目的、任务和要求来确定，但无论采用什么方式，都要保证调查对象的自然状态，以及调查方式的公正性、客观性。既不能改变调查对象的原有状态，又要注意调查的客观性，特别是数据的采集与统计，一定要公正客观。否则，调查效果就很难达到预定的目标。

(2)实验研究法。实验研究法是教育管理者为验证教育理论假设，运用一定的条件，或手段控制研究对象、改变研究个体，或群体的行为，获得一定结果的研究方法。教育实验研究，必须依据一定的理论设计，有目的、有组织、有计划、有步骤地进行。通过对实验效果的比较、分析、综合与归纳，得出相应的结论。常用的实验有单组实验、等组实验和循环实验三种。单组实验是研究者对同一实验对象先后采用不同自变量的输入与控制，通过观察采集相关数据，然后进行对比分析，从而获得某一结论的实验。等组实验是研究者将两个或两个以上相同的研究样本分别输入不同的自变量，然后进行观察，并采集相关数据进行对比分析，获得某些结果的研究。循环实验是研究者把两个以上的实验变量，依时间顺序分别输入实验对象，然后通过观察获取数据，并对前后获得的数据进行对比分析，最终得出结论的实验。实验研究的结果取决于实验的客观性和数据获取的科学性。

(3)统计研究法。统计是对事物发展过程变异的研究，通过数理统计可获得事物发展的变化规律与特征。统计研究法是教育管理者运用测量手段，将获取的相关数据进行科学归类、对比分析，形成相应决策的研究方法。在教育管理活动中，常用的统计研究法有描述统计法和推断统计法。描述统计是分析简缩数据，并描述这些数据的研究方法。如通过对数据的简单处理，获得研究样本的及格率、优秀率、合格率、平均值、标准差、相关系数等。这种描述式的统计，通过简单的研究寻找出研究对象之间存在的差异，并根据这些差异采取相应的对策，解决或防止某一问题的发生。推断统计以描述统计为基础，它是采用抽样的方法对样本进行研究。其过程是，先根据描述统计获得的相关数据，再进行相应推断研究。通过分析、综合与归纳，寻找样本数据间变化的规律，从而推断某一事物发展、变化的规律，为管理者正确决策提供相应的数据资料。

(三)质的研究

质的研究是20世纪国内外较为流行的一种定性研究方法。小学教育管理研究，将其从定性研究中单列出来，是因为质的研究与上述定性研究的某些方法有不同的地方，而且其研究方法的影响和作用也比前者大。加拿大学者认为，“质的研究是一种在自然环境中研究现象并运用多元方法理解、解释和赋予这些现象以意义的探究方法”。[①]我国学者认为，“质的研究方法是以研究者本人作为研究工具，在自然情境下采用多种资料收集方法，对社会现象进行整体性探究，使用归纳法分析资料和形成理论，通过与研究对象互动，对其行为和意义建构获得解释性理解的一种活动”。[②]我们认为，质的研究是研究者置身于研究对象之中的一种情景交融性的研究，是研究者以自身的体验参与活动的研究，它强调研究过程的诠释、情感的交流、活动的理解和意义的建构。它与自然科学研究中的定性研究和定量研究有很大的差别，自然科学研究中的研究者对于研究对象只是单向式的、自上而下式的研究，很少有研究对象参与到研究中来，研究者也不会以被研究对象的身份参与研究。用质的方法研究教育管理问题，要求管理者置身于教育活动之中，并以自身的经历与体验参与研究活动，通过实践反思，加深对教育活动的理解，从而形成正确的教育管理观。

教育管理活动中采用质的研究方法要注意如下问题：一是研究环境的创设。质的研究要在自然环境下进行，不能在人为控制的实验环境中进行研究。要强调环境对研究的影响，质的研究不是输入实验条件的研究，是自然状态下的研究。二是研究角色的参与。研究者本人就是研究的工具，其研究不使用任何量表，或测量工具，全凭研究者自身的参与，并在参与中展开研究。三是研究资料的收集。质的研究可采用多种方法收集资料，如开放式访谈、参与型和非参与型观察、实物分析等。总之，其资料的搜集方法可以多样，但必须是以自身参与为主所获得的第一手资料。四是研究结论的形成。质的研究要通过归纳法的运用，将搜集到的资料进行归纳整理、提炼，并上升为有一定指导意义的理论和假设。五是研究活动的视角。要通过研究者与被研究者之间的互动，

① Anderson: *Fundamentals of Educational Research*, London: Falmer Press, 1998: 119.

② 陈向明：《质的研究方法与社会科学研究》，12页，北京，教育科学出版社，2001。

理解研究对象的行为，并对其意义进行解释。六是研究关系的处理。研究者与被研究者之间是互动关系，要考虑这种关系对研究的影响，要尊重研究对象。

质的研究的过程一般包括如下几个方面：确定研究现象、陈述研究目的、提出研究问题、了解研究背景、构建概念框架、抽样、收集材料、分析材料、做结论、建立理论、检验效度、讨论推广度和道德问题、撰写研究报告等。这些步骤在实际操作时不是相互孤立的，也不是按前后序列依次进行的。由于这种研究方法本身是一个不断演化渐进的过程，它们彼此重叠、互相渗透、循环反复。质的研究方法特别适合教育学和管理学这类实践性比较强的学科，因为它强调对社会现象的深入了解，尊重实践者对自己行为的解释，并要求研究人员深入教育系统内部，和教师、学生、管理人员一起学习、工作，听取他们的意见，找到问题的症结和解决办法，推动教育实践的变革和完善。①

（四）叙事研究

叙事就是讲故事，叙事者讲述自己过去或现在亲历的生活故事。叙事研究兴起于文学领域，其被引入到教育学研究领域，在西方仅有二十余年的时间。我国的教育叙事研究则在近几年刚刚兴起。叙事研究的主要特点是通过对所叙事实的细致观察来分析和掌握叙事者及其他局内人士观念和行为上的变化，从中发现经验性的东西。教育叙事研究通常以教育生活中的某个人物或事件为对象，按照一定的叙事规范和结构，进行深度的事实描述和广义的意义阐释。叙事研究恢复了教育理论研究中业已失落的对人类经验特别是教师经验的价值重视，其中凸显的并不是决定论意义上的本质和规律，而是种种个体性经验的意义与价值。通过叙事既可以使人向生活世界回归，重塑个人教育经验的理论价值，又能够使人在反思活动中加深对教育的意蕴和意义的理解。②

在教育管理研究中，运用叙事研究的基本步骤如下：

(1)确定所探究教育现象之中的研究问题。

(2)选择研究个体，将能够为研究问题提供丰富信息的个体作为研究对象。

(3)搜集故事，建构现场文本，研究者走进现场进行观察、记录，搜集个体教育故事。

(4)编码并重新讲述故事。

(5)确定个体故事包含的主题或类属。

---

① 司晓宏：《教育管理学论纲》，24页，北京，高等教育出版社，2009。

② 同上。

(6)撰写研究文本，确认与评估研究。[①]

叙事是叙事研究方法的关键。叙事并不仅仅只是记录和叙述故事，而主要是在于反思自身的生活实践及内在精神，以及是对管理人员与教师、教师与学生日常工作中的交往情境进行追问。这种反思与追问，在叙事研究者看来是对经验的重组和理解，同时也是提供意义诠释的过程。如果研究者期望自己的诠释探究能够引导读者反思自己的经验，并归纳其中的意义，那就需要对纳入叙事中的事件进行深度描述。深度描述可以按照以下几个方面来判断：它以多元的传记方法为基础；它把自传与活生生的经历联系起来；它是情景性的、历史性的和交往性的；它能够生动地再现特定社会情境中的个人或群体的人生历程；它能够揭示个人生活经历的意义；它能让读者走入它所描述的人生经历，身临其境地体会其中的基本意义；它不会笼统地诠释它所描述的东西。[②]

【案例分析 1】 破窗效应与秃头论证[③]

破窗效应。政治学家威尔逊和犯罪学家凯琳做了一个实验：在居民区有一面墙，墙上有很多窗户，这些窗户原本都是好好的，但他们用石头把其中的一扇窗户玻璃打碎了，也不修补。过了一个月，旁边窗户又被人打烂了两个，还是不去管它。又过了一个月，旁边的窗户被打烂的越来越多了。以前，那个居民区的治安状况很好，不久后竟然有了小偷。又过了一段时间，居然出现了抢劫犯。这就是破窗效应：既然打烂一扇窗户没人管，再多打烂几扇也无所谓。窗子打烂了也没人管，也许偷东西，甚至抢东西也没事。榜样暗示先进，破窗暗示犯罪。

秃头论证。掉一根头发不会变成秃头，拔 10 根、100 根也不会变成秃头。但是，突然有一天，我们站在镜子前面时，竟然发现自己有点变秃了，不禁惊呼：怎么变成这个样子了？有一个员工迟到不去管他，认为是小事，有一个员工旷工，主管认为没有关系，反正老板也看不到。到有一天管理者突然发现，组织进入了一种瘫痪状态就晚了。

解析思路：

(1)从管理原理的角度，论述管理在日常生活中的重要作用。

(2)从小学教育管理的实践本质论述破窗效应的管理意义。

---

① 傅敏、田慧生：《教育叙事研究：本质、特征与方法》，载《教育研究》，2008(5)。

② 丁 钢：《教育叙事研究的方法论》，载《全球教育展望》，2008(3)。

③ 陈永亮：《团队执行力》，8 页，北京，北京大学出版社，2009。

【案例分析2】 教案风波[①]

徐校长所在的学校远近闻名，人们一提到这所学校，就会异口同声地说："该校教师教学认真负责，学生学习努力。"特别是教师备课认真，更为外校所称道。这种风气是怎样形成的呢？

原来，该校长期坚持举办教案展览。多年来，每学期的期中和期末，校长总是要求各教研组收齐各位教师的教案，由教导处整理、布置、公开展览。年年如此，已成为一个常规。在每学期的工作计划中，教研组长都要层层叮嘱，反复交代，直至那些新教师参加过第一次教案展览活动后，对此有了认识，才不再强调。

当然，教案是必须按规范书写的，对此，学校有统一的要求、格式和标准。展览教案至少有三条好处：一是取长补短，相互学习；二是发扬先进促后进；三是普遍检查，掌握全局。前两条是对教师而言的，后一条是从学校领导方面来考虑的。

在长期执行过程中，确实看到一些效果。有些教师把它看作一种向学校领导和其他教师汇报工作的好形式，不少教师在备课中不惜花费大量时间，悉心撰写每份教案，务必做到具体、清晰、详尽。虽然有的教师不赞同这种办法，但为了不在展览时出丑、失面子，也总是认真对待。有的甚至把教案重抄一遍，清清楚楚地存放着，以备展出。因而，教案展览依然是学校常规管理中的一个保留项目。

然而就在最近，学校却在教案展览上闹了点风波。首先是一些教案写得条理分明、字迹工整的教师，其教学效果并不好，而且有几位教案书写颇得徐校长赞许和欣赏的老师，学生对他们的讲课却大有意见，反应强烈。其次，有一位年近50岁的语文老师，调入学校不到一年，教案写得很简略、很潦草、很不规范，有的地方甚至用符号代替文字，别人很难捉摸其全部含义。但他的课却很受全班学生的欢迎，徐校长也听过他几节课，觉得其教学艺术确实不凡。还有一位科学老师，她上课的水平很高，写的教案也合乎徐校长的心意，一直是全体教师学习的榜样，但是最近两次教案展览中，她的教案却使徐校长大失所望。尤其让徐校长头痛的是，有位刚分配来的数学教师小李竟然不肯写教案，教案展览时，他交上来的是自行设计的习题和一本板书设计，以及学校发的《教案参考》，而且他还振振有词，说《教案参考》的质量已不错，与其去抄一遍，还不如把时间用在构思自己的"板书设计"和"习题设计"上。讲课时三者结

① http：//www.docin/p—12613204.html。

合，效果更好，为何一定要装模作样地抄什么“规范化”的教案呢？纯粹是形式主义。徐校长怎能容忍常规受到随意破坏，于是扣发了小李的部分奖金，结果小李逢人便不无感慨地说：“看来还得听领导的话——抄教案！”这在学校中引起了不小的骚动。

解析思路：

(1)从教育管理的实践性分析徐校长关于教案展览的常规做法。

(2)从小学教育管理研究方法的角度反思教案风波，采用何种研究方法来探讨教案的编写问题。

复习与思考

1. 管理、教育管理、小学教育管理概念的区别与联系。
2. 如何理解小学教育管理的学科属性与学科定位？
3. 如何理解小学教育管理研究内容的逻辑关系及其板块划分。
4. 为什么说实践性是小学教育管理的基本属性？
5. 小学教育管理的研究方法通常包括哪些内容？

推荐阅读

1. 陈孝彬、高洪源．教育管理学．北京：北京师范大学出版社，2008.
2. 萧宗六．学校管理学．北京：人民教育出版社，2001.
3. 黄葳．教育管理学——概念与原理．广州：广东高等教育出版社，2002.
4. 张东娇．教育管理学．北京：高等教育出版社，2011.
5. 司晓宏．教育管理学论纲．北京：高等教育出版社，2009.

第二章　小学教育管理理论

本章重点

- 古典管理为小学教育管理提供的管理理论
- 后现代教育管理思潮给今天教育管理改革的启示
- 行为科学理论的现实价值

第一节　古典组织管理理论

古典组织管理理论的产生与发展是在 20 世纪初到 20 世纪 30 年代。随着科学技术的进步，企业的生产规模在不断地扩大，生产的社会化程度日益提高，市场竞争更加激烈。这种巨大的变化，使得那种单凭个人经验和技艺的传统管理思想和方法，已经不能适应新形势的发展需要了。与此同时，企业的管理职能与资本所有权相分离，这为"管理"成为专门的研究领域提供了客观条件，古典管理理论正是在这种背景下应运而生。其代表性的理论有泰罗的科学管理理论、法约尔的管理过程理论和马克斯·韦伯的行政组织体系理论等。

一、泰罗的科学管理

弗里德里克·温斯洛·泰罗(Frederick Winslow Taylor，1856—1915)是美国的著名管理学家，他第一次系统地把科学方法引入管理实践，创立了科学管理，首开西方管理理论研究之先河，使管理从此真正成为一门科学。他的管理思想包含着引发一切管理思想的萌芽，被誉为"科学管理之父"。在 1895～1911 年期间，泰罗相继出版了《计件工资制》、《工厂管理》和《科学管理原理》，其中 1911 年发表的《科学管理原理》是科学管理理论正式形成的标志。[①]

1. 科学管理理论的前提假设

19 世纪末 20 世纪初的美国资本主义经济发展较快，企业规模迅速扩大，

① 陈孝彬、高洪源：《教育管理学》，40 页，北京，北京师范大学出版社，2008。

但由于管理落后、生产混乱、劳资关系紧张，工人“磨洋工”的现象大量存在，企业的效率低下。为了扭转被动的局面，缓和工人和雇主的对立情绪，协调两者之间的关系，提高生产率，人们不得不从另一个角度去思考问题，寻求一种比较合理的方法解决劳资纠纷。在这种情况下出现了“经济人”假设。

以泰罗为代表的科学管理理论，正是建立在“经济人”假设的基础之上的。这种人性假设认为，人们工作的动机在于经济诱因。多数人天生是自私、懒惰、好逸恶劳的，他们尽可能逃避工作，只有金钱和地位才能激励他们工作；多数人没有雄心大志，是被动的，喜欢听命于他人，而心甘情愿受他人的指导；多数人以自我为中心，对组织的需要漠不关心，只有用强制、惩罚的办法，才能使他们为达到组织的目标而工作。以“经济人”假设为前提的科学管理理论，曾风行于20世纪初到20世纪30年代的欧美企业管理界，改变了当时放任自流的管理状态，提高了生产效率，促进了科学管理体制的建立。

2. 科学管理理论的主要内容

泰罗重点研究在工厂管理中如何提高效率，提出了科学管理的中心问题是提高劳动生产率。他认为，必须把科学知识和科学研究系统地运用于管理实践，科学地挑选和培训工人，科学地研究工人的生产过程和工作环境，并据此制定出严格的规章制度和合理的日工作量，采用差别计件工资调动工人的积极性，实行管理的“例外原则”。而要成功地实施科学管理，劳资双方必须树立一种劳资双方互惠互益、利益一致的态度和观念，以友好合作代替对立斗争，这种劳资双方理念的转变是泰罗提出科学管理原理的基本前提。

泰罗提出“双赢思想”，他指出管理的主要目的应该是：确保每一个雇员和雇主最大限度的富裕。这种最大限度的富裕不仅意味着公司和企业主获得最大的利润，还意味着对每一个雇员而言，他所获得的工资超出本阶层的一般收入水平。这让雇主和雇员都认识到，他们的基本利益不是必然的彼此对立，而是统一的、一致的。管理者最重要的目的应该是培训和发掘企业中每一个工人的才干，使每个人尽他天赋之所能，以最快的速度达到最高的效率。这种劳资双方思想上的转变将改变整个企业和工人的面貌，而长期困扰企业的工人“磨洋工”现象也将得到解决。

一门科学、一个理论的产生和形成都会受到所处时空环境的影响，我们应当用发展的眼光看待和丰富它。泰罗在克利夫兰广告俱乐部的一次讲话中说：“科学管理的每一步都是一种发展，而不是一种理论。在各种情况下，实践都在理论之先……在科学管理中不存在着什么固定不变的东西。”当我们回头重新审视泰罗的科学管理理论时，发现它对于我们现代教育管理仍具有重要的启示作用。

3. 科学管理的具体措施

制定标准化的劳动定额。泰勒在实践中发现，工人劳动时有很多与提高劳动产品和质量无关的多余动作，于是他进行大量的工时与动作的研究。在实践中，用摄影机摄下工人生产的动作，然后通过剪接把多余的动作去掉，形成规范标准的连贯动作。经过多次反复实验后，泰勒制定出了工作定额与操作规范，即标准劳动方法与定额。在此基础上，泰勒还把工人劳动时所需要的工具、机器、原料、方法和其他各有关要素等联系起来，制定出相对应的工作环节与标准，使工人的劳动达到最大量的优质化。劳动时，工人必须按规定的标准完成定额任务。泰勒的标准化劳动定额管理极大地提高了劳动效率。

实行激励性的工资制度。泰勒认为，传统的计时工资制度影响了工人劳动的积极性。一般说来，以时间定劳动报酬，只能促使工人耗费时间而不能提高劳动产量和质量，要激励工人的劳动积极性，提高生产效率就必须按劳动标准的定额去严格执行。为此，泰勒在认真研究的基础上提出了一种激励性工资制度。其内容主要由三部分组成：一是通过工时研究确定工人劳动的基本工资标准，即选择劳动出色的头等工人作为完成任务的标准，或按预定的劳动标准确定工作任务，按一定的标准确定工资；二是实行差别计件工资制，即按标准工时确定的任务制定计件工资标准，工人劳动报酬按计件的质量和数量执行，实行多劳多得的差别工资制度。同时还实行奖勤罚懒的激励政策，对完成标准定额的工人按工资标准的125％计算工资，对完不成定额标准的按80％计算工资；三是把工资直接发给参与劳动的个人，而不是分配给劳动中的职位或职能部门，实行了同一岗位、同一职位和同一级别工人的劳动所得的差额化。用实际劳动质量和标准来计发工人工资，对刺激工人的劳动积极性起到了重大作用。

强化职能式的计划管理。泰勒认为，标准化的劳动定额和差额化的计件工资制度虽然能提高劳动生产效率，但其制度的确立与实施必须要有人去执行，如果工人在劳动中仍然由传统的工长去分配任务，或监督执行，以及产品的检收等，恐怕很难达到预定的目标。于是，泰勒精心设置了职能式管理部门，专门从事某一行业的工作，如计划管理层、质量检验层、会计核算层等。其中，计划管理尤为重要。泰勒改变了由原来工长代替的工作，由专门从事计划管理的部门分配工人的劳动任务与定额，以明确劳动标准和计件工资的数量，工人能按明确的规定去操作完成任务。另外，质量检验职能部门负责劳动质量的管理问题，根据工人的劳动产品确认劳动标准。会计职能部门负责核算报酬，保证工人劳动所得的兑现。职能式的管理使泰勒设置的劳动标准化和报酬差额化得到了实施，从而提高了劳动生产效率。

二、韦伯的科层管理

马克斯·韦伯(Max Weber，1864—1920)，德国社会学家、政治经济学家。他对管理理论的贡献主要是提出了科层理论，其代表作《社会和经济组织理论》是这一理论的集中反映。

1. 科层理论的基础

韦伯的科层理论首先是基于对组织中权威的分析研究。他认为，根据组织内部的权威关系，可以揭示出不同的组织所具有的特性。他的科层理论对组织的研究是从这一基本问题开始的，即：个人为什么会服从命令？人们为什么会按他们被告知的那样去行事？为了阐述这一问题，韦伯对权力和权威作了区分。韦伯指出，权力是无视人们反对、强迫人们服从的能力，而权威则意味着人们在接受命令时是出于自愿；权力有很大的强制性，而权威则具有某种自愿性，并能为多数人所接受。更为重要的是，正是这种权威制度，使得下级把上级发布的命令看作是合法的。根据权威的合法性，韦伯描述出三种不同的权威：①传统型权威。这种统治的形式是宗法家长制，它是建立在对古老传统的神圣不可侵犯性及对这些传统行使权力者的地位合法性的坚定信念的基础上的。②个人魅力型权威。它是以对某一个人的特殊的、超凡的神圣性、英雄行为或典范品格的信仰，以及对这个人所产生的榜样力量或所发布命令的信仰为基础的。③法理型权威。它是以一种对正规形式的"法律性"，以及对那些掌权地位者根据这些条例发布命令的权力的信任作为基础的。这种组织的管理制度不仅具有合法的公认权威性，并且具有"理性"，即能够最佳地实现管理目标。[①]

韦伯认为，法理型权威是科层理论的基础。因为：①它为管理的连续性提供了基础；②担任管理职务的人员是按照他对工作的胜任能力来挑选的，具有其合理性；③领导人具有行使权力的法律手段；④所有的权力都有明确的规定，任职者不能滥用其正式权力。

2. 科层理论的主要内容

通过对权威关系的分析，韦伯认为，科层制是最有效的组织模式，对现代社会的复杂组织来说是最理想的。韦伯曾在《社会组织和经济组织的理论》中对科层制做过精确的描述。他认为科层制主要包含以下几方面特征：①层级结

① 黄志成、程晋宽：《现代教育理论》，上海，上海教育出版社，1999。

构：其组织体系的结构呈金字塔形，分为高层管理、中层管理和基层管理。高层是负责人，其职能是决策；中层是行政官员，主要职能是贯彻决策；下层是一般工作人员，主要职能是实施决策。这样，每个官员能对其部下的行动和决定负责。②劳动分工：对个体来说，要学会胜任一个组织中各种各样的工作是非常困难的，所以只有当工作上有专门分工，而且按个体受过的训练及技能、经验来指派他们各自的任务时，才会有高效的结果。③以规章制度来控制：官方的决定和行动以成文的规章制度为依据，以此保证一致性、可预料性和稳定性。④淡化人情关系：如果在一个组织中去除纯粹个人的、情绪的和非理性的因素，便可建立对人员和各种活动比较有效的控制。组织的成员要在他们主管部门的指导和控制下，服从系统化的严格纪律。⑤职业定向：雇员的录用以专长为基础，升迁以年资和功绩为依据，工资与科层组织中的各级职位挂钩，个体有辞职的自由，也有权享受养老金。①

韦伯认为，从纯技术的观点来看，科层制是最符合理性原则、效率最高的。它在精确性、稳定性、纪律性和可靠性方面都优于其他组织模式。在人和组织都受到集权主义的企业家和牢固建立的政治制度支配的时期，韦伯使人们从科层制组织中看到了希望。但韦伯的科层制毕竟只是一种理想型的组织结构，它过分强调组织形式、成文的法律和规章制度等，甚至颠倒了法规制度与组织目标的关系，使组织僵化。因此，科层理论不可能解决教育管理的全部问题，也不能帮助西方教育管理工作者应付西方社会出现的新的社会和教育问题，但关于科层组织的研究确实给教育管理思想家们提供了用以理解学校这样的正规组织内部的结构关系和权力关系的新策略。

3. 科层理论的工具价值②

韦伯的科层理论在现代受到了许多质疑与批判，但其理性精神与工具价值却仍有其可资借鉴的地方，在多元文化、多元价值和多种社会制度并存的现代社会，其工具理性仍然具有价值性。

第一，强调秩序化价值。理性的意识就在于个人对秩序保持了“它是一种合法性秩序”的信念，这也是一种对秩序正当性的认识。在正当性秩序信念的支持下，来自于权威的命令都得到了遵从。韦伯认为科层制“作为美德赞扬的特性是：它成功地从解决职务上的事务中，排除一切爱憎和一切纯粹个人的、

① 陈如平：《论韦伯的科层理论及其对现代教育管理的启示》，载《教育评论》，1997(9)。

② 张忠利、刘春兰：《韦伯科层制理论及其蕴含的管理思想》，载《河北工业大学学报(社科版)》，2009(2)。

从根本上说一切非理性的、不可预计性的感觉因素”。

第二，注重形式的合理性。韦伯区分了两种合理性，即工具理性和价值理性。所谓工具理性，是指超越个别的具体的经验和事件，以普遍的抽象的规则并且以可计算的程序为基础，在追求目的的过程中做出合理的工具性安排。在经济领域中表现为一切经济行为使用数量化的计算形式，尽可能地加以量化，从而使得对行为本身以及对行动结束后的效果可以进行具体衡量。而价值理性则是一种关乎伦理主义或道德理想的合理性，是建立在某种信仰或价值追求的基础之上的，它更注重对行动进行价值判断。工具理性可以表述为工具——目的主义，价值理性则体现为伦理——道德理想主义。韦伯正是通过工具理性和价值理性的界定而分析了现代工业社会的形成过程。在韦伯看来，价值理性在资本主义社会已经失去了其存在的基础，随着资本主义的发展，社会管理和社会结构必然愈来愈理性化、科层化，日常生活中的一切领域都倾向于纪律严明的等级制度，合理的专业化、个人本身及其活动的条理化和工具化。

三、法约尔的一般管理

亨利·法约尔(Henry Fayol，1841—1925)，法国著名管理思想家。1916年，他出版了《工业管理和一般管理》一书，标志着一般管理理论的形成。他认为管理理论是一个由原则、标准、方法、程序等构成的体系，是经过检验、得到证明的体系，并且得到普遍承认的体系。

(一)法约尔的管理体系

1. 从企业经营活动中提炼出管理活动

法约尔区别了经营和管理，认为这是两个不同的概念，管理包括在经营之中。通过对企业全部活动的分析，将管理活动从经营职能(包括技术、商业、业务、安全和会计五大职能)中提炼出来，成为经营的第六项职能。进一步得出了普遍意义上的管理定义，即“管理是普遍的一种单独活动，有自己的一套知识体系，由各种职能构成，管理者通过完成各种职能来实现目标的一个过程”。

2. 倡导管理教育

法约尔认为管理能力可以通过教育来获得，“缺少管理教育”是由于“没有管理理论”，每一个管理者都按照他自己的方法、原则和个人的经验行事，但是谁也不曾设法使那些被人们接受的规则和经验变成普遍的管理理论。

3. 提出五大管理职能

法约尔将管理活动分为计划、组织、指挥、协调和控制五大管理职能，并进行了相应的分析和讨论。管理的五大职能并不是企业管理者个人的责任，它同企业经营的其他五大活动一样，是种分配于领导人与整个组织成员之间的工作。

4. 创建十四项管理原则

法约尔提出了一般管理的14项原则：①劳动分工；②权力与责任；③纪律；④统一指挥；⑤统一领导；⑥个人利益服从整体利益；⑦人员报酬；⑧集中；⑨等级制度；⑩秩序；⑪公平；⑫人员稳定；⑬首创精神；⑭团队精神。[①]

法约尔的一般管理理论是西方古典管理思想的重要代表，后来成为管理过程学派的理论基础，也是以后各种管理理论和管理实践的重要依据，对管理理论的发展和企业管理的历程均有着深刻的影响。一般管理思想的系统性和理论性强，对管理五大职能的分析为管理科学提供了一套科学的理论构架，来源于长期实践经验的管理原则给实际管理人员巨大的帮助，其中某些原则甚至以"公理"的形式为人们接受和使用。因此，继泰勒的科学管理之后，一般管理也被誉为管理史上的第二座丰碑。

从古典组织管理理论发展的过程来看，这一理论主要关注两个方面，一是工作及生产过程；二是组织及其职能。古典组织管理理论注重研究劳动过程的科学性、合理性以及组织控制的严密性，强调生产效率和组织运行，但这一理论最大的不足是未研究组织中的人。

(二)法约尔管理理论的发展[②]

古利克和厄威克对法约尔的理论有所发展。他们认为劳动分工是管理的最基本的原理。越专业化，效率就越高。为了分工就要把任务分成工作，再把工作组织成部门。控制跨度是第一项原理。每一项工作都需要控制和协调，有效地控制下属的人数是5～10人。第二项原理是职位一致性原理。根据古利克的看法，一个独立的部门可以运用四种不同的方法对职位进行分组。这四种方法是：主要目标、主要过程、服务对象和地点。把有相同目标的工作组合起来，把相似方法开展的活动结合起来，把相同的服务对象的工作组合起来，把属于一个区域的工作组合起来。根据这些就可以确定职位。同时，古利克对法约尔的职能或过程理论也有发展。"总经理的工作是什么？"他的回答是"POS-

① 黄志成、程晋宽：《现代教育理论》，上海，上海教育出版社，1999。

② 黄 崴：《教育管理学——概念与原理》，116页，广州，广东高等教育出版社，2003。

DCORB”，即“计划、组织、人事、指挥、协调、报告和预算”的缩写。计划，即制定出需要做的事情的大纲和实现企业制定的目标的方法。组织，即为实现特定的目标对工作从属关系的安排、界定和协调建立正式的权力结构。人事，指招聘、培训和保证良好的工作条件等整个人事职能活动。指挥，即决策以及把决策变成特殊的和一般的命令和指示并发挥企业领导人的作用。协调，即最重要的任务是把工作的各个部分联系起来。报告，即通过记录、研究和监督保证经理人员一直获得企业中发生的情况，也包括他本人和其下属的情况预算，即所有的消耗都以财政计划、会计和控制的预算形式科学地进行。

第二节　行为科学管理理论

古典组织管理理论侧重于生产技术过程的分析及组织控制的考察，而行为科学管理理论则是侧重于人群关系的研究，侧重于对组织成员的社会、心理等因素的分析，行为科学管理理论在很大程度上弥补了古典组织管理理论的缺陷与不足，也为小学阶段教育管理工作提供了新的理论支撑。

一、行为科学产生的背景

行为科学管理理论起始于20世纪20年代哈佛大学心理学教授梅奥主持的霍桑实验，该项研究的结果表明，人不是经济人，而是社会人，不是孤立的、只知挣钱的个人，而是处于一定社会关系中的群体成员，个人的物质利益在调动工作积极性上只具有次要的意义，群体间良好的人际关系才是调动工作积极性的决定性因素。因此，梅奥的理论也被称为“人际关系理论”或“社会人理论”。行为科学是第二次世界大战后发展起来的一门新兴科学。1949年在美国芝加哥召开的一次跨学科学术讨论会上，首先提出了“行为科学”。1953年福特基金会邀请各著名大学的有关教授开会，正式确定“行为科学”这个名称。行为科学管理理论的产生和发展是社会经济文化发展的必然产物，它把社会学、心理学、人类学等相关知识引入管理学领域，形成了一个独具特色的学派。行为科学管理组织理论注重从心理学、社会学角度，从人的行为动机、人际关系和社会环境等方面来探讨管理组织。它主要研究管理组织过程中的个体行为、群体行为和领导行为等。[①]

① 张长立：《行为科学管理组织理论的方法论探析》，载《现代管理科学》，2003(5)。

对于行为科学，国外国内都持有不同的看法。国外有人认为它现在只不过是一种科学的虚构，还不是科学的真实。在理论上是混乱的，概念上也是不统一的，方法上的可靠性也值得怀疑。国内有三种意见：第一种认为行为科学是一门现代科学，任何国家和阶级都可以研究它、应用它；第二种认为行为科学是调和阶级矛盾的产物，是为维持资本主义秩序服务的，必须彻底否定；第三种认为，人的行为是客观存在的，把人的行为作为一门科学来研究是完全必要的，在研究中提出假设也是允许的，行为科学有合理的地方也有不合理的地方，应当根据我国国情，吸收其合理的成分。①

二、人性假设理论

行为科学管理理论认为，从管理者的角度怎样看待人，如何理解人的本质特点，将很大程度上决定其采取的行动策略。由于教育管理者的人性观各有差异，其管理方式也有所不同，如命令型、说服型、合作型、参与型等。

1. 工具人假设

人性假设理论提出者是美国行为科学家道格拉斯·麦克雷戈(Douglas McGregor)。他在1960年发表的《企业中人的方方面面》中进一步阐释人性假设理论的观点及主张，此书被同行奉为一部行为科学的经典著作。道格拉斯·麦克雷戈(Douglas McGregor)提出了著名的X－Y理论，他曾用X理论描述工具人性假设。

①人天生就懒惰成性。他们总是尽量逃避工作。

②人是没有进取心的。他们从不愿意承担任何责任。宁愿听从别人的指挥。

③人是自私的。他们总是以自我为中心。不去关心别人。

④人是保守的。他们害怕风险。最重要的是个人的安全。

⑤人是有感情的，往往缺乏理智，受别人的煽动，就会感情冲动，干出蠢事来。

⑥人所以劳动，就是为了满足自己的温饱和享乐。②

2. 经济人假设

随着资本主义经济的萌生和发展，到了18世纪，西方享乐主义哲学家和英国的经济学家亚当·斯密提出了这个假设。他们认为人是“有理性的、追求

① http://baike.baidu.com/view/2032157.htm。

② [美]小詹姆斯·H·唐纳利：《管理学基础》，北京，中国人民大学出版社，1982。

自身利益最大化的人”，在管理中强调用物质上和经济上的利益来刺激工人的努力工作。“经济人”思想是社会发展到一定历史阶段的产物，是资本主义生产关系的反映，它的提出标志着社会的巨大进步。[①] 人们的行为计划受经济利益驱使，个体失去了自由，在很大程度上成为经济发展的附属品。

3. 社会人假设

到了20世纪30年代，美国哈佛大学的乔治·埃尔顿·梅奥(George Elton Mayo)等人进行了著名的霍桑实验，实验的意外结果使他们观察到了人性的另一个重要侧面—— 人不仅仅是关心自己个人的物质利益，还会追求人与人之间的友情、安全感和集体归属感。实验的结论是：组织中人与人之间的关系是决定员工的工作努力程度的主要因素。因此，管理者应当建立和谐的人际关系来促进工作效率和效益的提高。“社会人”假设的提出是管理学的重要转折点，开创了“行为科学”学派。[②] 把人根植于社会大环境下来考察，综合众多影响因素，将之称为“社会人”。人不是孤立存在的，而是时刻发生着社会交往活动，是处于一定社会关系中的群体成员。

4. 自我实现人假设

美国心理学家亚伯拉罕·马斯洛(Abraham Harold Maslow)，最早提出自我实现的概念。麦克雷戈用Y理论来描述自我实现人性假设：如果环境好的话，工作如游戏般自然；自我控制对组织目标的达成是不可缺的；人们大多数具有解决组织问题所需要的创造力；激励发生在生理、安全、社交、自尊及自我实现的水平上；如果受到适当的激励，人们可以自我领导并且有创造力。

5. 复杂人假设

20世纪60年代，美国学者沙因(Edgar H. Schein)在综合“经济人”、“社会人”和“自我实现人”这三种西方人性假设的基础上，提出了“复杂人”的观点。他认为人的需要和潜在愿望是多种多样的，而且这些需要的模式随着年龄、在社会中所扮演的角色、所处的境遇和人际关系的变化而不断地发生着变化。应当说，沙因的观点弥补了前几种人性假设的缺失，是比较全面的。人不是简单、孤零零地存在的，而是有众多需求复杂心理活动的个体。

6. 文化人假设

美国加利福尼亚州立大学日裔美籍教授威廉·大内(William Ouchi)在研究分析日美两国企业管理的经验后提出Z理论。威廉·大内(William Ouchi)

---

① 李晖、李科峰：《中外人性假设综述》，载《上海理工大学学报》(社会科学版)，2004(3)。

② 同上。

认为，具有下述特点的企业组织可称为Z型组织：

①实行长期雇佣制，使职工的职业有保障，从而更关心企业利益；

②实行缓慢的评价和提升，注重较长时间的全面评价；

③注重对职工的多方面培训；

④实行含蓄的控制机制与统一思想式决策；

⑤分工负责；

⑥对职工全面关心，上下级之间建立融洽的关系。①

三、激励理论

人是有情绪、情感等心理活动的高级动物，在实际中工作状态受到许多外在因素的干扰。作为小学教育管理者，应着手考虑如何利用其他因素调动师生工作学习的热情，激发积极性，行为科学管理的核心理论——激励理论为小学教育管理工作提供了重要的理论支撑。激励理论主要由马斯洛的“需要层次论”理论、赫茨伯格的“双因素论”理论、奥尔德弗的“ERG 理论”和亚当斯的“公平”理论等构成。

1. 马斯洛的需要层次理论

马斯洛（Abraham Harold Maslow）是美国行为科学家，于1938年提出了需要层次理论，把人类复杂多变的需要分为生理需要、安全需要、友爱和归属需要、尊重需要和自我实现需要五个层次。

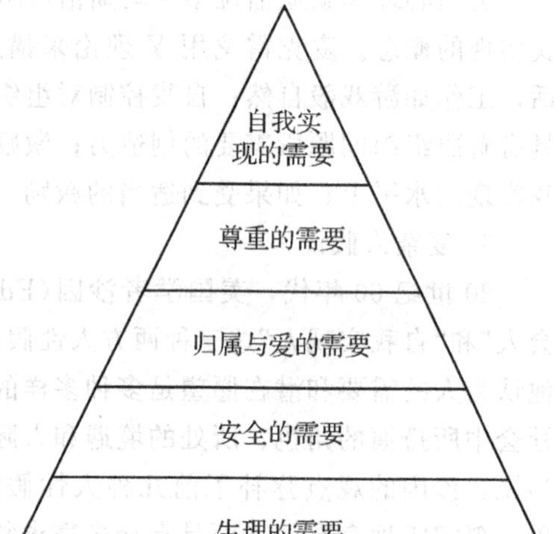

①生理需要——维持人类生存所必需的身体需要，包括食物、水、空气、住处、睡眠等基本生存需要。

②安全需要——保证身心免受伤害，包括工作安全，避免危险、疾病、经济困难等的需要。

③归属和爱的需要——包括感情、归属、被接纳、友谊等需要，包括归属感、给予及接受别人的爱。

① 陆有德、林正范：《现代学校管理原理》，24页，武汉，中国广播电视出版社，1985。

④尊重的需要——包括内在的尊重如自尊心、自主权、成就感等需要和外在的尊重如地位、认同、受重视等需要。

⑤自我实现的需要——包括个人成长、发挥个人潜能、实现个人理想的需要。

2. 赫茨伯格的双因素理论

双因素理论是美国的心理学家、管理理论家、行为科学家弗雷德里克·赫茨伯格(Fredrick Herzberg)提出来的。双因素理论前提是满意与不满意，是两种尺度而非一个尺度上两个相反的极点。以此假设为出发点，赫茨伯格对美国的部分工程师和会计人员进行了调查询问，以确定是哪些工作因素使他们感到满意或不满意。赫茨伯格认为最终得到的两类因素——激励因素和保健因素，在激励行为中起着截然不同的作用。保健因素，又称非本质因素或情境因素，是指除工作本身之外的影响员工的因素，包括公司政策、管理、监督、与上下级和同事的关系、工作条件、薪酬、地位和安全保障等。这类因素与不满意相联系，如果缺少了这些因素，员工就会感到不满，但是即使这类因素的状态水平较为理想，也不会使员工产生满意感。激励因素，又称本质因素或内容因素，是指工作本身的各个方面，包括成就、认可、工作的挑战性、责任、进步和成长等。这类因素的存在能够使员工感到满意，并能激励员工的行为。将该理论付诸运用，赫茨伯格建议要努力实现工作的丰富化。①

3. 奥尔德弗的 ERG 理论

行为科学家克雷顿·奥尔德弗(Clayton Alderfer)对马斯洛 (Abraham Harold Maslow)需要层次理论进行了修正和改进。他在大量调查研究中指出，人的基本需要不像马斯洛讲的那样有五种，而是三种，即：①生存。这是最基本的，指人在饮食、住房、衣服等方面的基本需要，这种需要一般只有通过金钱才能满足。只有这项最基本的需要得到满足以后，才能谈到其他需要。②关系。指与其他人(同级、上级或下级)和睦相处、建立友谊和有所归属的需要。③发展。指个人在事业、能力等方面有所成就和发展。奥尔德弗认为，这三种需要并不完全都是生来就有的，有的需要(如关系的需要和发展的需要)是通过后天学习才形成的；而且，人的需要并不一定严格地按照由低到高的次序发展，可以越级出现。例如，人可以在关系方面的需要没有得到充分满足的情况下，产生发展方面的需要。每个职工的需要各不相同，如有的职工是生存的需要占主导地位，有的职工是关系的需要占主导地位，管理人员应该了解每个职

① 郭惠容：《激励理论综述》，载《企业经济》，2001(6)。

工的真实需要，然后采取适当措施来满足职工的不同需要，以便激励和控制职工的行为，实现组织和职工的目标。[①]

4. 亚当斯的公平理论

公平理论，是美国行为科学家史坦斯·亚当斯(J. Stancy Adams)在《社会交换中的不公平》等著作中提出的一种激励理论。该理论侧重于研究工资报酬分配的合理性、公平性及其对职工生产积极性的影响。

公平理论认为，人的工作积极性不仅与个人实际报酬多少有关，而且与人们对报酬的分配是否感到公平更为密切。在劳动过程中，人们总会自觉或不自觉地将自己付出的劳动代价及其所得到的报酬与他人进行比较，并对公平与否做出判断。公平感直接影响人的工作动机和行为。从某种意义上讲，动机的激发过程实际上是人与人进行比较，做出公平与否的判断，并据以指导行为的过程。

基于公平理论，员工将自己的所得和付出的比值与参照对象的所得和付出的比值进行对比而感到不公平有两种情况。第一种情况，和参照对象比较报酬太低，员工可能要求增加自己的收入或减小自己今后的努力程度，以便和参照对象趋于相等；或者他可能要求组织减少参照对象的收入或者让其今后增大努力程度以便趋于相等；他还可能另外找人作为比较对象，以便达到心理上的平衡。

第二种情况，和参照对象相比报酬太高时，员工可能要求减少自己的报酬或在开始时自动多做些工作，但久而久之，他会重新估计自己的技术和工作情况，终于觉得他确实应当得到那么高的待遇，产量便又会回到过去的水平。

除了横向比较之外，人们也经常做纵向比较，即把自己目前投入的努力与目前所获得报偿的比值同自己过去投入的努力与过去所获报偿的比值进行比较。

当员工将自己目前投入的努力与目前所获得报偿的比值同自己过去投入的努力与过去所获报偿的比值进行比较感到不公平时，一是和过去比报酬太低，人会有不公平的感觉，可能导致工作积极性下降；二是和过去相比报酬高时，员工不会因此产生不公平的感觉，但也不会觉得自己多拿了报偿而主动多做些工作。

公平理论提出的其本观点是客观存在的，但公平本身却是一个相当复杂的问题，这主要是由以下原因引起：

① 蔡韦龄：《管理心理学激励理论综述》，载《江西金融职工大学学报》，2006(6)。

它与个人的主观判断有关。无论是自己的或他人的投入和报偿都是个人感觉，而一般人总是对自己的投入估计过高，对别人的投入估计过低。

它与个人所持的公平标准有关。公平标准是贡献率，也有以需要率、平均率为标准的。如有人认为助学金应改为奖学金才合理，有人认为应平均分配才公平，也有人认为按经济困难程度分配才适当。

它与绩效评定有关。我们主张按绩效付报酬，并且各人之间应相对均衡。但如何评定绩效？是以工作成果的数量和质量，还是按工作中的努力程度和付出的劳动量？还是按工作的复杂、困难程度，还是按工作能力、技能、资历和学历？不同的评定办法会得到不同的结果。最好是按工作成果的数量和质量。用明确、客观、易于核实的标准来度量，但这在实际工作中往往难以做到，有时不得不采用其他的方法。

它与评定人有关。绩效由谁来评定，是领导者评定还是群众评定或自我评定，不同的评定人会得出不同结果，由于同一组织往往不是由同一个人评定，因此会出现松紧不一、回避矛盾、姑息迁就、抱有成见等现象。[①]

四、群体行为理论

群体行为理论是行为科学管理理论的有机组成部分，是以研究群体与组织行为为核心，重点解决管理的有效性，组织机构设置的合理性，目的在于培养员工的集体意识，充分调动组织成员的能动性、整体性、协作性、创造性等问题。群体行为理论为小学教育管理工作提供了理论借鉴，我们可以把学校或班级看作是一个完整的群体，个体成员的行为影响群体的整体运作。群体行为理论中比较典型的是德国心理学家卢因(Kurt Lewin)的“群体动力学理论”和美国心理学家布雷德福(Leland Bradfood)的“敏感训练”理论。

德国心理学家卢因(Kurt Lewin)的“群体动力学理论”主要观点如下：

①群体是一个非正式组织，是由活动、相互影响及情绪三个相互关联的要素组成。

②群体的存在和发展有自己的目标。

③群体的内聚力可能会高于正式组织的内聚力。

④群体有自己的规范。

⑤群体的结构包括群体领袖、正式成员、非正式成员以及孤立者。

⑥群体领导方式有三种：专制式、民主式和自由放任式。

---

① 张东娇，等：《教育管理学》，28页，北京，高等教育出版社，2011。

⑦群体的规模一般较小，以利于内部沟通。

⑧群体领导是自然形成的，他要创造条件促使他人为群体出力。

⑨群体中的行为包括团结、消除紧张、同意、提出建议、确定方向、征求意见、不同意、制造紧张、对立等。

为处理组织中人与人之间的关系，布雷德福提出了"敏感训练"，通过模拟工作环境，使受训者在群体学习环境中相互影响，明确受训者在群体中自己的地位和责任，加强对自己的感情和情绪的敏感性以及人际关系处理的敏感性，从而改进个人和团体的行为，以提高工作效率，满足个人需要。

五、领导行为理论

领导行为理论始于俄亥俄州立大学20世纪50年代早期的研究，该校的研究者首先拟出了一千多种领导行为特征，后经不断提炼概括，归纳为"关心人(consideration)"与"抓组织(initiating structure)"两大方面。由于每一方面都有高低之别，因而两方面联系起来便构成四种情况，即领导行为四分图，如下图所示。[①]

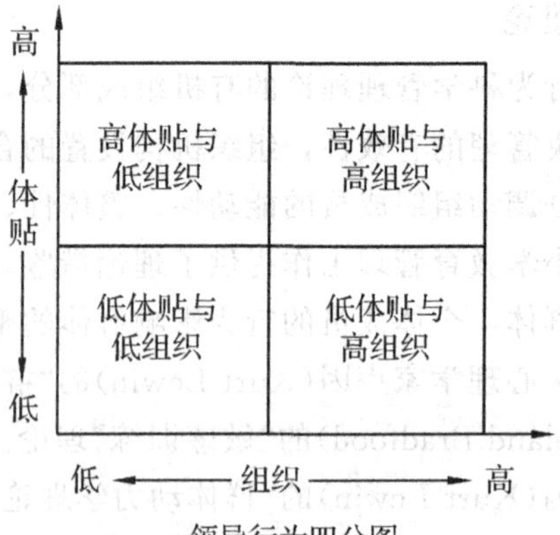

领导行为四分图

因人而异，不同领导的领导方式也不相同，同一工作内容的效果也不尽相同。作为小学教育管理者一定要正确认识领导行为理论，并运用到实际的工作当中。根据工作方式的不同，领导方式可以分为以下三种类型。

1. 专权型领导

专权型领导指领导者个人指挥并决定一切，然后通知成员执行各项工作决定，要求下级员工绝对服从上级领导，只需按照领导要求的去做，不需知道为

① 熊川武、江玲：《学校管理心理学》，175页，上海，华东师范大学出版社，2011。

什么这样做。

2. 民主型领导

民主型领导指领导者动员大家针对某一主题集体讨论，共同商量，集思广益，然后做出决定，这一领导类型要求上下级关系融洽，能够共同协作开展工作。

3. 放任型领导

放任型领导指领导者对下属员工放权撒手，下属怎样做完全由自己决定，领导不会干预，领导的职责仅仅是为下属提供信息并与企业外部进行联系，以利于下属员工工作的顺利开展。

第三节　后现代教育管理思潮

20 世纪后期，西方思想领域中发生了一场广泛的思想和观念的转变，即对现代思想方式的批判性进行重新评价，形成了一股后现代主义的思潮。这种后现代主义思潮对教育管理理论和实践产生了巨大影响。

一、后现代主义的教育管理思想

“后现代”是继“现代”之后的一个社会发展阶段。哈贝马斯(J. Habennas)认为，现代是指“一系列的累积的和互动的过程：资本形成和资源流动；生产力发展和劳动率提高；集中化政治权力的建立和国家认同感的形成；政治权力参与、城市生活和正规教育的多样化；价值和原则的世俗化”。可以说现代社会是以理性和科学技术为工具追求人类社会至真、至善、至美的发展。后现代社会的主要特征包括：高科技特别是信息技术的发展、知识爆炸、高度工业化、城市化、经济全球化、价值多元化等。这些特点把现代社会与前现代社会或传统社会区别开来。很多思想家认为，处在这样一个社会背景之下，以理性为基本信念的传统思想已经不能解释许多新的社会文化现象，无法适应社会的发展，因此必须取而代之一整套所谓后现代的观念体系。尤其是第二次世界大战对人类生命的践踏和对社会财产的摧毁，导致人们对传统理性和传统科学的信念的怀疑和破灭，认识到仅仅靠理性和科学技术是不够的。西方发达国家大致在 20 世纪 50 年代末之后陆续向后现代社会迈进。

后现代主义并不只包括一种理论，实际上它是多种理论的混合体，其中以主观主义、批判论、女性主义等最具有代表性。尽管这些理论各自陈述的重心不同，但是都有一些共同点，如拒绝科学的霸权地位，宣称科学只研究事实是完全不可能的，因为不存在完全的客观事实，一切社会产物都渗透着价值、信仰、意志、体验等因素；科学认识不具普遍性，对绝对、普适和确定性的追求根本做不到；知识具有多样、多元性质，是特定历史条件下创造的结果，其情景性甚于普遍性；实验研究和逻辑分析不是唯一的认识世界的方法，解释、叙述、亲身体验、直觉、主观判断等都可以作为认识世界和社会的方法。后现代主义的这些观点，在20世纪的后半叶几乎渗透到西方学术界的各个领域，如哲学、社会学、文学、历史、语言学等，同样也影响到教育学及教育管理领域。①

许多学者把后现代主义运用到教育管理理论和实践之中，著名的有格林菲尔德(Greenfield，T. B.)、霍金森(Hodgkinson，C.)、英格里西(English，W.)、麦克西(Maxcy，S. J.)等。格林菲尔德率先把后现代主义的观点运用到教育管理理论中，并试图对教育管理理论进行一场变革，建立一种把组织作为人的创造物的理论——一种主观主义的教育管理理论。格林菲尔德认为，组织不是自然实体，而是人为了适应社会而自行创造的产物，不存在统一的标准化的组织；既然组织是人创造的存在，也就没有统一的标准化的组织理论，也就不能用数学的和定量的方法来研究和分析教育管理问题。霍金森认为，管理是行动的哲学，这种哲学不是永恒的，更多是偶然的、对话的，处于解释的过程。管理必须根植于价值，不存在一种适当的和完整的管理科学。霍金森认为，后现代主义的原则之一就是“没有事实，只有解释”，管理是对组织现实进行解释的艺术。教育管理面对的问题不仅是事实问题，更重要的是价值问题，抛开价值问题就无法认清教育管理的现象和本质，教育管理活动中的事实和价值不能割裂，如果管理者只注重管理中的结构形式，就会把更重要的教育目的置于脑后，教育管理的意义和价值就会大为削弱。

总体而言，后现代主义教育管理理论的主要观点是：首先，在本体论方面，后现代主义教育管理理论认为，教育组织是人创造的存在。不同的人有不同的创造，没有统一的形式和本质，不同的教育组织其性质也是不同的，即便是同一类学校，其本质特点也是不同的，所以，教育组织形式和教育组织的性质就不是唯一的。其次，从认识论看，既然管理和组织不是唯一的，关于组织和管理知识或认识当然也不是绝对的。不存在唯一的教育管理科学理论，用唯一的科学理论无法解释和解决复杂多样的教育管理实践问题。再次，教育管理

① 吴志宏：《教育管理学》，55页，北京，人民教育出版社，2006。

是事实和价值统一的过程，把教育管理的价值问题排除于教育管理过程之外而只重视教育管理的事实，实际上是把复杂的教育管理问题简单化，这种教育管理是注定要失败的。最后，从方法论来看，教育管理的方法也不是唯一的，而是多样化的。

二、批判主义的教育管理理论

批判理论是20世纪二三十年代在德国兴起的人文主义哲学思潮，由成立于1923年的法兰克福大学社会研究所的学者们提出。该理论也是法兰克福学派的标志性作品，代表人物包括霍克海默(Max Horkheimer)、阿多诺（Theodor Adorno)、马尔库塞（Herbert Marcuse)等一批思想家。该学派通过借鉴康德(Kant)、韦伯（Max Weber)等德国哲学家、社会学家的理论，特别是运用弗洛伊德的理论，重新解释马克思理论，成为新马克思学派的重要一支。它是“在西方马克思主义旗帜下所表达的共同的思想和理论旨趣，是以焕发马克思主义的激进意识和批判潜能为起点、对现代社会进行批判分析的社会哲学理论”。由于批判理论学者内部研究取向差异甚大，批判理论并没有形成一个统一性的理论体系。①

批判理论具有鲜明的特征。第一，批判理论否定和排斥实证主义及其研究方法。针对实证主义及其科学方法的“客观化、中立化、实证化、定量化、操作化”，批判理论进行了否定，认为这种科学的方法破坏了人类世界的整体性和意义，否定了人对世界的建构及在此过程中人的价值参与。批判理论认为，任何“事实”都经由了人的建构，不可避免地包含着主观性、相对性和价值判断。第二，批判理论以“利益”为研究中心，寻求“启蒙”社会。批判理论主张对社会生活的实际状况加以启蒙，启蒙即揭露个人及团体的真正利益所在，利益则是指特殊团体(优势的、弱势的)的需求与关切，尤其是指在自利的意识与原则下对既得利益或不利地位的关注。对于优势群体来说，他们总是维持既得利益，从属的、弱势的团体则倾向于改变困境，争取权力和利益。批判理论就是要揭露这种不平等，并启发人们为争取平等而战。所以，在批判理论学者的眼中，社会生活的核心是冲突的、紧张的。第三，批判理论的目标在于促成“解放”。批判理论认为，从属的(实质上是被统治的)团体因为某些因素的束缚而不能掌握自己的命运，因而难以控制自己的生活并达到幸福。批判理论试图揭露束缚个人自由的因素，如特权的操控、权威的限制等，指导人们摆脱束缚，

① 张继明：《批判理论对高等教育研究的启示》，载《大学教育科学》，2011(06)。

获得解放。第四，批判理论批判工具理性。人类对现代科技的过度使用使自身陷入了科技宰制的泥淖。工具理性是科技主义宰制的同义语，它关心方法、效率而非目的，偏爱知性而无视感情，使得事实与价值被生硬地剥离。人类对自然的破坏、核武器的威胁都是工具理性泛滥的后果。批判理论批评工具理性为一种控制欲支配的欲望，造成个人与社会的扭曲、变形。核武器威胁、教育领域对效率原则的偏信、经济判断标准的涉入、市场导向等都是工具理性的反映。[①]

当批判理论传播到教育管理领域，就演变为一种以批判为特征的教育管理思想。把批判理论引入教育管理领域并试图建立批判教育管理理论的学者很多，主要有福斯特(Foster，W. P.)、贝茨(Bates)和赛塔尼克(Sirotnik，Kenneth)与奥克斯(Oaks)。福斯特提出一种建立在批判的人文主义传统的基础上的新的教育管理理论模式。这种管理要解决的重要问题是“应该做”和“怎样做”的问题。他认为，管理活动更多的是一种批判性的价值反思过程，其管理的情景要求管理科学重建为一种道德科学。管理科学可以是经验的，也一定可以和解释学和批判理论结合起来。教育管理必须以交互、批判和交流对话为基础。贝茨认为，教育管理必须要关注民主化，“在建立一种教育管理理论以及适当的管理知识结构时要考虑四方面的问题，他们是社会关系民主化，交流的民主化和文化关注的民主化”。此外，其他一些具有批判主义的教育管理理论学者提出了类似的主张。

批判主义的教育管理理论主要包括以下一些观点：第一，教育管理不仅要考虑学校的科层制问题，更要考虑民主化问题。在批判理论看来，教育本是蕴含着解放的希望的，但在不平等的社会结构中，教育扮演了统治阶级借以维护既得利益和支配平民大众的工具性角色。教育的阶级性不仅使其以经济、社会及文化资本的占有为标准来选择受教育者，而且经由教育对经济关系、国家权力和文化的再制过程，学生被塑造和强化了与不同阶级阶层相对应的心智、技能，不平等的阶级阶层秩序因而得以延续。因此，教育管理者必须考虑，教育管理的理念及管理实践在多大程度上促进了社会的自由化、公正化和民主化问题。第二，教育管理者应该是一个真正意义上的批判人文主义者，他们不能满足于现状，而要对所有的“理所当然”的假设和常识进行质疑、反思和批判。第三，不能用研究自然科学的方法研究教育管理，而必须从具体的历史时空出发分析教育管理问题。第四，组织管理理论是一门道德科学，必须时时关注管理

① http：//baike. baidu. com/view/141563. htm。

中的道德问题，尤其是道德两难问题。第五，应将组织问题置于更宽广的文化和政治背景中加以分析和理解，学校不仅仅是上学的地方，更是各种文化和价值观念生动展现的地方。①

三、生态教育的管理理念

工业革命以来，随着现代科学技术的高度发展及其在生产中的广泛运用，人类追求文明与幸福的理想正在逐渐实现。然而，经济发展的思考模式一直居于主导地位，人类致力于发展科技、提高生产及服务效率、促进经济发展，结果却导致人类生存环境的极度恶化。在全球生态危机日益加剧和生态环保理念逐渐成为人类共识的背景下，20 世纪 60 年代末，生态教育应运而生，这是人类自身的希望所在。为了提高人们的生态意识，保护环境，美国率先把生态教育引入学校教育。生态教育以生态哲学为基础，旨在培养人的生态自觉和生态能力，改善人与自然的关系，树立生态整体观和和谐观。生态教育是当今世界一种重要的国际教育思潮，对世界各国的教育，包括正规教育和非正规教育，都产生着深远的影响②。

生态教育的核心理念主要包括生态环境意识、生态环境道德、环境审美、环境法治观等几个方面③。生态教育的目标是：在核心理念的指导下，使人们具备资源与生态环境科学的基本知识、基本技能，树立正确的资源与生态环境意识、态度、价值观、环境伦理、环境法治观，积极主动地参与生态环境建设，促进可持续发展，实现人的全面素质的提升，达到三种境界：求真——树立正确的自然观；扬善——实践人与自然的和谐发展；致美——开拓人与自然和谐发展的视野④。

生态教育的主要内容有：生态哲学教育、生态价值教育、生态伦理教育、生态文明教育、生态文化教育、生态立法教育、生态美学教育。

生态教育的理念给教育管理带来了新的视角，许多学者把生态学的理论引入了教育管理之中，认为教育系统与社会其他各系统必须和谐共处，相辅相成，教育系统本身也蕴含了生态性，整个系统内部各要素之间是相互联系、相互制约的，单纯的教育形式不能孤立存在的，必须保证系统的生态平衡和良性循环。生态教育管理是从尊重教育系统的生态性出发，以全面的、系统的、联

① 吴志宏：《教育管理学》，56 页，北京，人民教育出版社，2006。

② 黄志成：《国际教育新思想新理念》，203 页，上海，上海教育出版社，2009。

③ 温远光：《世界生态教育趋势与中国生态教育理念》，载《高教论坛》，2004(2)。

④ 韩小荣：《论高校环境教育的实施》，载《黑龙江高教研究》，2004(7)。

系的观点来对教育现象及其管理进行一种新审视，从教育生态系统内部的规律性出发，寻求教育管理的最佳途径和最优机制[①]。

【案例分析】 三位学校管理者的酸甜苦辣[②]

1. 曹校长的管理实践

有一位曹老校长，是民主党派人士，主持一所重点中学的行政工作。近几年来，由于在社会上兼职较多，不可能每天从早到晚深入到学校的各项工作中去。于是他与校书记、副校长、教导主任等人商议，要求明确分工，各司其职。他自己也尽可能到各教研组走走，同教师谈，听取意见。有时，他也到课堂听课，接触一些学生。但是，对教师、学生向他提出的具体意见和问题，他却很少直接表态。他认为，有的事有章可循，只要照章办事，不管是校长或是副校长，谁说了都算数，不照章办事，校长说了也不能算，校长负责制，不能仅按校长个人意见办事，如果有的事无章可循，那就要集体研究，特别是有关改革的事，更不能由校长个人决定；还有些事，须向上级请示汇报，不能自己说了算。如果学校里大大小小的事都由校长决定，都要通过校长，这不叫有职有权，而是个人专权。集体讨论决定的事，校长随意变更，或者对那些由其他干部分管的事，校长出面表态处理，则是不善于用权。曹校长的这些看法得到了学校领导班子的赞同。但有些教职工对这种领导方式提出了疑问："如果这样的话，校长不是'无为而治'了吗?""各人分管一个方面，校长的权力不就落空了吗?"

2. 赵校长的感叹

老赵原先在区教育局机关工作，某年被调到A校任校长。上任伊始，赵校长就仔细查阅了所有教师的档案，以便对教师队伍状况做到心中有数。不久，A校原教导主任退休，经学校领导讨论，决定在校内外物色一位新主任。作为物色工作的一部分，赵校长分别找了一部分教师谈话摸底，其中包括物理组的杨老师。在赵校长与杨老师谈话结束时，赵校长礼节性地讲了下面一段话："杨老师呀，好好工作。像你这样的年华(35岁)已经有了很不错的工作能力和经验，今后是会大有用武之地的。"杨老师并不知道赵校长跟许多教师都讲过这样的话，也没想到赵校长说过就忘了。说者无心，听者留意。杨老师由此产生了许多联想。后来学校经过研究决定，从校外引进了一位教导主任。任命一宣布，群众中并无什么大的反响，但杨老师的表现却很异常，时常发无名

① 吴林富：《教育生态管理》，25页，天津，天津教育出版社，2006。

② 吴志宏：《学校管理理论与实践》，25页，北京，北京师范大学出版社，2002。

火，甚至顶撞领导。当时赵校长并未意识到杨老师的变化与那次谈话之间有什么联系。由于杨老师是物理组的骨干，过去一贯表现不错，所以赵校长只是找他心平气和地谈了一次，很委婉地批评了他的表现之后，又对他作了一番鼓励，说："你过去的表现一直不错，你的能力领导和群众也是了解的，希望你不要为一些小事而发火，以破坏了他人对你的印象。"这次谈话果然见效，杨老师不仅改变了常发无名火的现象，而且积极性也比以前更高了。一个学期后，那位从校外引进的教导主任因故调到区里工作，A 校又需要提拔一位新主任。当时 A 校教导处的两位副主任均是理科教师。从工作出发，经学校研究决定，提拔语文组组长任教导主任。这一次，杨老师再也沉不住气了，到支部书记那里大骂校长"耍人"，并坚决要求调离学校。至此，赵校长方才恍然大悟，不禁摇头感叹校长难当。

3. 王校长的苦恼

某中学新调来一位王校长，为调动教学第一线教师的工作积极性，使学校工作能尽快有起色，王校长决定在全校推行课时补贴制度。经过深思熟虑，并经校长办公会议讨论通过，出台了课时补贴的具体方案。大体内容是，根据教师的不同职称，发给满工作量的教师不同标准的课时补贴。方案公布后，立即引起学校后勤人员的强烈不满。因为他们不是教师，不能享受课时补贴。在后勤人员的强大压力下，王校长不得不对原有方案作出调整。几天后，他推出了第二套方案，具体规定，后勤人员拿全体教师课时补贴的平均数。这相当于一位中级职称教师所拿的补贴。王校长满以为这下摆平了，哪知道又引起了轩然大波。这次提出反对意见的是青年教师。他们认为，虽然自己工作时间不长，只有初级职称，但对教学尽心尽力，而且很多人还在辛苦地进修，本来按照第一套方案，他们与高级教师相比已是悬殊，现在拿到的补贴连后勤人员都比不上，他们由此感到，学校太不重视青年教师了。面对青年教师强烈的抵触情绪，王校长不得不对方案再次作修改。缩小了教师与后勤人员、初级教师与高级教师的差距。第三套方案推出后，暂时平息了由课时补贴引起的风波，但王校长甚感苦恼，虽然皆大欢喜，但与原先的目标相差太远了，还是平均主义。教师的工作积极性似乎没有明显提高。王校长真希望找到一位研究学校管理的专家，带他设计一套既有明显的激励作用、执行起来阻力又小的奖金分配方案。

解析思路：

(1)从管理理论对学校管理的指导意义上加以分析。

(2)三位校长的管理思路与理念说明了管理上的哪些问题。

复习与思考

1. 古典管理理论的主要代表及其理论有哪些？

2. 行为科学管理理论都有哪些内容？你认为在现实中它的作用究竟有多大？

3. 批判主义的教育管理理论对现实的教育管理有什么启示？

4. 公平理论在小学教育管理中有没有指导意义，你是怎样理解的？

5. 生态教育的管理理论在现实中能实现吗？

推荐阅读

1. [美]小詹姆斯·H·唐纳利．管理学基础．北京：中国人民大学出版社，1982.

2. 吴志宏．教育管理学．北京：人民教育出版社，2006.

3. 吴林富．教育生态管理．天津：天津教育出版社，2006.

4. 吴志宏．学校管理理论与实践．北京：北京师范大学出版社，2002.

第三章　小学教育管理过程

本章重点

- 管理过程与小学教育管理运行的规律
- 管理决策模式与小学教育管理决策的程序
- 控制的概念、过程与类型

第一节　教育管理过程概述

一、管理过程的研究

管理过程是教育管理学研究的基本理论问题。从 20 世纪起，国内外学者围绕这一问题提出了各种各样的理论。尽管不同学者在不同的研究视角下，得出了不同的结论，但对管理过程的认识却都基于管理活动的“有序”，即对每项工作的管理都按照一定的逻辑展开。在这一点上，学者们差不多取得了共识。但是对这个“序”由什么所组成，其逻辑轨迹是怎样展开的这个问题上，却存在着不同的看法。较有影响的是法约尔的“管理职能”说、西蒙的“决策链条”说和戴明的“四环节”说。

(一)法约尔的“管理职能”说

在管理思想发展史上，法约尔较早地确认了管理的职能，认为计划、组织、指挥、协调和控制构成了管理的基本职能，并认为这也是管理过程的基本要素。但尽管管理的职能同管理的过程是密切联系的，但它们是不能互相替代的，因为管理职能重在反映管理的功能和作用，而管理过程重在反映管理活动的环节和步骤。

(二)西蒙的“决策链条说”

诺贝尔奖获得者、科学决策理论的提出者西蒙认为，管理过程就是一个不断进行决策的过程，整个管理活动由“决策—执行—再决策—再执行”这样一些连续不断的活动所组成。每个决策做出后，在它的下位还有更好的决策，最终的执行者也要对各种各样的活动进行再决策。这一观点的长处在于它抓住了决策这个关键要素，突出了科学决策在各层次管理活动中的核心地位。但它的不足之处在于：一方面不能用决策来取代管理活动的全部过程，因为成功的管理不仅有赖于决策力，还有赖于执行力；另一方面，该理论没能直观地指出“再决策”与决策在管理活动中的职能差别，对这一环节的特点分析不足，会给管理带来由于含义不明确而产生的操作困难。

(三)美国著名管理专家戴明的“四环节”说

戴明在质量管理学中提出，管理由计划(Plan)、执行(Do)、检查(Check)、处理(Action)四个环节构成，简称“PDCA”循环或“戴明环”。管理过程就是按照“PDCA”循环，不停顿地周而复始地运转的。这种认识获得了广泛的认同。学者们认为，戴明的“四环节”理论比较客观、准确地反映了管理过程的基本特点和规律，是比较成熟的管理过程理论。

根据上述四种理论的探讨，我们认为小学教育管理过程是学校教育管理人员率领全体师生为实现学校教育目标而进行的共同活动。这一过程由计划、执行、检查和总结四个环节构成。研究教育管理过程，就是从理论上确认教育管理的环节，寻找教育管理的规律，提高教育管理的效率，为实现教育的终极目标服务。

二、教育管理过程的环节

对于教育管理过程的环节，中外学者的看法大同小异。大同，是指大家都认为管理过程由计划、执行、检查、总结四个基本环节构成。但对第四个环节的看法，中西方略有差异，我国学者普遍认为第四个环节是总结，但西方学者把处理作为第四个环节，认为总结只是处理中的一项具体职能。

(一)计划

计划是指在教育管理活动过程中确立目标并为实现目标而进行的全面设计和统筹规划的活动，是管理的基本活动，属于管理工作的起始环节。为了制订有效的计划，教育管理要进行如下活动。

1. 科学预测，确立目标

预测是依据客观规律和信息资料，对事物未来的发展趋势做出的科学判断。管理预测是组织管理的基础，是制订计划的前提。在科学预测的基础上，根据国家的方针政策以及学校内外实际情况，在对主客观条件进行仔细分析之后，明确学校存在的问题以及发展的机遇，确立学校的发展目标。确立目标时，首先要确定总体目标，然后将其分解为部门的、个体的目标，经过上下的协调融合，最后形成多系列、多层次的目标体系。

2. 共同参与，拟订方案

目标确定后，就要制订方案。方案是实现目标的设计，包括解决问题的途径、进度安排、资源配置等。在制订方案过程中，要充分发扬民主，集思广益，提出多种备选方案。

3. 深思熟虑，果断决策

要在实现计划要求的多种可能中，深思熟虑，抉择一种比较合理、满意的行动方案。这是有效利用办学资源、实现计划目标的关键。

4. 周密策划，制定措施

决策之后，要将方案具体化，周密策划，制定措施，确定具体工作项目和标准项目。拟定各项工作的方式、方法、步骤、完成时间、负责人等。

(二)执行

执行是将计划付诸行动，为达到预想的成果所采取的措施。执行是管理过程中非常重要的环节：一是与计划阶段比较，它是后继环节，是执行计划的阶段。在这个阶段中，将变计划为行动，使设想成现实。二是与检查、处理阶段相比较，它是先导环节，是供检查的对象和处理的依据。在执行阶段，管理者应着重抓好以下工作。

1. 组织

所谓组织，就是要依据计划要求，在实际的管理活动中组合资源，落实安排，形成实际的良好结构，使人尽其才，物尽其用。这包括：①健全组织机构，发挥组织作用。②建立必要的规章制度，确保目标的实现。③根据计划的要求，适当安排各类人员的职位和任务，尽力做到事得其人，人尽其才。④根据计划的需要，合理分配财力、物力，保证财尽其利，物尽其用。组织工作是执行阶段的第一步工作，同时也是贯穿于执行过程始终的工作。

2. 指导

管理者不仅是管理工作的组织者，而且还应是指导者。指导是指管理者对所属部门或个人进行的指点和帮助。在执行过程中，具体的执行者常常会出现目标不明、方法欠妥等诸多情况，此时，管理者就需要对执行人员进行具体的指导。指导工作一般包括三个方面：①帮助下属提高思想认识，从实际出发，引导他们明确计划精神，掌握总体目标，并以此作为调整自己言行的依据。②运用领导权威，在调节运用各项资源(如人员调配、经费使用、时间投入等)方面给予支持帮助。③与下属一道，共同研究解决工作重点、难点的具体途径、方法、问题等。

3. 协调

在实际执行过程中，各种因素之间难免会出现矛盾和冲突，如果协调不及时，会造成内耗，影响工作的进程和目标的达成。协调就是调节各部门、各成员之间的活动，使他们同步、协调一致，形成合力，更好地完成任务。教育管理者一般应做好以下三项协调工作：①当实际工作进程与计划、要求不一致时，应修正计划，调整工作要求。②当实际工作中各部门或各项工作之间步伐不整齐时，应适当调整进度，调配力量。③当实际工作中人与人、部门与部门之间产生矛盾时，应进行思想教育，处理矛盾，乃至重新组合，尽可能地把无效的内耗量降到最低程度。

4. 激励

执行阶段工作的好坏，与成员在工作中的积极性和主动性有着很大的关系。激励就是加强思想工作，培养和谐合作的人际关系和自我调节的主动精神，增强成员的进取心、事业心和责任心以及认同感和归属感。同时还可以运用精神或物质手段，如表扬与批评，奖励与惩处等，以此来强化人们的行为。管理者在运用激励手段时，要坚持以精神鼓励为主，物质奖励为辅，促进内部自我激励与外部激励相结合，促进正激励与负激励相结合。

(三)检查

检查是对照计划对执行阶段的活动和成果进行评价和诊断，肯定成绩、发现问题，纠正偏差。一般来说，检查是伴随着执行的过程随时进行的，但管理过程中有时需要集中起来，对整个工作过程进行阶段性的检查，集中精力纠正一些常常出现的失误，防止出现重大的偏差。检查是教育管理过程的中继环节，是教育管理者为实现计划目标而施加影响的一种重要手段。

对管理者来说，检查具有测度管理水平高低的作用，对成员来说，检查具有督促、考核和激励作用，教育管理者可通过各种方式的检查，了解学校成员执行计划的情况。同时，检查对后续工作还具有推动作用。

1. 检查的要求和方法

检查的基本要求：①必须确定检查工作的要求，并以计划中规定的要求为检查尺度或评估标准。②检查既要重视工作结果，更要重视工作过程，可以避免为了达到目的而不择手段的后果。③检查要与指导结合起来。检查的目的是通过分析，发现计划实施中的问题，研究解决问题的措施。因而管理者在检查过程中的指导，可以促进问题的解决，有助于下一步工作的进行。④检查要发动全体成员自觉参与，不仅可以培养成员的工作责任心，也是质量管理本身的要求。

检查的方式方法是多种多样的，从时间分，有平时进行的分散检查和阶段性进行的集中检查；从内容分，有全面检查和专题检查；从方法分，有口头汇报检查、书面检查和会议检查；从检查者身份分，有领导检查、相互检查和自我的检查。这些方式各具特点，管理者需因事、因时、因地、因人而定，以便达到有效检查的目的。

2. 检查环节的管理活动

检查的形式多种多样，检查的内容也各不相同，但是检查环节的管理活动基本相同。

(1)搜集信息。就是根据需要，通过各种途径和方法获取部门方方面面工作的情况。

(2)诊断。将搜集的信息加工处理后，发现问题，分析原因，找出问题的症结所在。

(3)指导。对已出现的问题进行纠偏指导。

(4)评价。对工作过程和工作结果与工作目标之间的相符程度、员工的工作能力、态度、方法以及部门的工作效率作出价值判断。

(四)处理(总结)环节的管理活动

1. 总结

总结是对已经做过的工作进行总的分析和评价，肯定成绩，指出缺点，总结经验教训，为下一周期的工作奠定基础，起着承上启下的作用。总结的基本要求有以下几点。

(1)总结要以检查为基础，总结是检查的继续，没有有目的的检查就不可能有符合客观实际的总结。

(2)总结要有理论指导。总结活动的过程是经验升华，认识飞跃的过程。

(3)总结要摸索管理规律。总结并非意味着工作的结束，而是要寻求规律，向更高层次的管理水平发展。

(4)总结要有激励性。通过总结，评价过去，展望未来，这对全校成员都是十分必要的。

2. 改进

改进是通过纠偏、减少或消除已发生的问题，使质量达到一个新的高度的活动。改进主要有七个步骤：明确问题、掌握现状、分析问题原因、拟定对策并实施、确认效果、标准化、对改进工作进行总结。

总的来说，计划、执行、检查、处理这四个环节互相关联，互相促进、互相依存、互相交叉，反映出管理过程中的一些经验措施，所以一旦提出就被人们广泛地接受，成为促进管理的一个有利工具。管理过程的四个基本环节有机结合，构成一个管理的全过程，形成一个管理的周期。前一个周期结束，进入下一个周期，一个周期一个周期地循环。但后一个周期不是前一个周期的重复，而是在前一个周期上的超越，处于一个螺旋上升的运动状态。

三、小学教育管理运行的规律

管理过程中计划、执行、检查、总结各环节的有机结合，合理运行，形成了管理过程的运行规律。学校管理过程在遵循一般管理过程规律的同时，又有着其内在的特殊性，学校管理者应当充分认识到其特殊性，以便更好地管理学校的工作。

1. 学校管理过程是一种以育人为主旨的、多层次的三边共同活动过程①

学校管理活动总是围绕学校的管理目标和育人目标而进行的，育人是学校管理和教育活动的最根本目标，管理过程就是一种以目标为导向的活动过程。学校管理过程如果抛开或偏离以育人为主旨的目的性，那就将成为一种盲目的、无意义的活动。学校内部有着各种不同的层次，如上层(校长层)、中层(主任层)、基层，在实现学校的管理目标和育人目标的过程中，各层发挥着参与管理的作用。学校成员由学校管理者、教职工、学生三方面人员组成，主要是一种“人—人—人”的关系，不同于企业的“人—人—物”的关系。在学校管理中，管理对象虽然包括物，但主要是人，直至管理活动过程的最终“产品”也主要是人（学生）。因此，学校管理过程是以人为主导的、以育人为主旨的、多层次的活动过程，而学校领导、教职工、学生三边必须密切配合、协调一致，管理过程才能有效地运行。

2. 学校管理过程是一种有程序的、有控制的教育活动过程

世上的可控事物必具三个条件：有一定程序的组织性；存在着多种发展的可能性；有相应控制的手段和方法。就学校及其管理活动而言，同样具备以上条件。管理过程自起点到终点，构成一个管理周期。在整个管理过程中，围绕目标，按照计划、执行、检查、处理的程序开展一系列的活动，一旦发现活动出现偏离，管理者就须及时进行调整，采取有效的控制措施，以期实现预定的目标。学校教育、管理活动是为实现预定的育人目标服务的，管理育人、教育育人和服务育人贯穿于教育、管理活动始终，有着明显的教育性。学校管理过程是一种有自身育人目的和运动程序的控制系统活动。

① 孙灿成：《学校管理学概论》，71页，北京，人民教育出版社，2004。

3. 学校管理过程是一种具有周期性循环往复、阶梯式向前推进的过程

学校管理过程按照计划、执行、检查、处理的环节进行循环运转，每循环一次，就是一个周期。前一个周期结束，进入下一个周期，接着又从制订计划开始。这样周而复始，不停循环往复。但是，下一个管理周期不是前一个的重复，它是在前一个周期的基础上进行改进和提高，不断把各项工作往前推进。

第二节　小学教育管理决策

西蒙认为："正如行动的任务贯穿于整个组织一样，决策的任务也贯穿于整个管理组织中，二者紧紧地交织在一起。一般的管理理论必须包括能够确保做出正确决策的组织原则，正如它必须包括确保有效行动的原则一样。"①决策是管理者在一定条件下，运用科学的方法，发现问题和机遇、制定解决问题的方案，并对之进行选择的过程。

一、管理决策的模式

决策理论是现代西方管理理论中的一种重要理论。在决策理论中，存在着多种理论模式，这些理论模式都是从不同的角度对人类决策行为规律性的理论概括，虽然每一种理论模式都不是完美的，都存在着片面性，但它们也都有其合理性。

（一）古典理性决策模式

古典理性决策模式假定，决策应该是完全理性的，它采用一种最优化的策略，通过寻找最可行的方案以期最大化地达成目的和目标。其基本步骤是：一是澄清问题。在理性决策模式中，问题是清楚的、没有歧义的。决策者掌握着有关决策情境的所有信息。二是确立目的和目标。在理性决策中，目标是没有冲突的。三是列举所有可能的备择方案。四是评估每一种方案的结果。决策者能够对每一个方案的结果找到评价标准。五是选择最佳方案。六是执行决策并进行评估。理性决策模式必须满足以下一些条件：如能获取全部详细的决策信息（即信息的完备性）；能寻找出所有可能的决策方案；能对各种方案所产生的后果进行准确预测和正确估计；决策主体始终坚持理性活动，不存在任何非理

① Simon. H. A.，Administrative Behavior，Fourth edition，New York：The Free Press，1997，p. 1。

性成分；决策者始终有能力选择出最佳的方案，等等。但是，在现实的决策活动中，几乎没有一项决策能够满足以上条件。由此可见，古典理性决策模式在现实的决策活动面前陷入了困境，它给教育决策者提供的只能是一种有价值的参考模式，而不是一个可操作的模式。

(二)满意决策模式

满意决策模式也叫有限理性决策模式，该理论的主要代表是赫伯特·西蒙，他在批评理性决策模式论的过程中提出了自己的有限理性决策模式，并因而建立了现代决策理论。西蒙认为，因为影响决策的因素太多，决策只能是令人满意的、有限理性的，而不可能是十全十美的。他提出了相对性准则，即满意决策准则，认为决策过程中不存在最优决策，而只有满意决策。所谓满意的决策准则，就是在决策时，确定一套标准，用来说明什么是令人满意的、最低限度的替代办法。如果考虑中的替代办法满足了或者超过了所有这些标准，那么这个替代办法就是令人满意的。

西蒙认为决策不仅仅是最后时刻的事情，它应该包括整个决策过程，决策过程是一个循环过程。其基本步骤有：①

①确认并界定问题。确认系统中存在的困难和不和谐是决策过程的第一步，需要管理者具备敏锐的洞察力和丰富的理论背景，正确地认识问题，并对其进行界定。比如，一群教师要求在选择课程资源方面拥有更大的自主权，这一行为可能被校长视为削弱其行政权威的企图，也可能被看作是教师的要求具有积极和创新的意义。

②分析当前情境中的问题。分析问题需要将问题分类。彼得·F·德鲁克提出了两种基本的决策类型——普通决策和特殊决策。普通决策源于既定的原则、政策和规则，可以说是程序决策或常规决策，是例行性的，组织上已经建立了处理这类问题的机制与流程。比如学校招生、课程安排、学生的期末考试组织等都属于这种类型。特殊决策是创造性决策。这类决策不是由既定条件引发的，不是一般的原则和规则所能够解决的，是一种特殊问题，需要管理者研究与问题相关的意见，采取新的决策。

③确立令人满意的决策标准。一般而言，人们用以判断决策的标准应与组织使命相一致。

④制定一个行动方案或策略。在认识问题、分析问题及限制条件后，就要

---

① [美]韦恩·K·霍伊，塞西尔·G·米斯克尔著，范国睿主译：《教育管理学：理论·研究·实践》，第7版，294页，北京，教育科学出版社，2007。

制订系统的、深思熟虑的实施方案。该过程需要将备择方案具体化，预测方案可能的结果，对方案反复斟酌，选择一个行动方案。

⑤实施行动方案。行动方案一旦制订好，就要付诸实施。实施方案也就是执行决策也有四个步骤：计划、沟通、监控和评估。计划是将决策转化为具体计划，将实施方案的机制与细节具体化。沟通是要保证信息的公开、透明、畅通。监控是对行动方案实施的监督过程，可以及时纠正执行工作中的偏差，调整不合适的程序或方法。评估可以明确决策的执行情况，为下一周期的开始做好准备。

上述各阶段的划分只是就一般意义上而言，在实际的决策活动中，诸阶段常常是相互交织的。但西蒙的决策理论把整个管理过程看成决策过程，甚至认为管理就是决策，不免有点以偏概全。

（三）渐进决策模式

尽管满意决策模式非常适合处理教育管理中的诸多问题，但并不能适用于所有的情境。在复杂、多变的情境下，管理者很难对问题做出准确的判断，也很难做出一个令人满意的决策。为了解决满意决策模式不能解决的决策问题，林德布鲁姆首次介绍了渐进策略并加以系统阐述。这种模式认为人们在现实决策中很少使用理性决策模式，绝大多数决策都是通过缓慢的进度、小心地改变来实现的，因为决策中有很多因素是无法通过定量分析来进行比较的。这种模式所采用的是边走边看的方法，一切决策都是在原有的基础之上因陋就简、修修补补而成的，所以还被称作是“应付局面的科学”。

渐进决策模式不需要目标，不需要对备择方案及其相应结果做筋疲力尽的分析，也不需要对最佳结果或满意结果做先验的判定。相反，在决策者对行动方案达成一致意见以前，所考虑的只是那些与现实环境相近的少数的、有限的备择方案进行持续不断的结果比较。这种模式大大减少了备择方案的数量，只分析现实状态与预期结果之间的差异，忽略决策者兴趣以外的所有结果，大大降低了决策的复杂性，从而使决策变得易于掌握。

渐进决策理论模式是在批评理性决策理论模式的基础上提出的。将决策的运行看成是一个前后衔接的不间断的过程，强调在改变现状时必须维持组织的稳定，因而主张不间断地修正，具有合理性的一面。但这种决策理论模式也有其局限性，如果社会条件和环境发生巨变或对以往政策需要加以彻底改变时，主张修正和缓行就起不到什么作用，有时可能还会起阻碍作用。

（四）混合扫描决策模式

虽然应付的科学被广泛运用，但它也有自身的局限性：保守与漫无目的。

大多数管理者是在占有的信息不全面和时间较为紧迫的情况下进行决策的。埃米塔伊·埃兹奥尼提出了一种针对复杂性与不确定性的实用的决策模式，该模式叫混合扫描模式或综合审视决策模式。混合扫描模式涉及两个问题：一是组织的宗旨和政策是什么；二是什么样的决策将推动组织实现其使命与政策。该模式试图利用部分信息制定出令人满意的策略，而不必因检验所有信息而使工作繁重，也不会因缺乏信息而盲目决策。

韦恩·霍伊和约翰·塔特对该模式总结出来七个基本原则：一是集中尝试和纠错。首先寻找大量的备选方案，然后对其加以选择、实施和验证，最后根据结构进行调整和修正。二是谨慎尝试。管理者要把每项决策看作是一项实验，时刻准备在必要时对其进行修改。三是如不确定，则尽量拖延。当情况不明时，就要推迟决策，等待并不总是一件坏事。四是分步执行决策。分阶段执行决策，评估每一阶段的结果，然后进入下一个阶段。五是如果没有把握，则把决策分成几个部分。犹豫不决的决策可以分为几个部分进行实验，不把所有的资源都用于一个决策。六是两边下注，以避免损失。如果每一个决策都能够取得令人满意的结果，就实施几个互相竞争的决策，然后根据实施结果调整。七是时刻准备推翻你的决策，保持决策的尝试性和实验性，避免决策者在只能获得部分信息的情况下对行动方案的过度投入。

混合扫描决策模式实际上是在对整个问题现有信息把握的基础上提出尽可能多的备选方案，采用尝试错误的方法对每个方案进行实验，然后找出合理的方案，并在新信息的基础上调整和修正所采用的方案。

上述四种决策模式，各有其利弊，并没有最好的决策模式，我们要在复杂的任务中，找出那些与环境相适应的模式。如果所要做出的决策简单、信息完整，并且组织成员无冲突，适合选择理性决策模式。当然，组织问题从来不是那么简单的，所以最优化不是真正的选择。满意决策模式为大多数问题的决策提供了方法，但是如果备择方案难以分辨，备择方案的结果过于复杂时，渐进模式和混合扫描模式是不错的选择，但也有人认为，渐进模式过于保守，并且会弄巧成拙，混合扫描模式更适用于较为复杂的决策。

二、教育管理决策的程序

决策作为管理的一种活动，包括了一定的步骤和程序，虽然决策的具体过程不尽相同，但就一般决策而言，主要分为以下几个阶段。

(一)识别问题

当管理者发现现实与期望之间存在差异，或者发现组织有超额完成现有目标的潜力，或者发现系统环境发生了变化、组织面临激烈的竞争，这时，就出现了问题或者出现了可能的机会。决策者必须对问题进行系统、及时的分析，抓住问题的本质和关键，识别问题涉及的范围和重要性程度，为后续决策工作的准确到位奠定基础。

问题的识别是决策过程的第一步，它需要教育管理者对值得关注的内、外环境进行监控，通过各种常规报告和其他的信息来源，敏锐地发现问题的萌芽，并对问题引起重视。问题确定后，教育管理者要善于识别问题的特征，分析该问题的影响是长远的还是暂时的，是能够解决的还是暂时无法解决的，是国家的、地方的还是学校内部的教育问题，是严重的、影响范围大的还是不严重的、影响范围小的，从而有的放矢地做出决策。

(二)诊断和原因分析

当问题或机遇出现时，管理人员需要进行诊断，分析问题或机遇出现的原因。要问它什么时候发生、在何处发生、怎样发生、对谁发生、紧迫程度如何、将导致何种后果等一系列问题，通过各种方法收集信息，然后对信息进行归纳、整理、分析，从而找出原因。

(三)环境分析与预测①

对问题进行识别和原因分析后，决策者需要考虑采取行动，对现实和潜在的影响因素进行矫正。在这之前，应当对影响决策的环境进行分析和预测。决策环境就是能够对决策产生影响的以及受到决策影响的各种对象的集合。这些决策环境可能是决策系统内部的，也可能是外部的。内部环境一般由内部资源环境、内部文化环境和内部综合环境构成。比如，对学校而言，内部资源包括学校管理者及教师人力资源、学校的办学经费、学校的硬件条件等内容，内部文化就是校园文化，综合环境就是指学校的综合实力和竞争力。外部环境是指组织系统外的政治、经济、文化、自然环境等。比如，国家对教育的一些政策规定，学校所处地的自然环境以及当地人们的价值观、学生家庭的经济情况等。这些内部、外部的环境左右着决策目标的制定，限制着这些方案的选择和执行。

(四)拟订可行方案

对程序性决策问题，比较容易找到可行方案，因为教育系统内部的规定和程序常常为这些问题提供了现成的答案。但非程序性决策就不同，因为它具有复杂和不确定性，没有现有的经验可寻。它需要决策者能够集思广益、开拓思

---

① 张智光：《决策科学与艺术》，74页，北京，科学出版社，2006。

路、大胆创新，尽可能多地列出能够实现目标的方案。

（五）选择方案

备选方案拟订后，决策者就要在这些备选方案中寻找最优或满意的方案，此时，需要对方案进行评价和筛选。评价事先要确定评价标准，一般是把目标或目标具体化之后的指标作为评价标准。在选择方案时，需从方案的可行性(方案实施的困难程度)、可接受性(所能获得的回报或价值的可接受性)、可靠性(方案实施出错的可能性)三个标准入手。通过比较，找出方案差异，比较优劣，从而选出具有综合优势的实施方案。

（六）选定方案的实施

在实施阶段，管理者需要运用行政、制度、宣传教育、奖惩等各种方法来保证所选择的方案得以实施。在这个过程中，管理者需要做好以下几个工作：

一要做好宣传教育工作，使组织全体成员都了解方案的内容、目的和意义。

二要健全组织机构，使各个机构的资源、信息能够上下畅通、各个要素能够充分发挥作用。

三要建立信息反馈系统，把实施过程中的情况和问题及时反馈，及时纠偏，保证目标顺利进行。

（七）评价与反馈

在该阶段，要对决策实施的效果进行总结和评价。一方面和目标进行比较，看是否有偏差出现，以便进行修正和完善。如有必要，还需要回到问题识别阶段，对问题重新分析，对方案重新评估，进入新的决策循环系统。另一方面，在该阶段，要对工作认真总结，以便总结经验教训，表彰先进，惩罚失误，为今后其他决策工作奠定良好的基础。

在这里，需要提醒大家的是，不能把以上这些决策程序当作教条来看待，在具体决策过程中，各个阶段也可能有所交叉；由于决策对象不同，各个阶段的比例也不尽一致，在某些决策中，省略某个阶段也是可以的。例如，程序化决策在很大程度上依赖以前的解决方法，因此其决策过程中的“拟订可行方案”阶段就可以省略。总而言之，我们要视决策者经验的多少、决策对象及手段的不同等情况来具体决定，这也就是说，对待决策步骤，应该采取灵活的态度。

三、影响小学教育管理决策的因素

在学校管理中，决策是校长的一项重要的、经常性的工作。“在任何学校，决策均占据日常生活的很大一部分，以至于人们司空见惯，对它视而不见。只有当出现问题、决策失误或协商过程瓦解时，大多数老师才觉察到决策的存在”(Warwick，1983)。当前学校管理决策面临内外部环境日趋复杂多变、利益相关者决策参与意识不断增强、决策主体日益多元等复杂的情况，学校管理决策必须积极应对这些变化，正确分析各种影响因素，提高学校管理决策质量。

(一)学校外部环境

学校决策是为学校的运行服务的，而学校是一个开放性的社会组织，社会环境对学校运行有诸多方面的影响，因此学校决策首先受到社会环境的影响。社会环境的稳定性与复杂性会影响校长决策。稳定简单的环境，决策过程相对简单，决策结果容易把握；不稳定、复杂的环境，决策过程复杂，决策结果很难预料。

①政治环境对教育管理者的影响是无所不在的。政治环境影响教育决策目标的确定，影响教育问题进入决策的议事日程。教育具有阶级性，教育决策的目标理所当然也具有阶级性，它总要反映占主导地位统治阶级和集团的利益、理想与愿望。另外，学校教育决策的问题要通过一定的政治过程才能进入议事日程，即教育行政部门、学校、社会之间的互动过程。最后，政治因素影响到校长决策方案的选择。教育方案的选择决定着教育资源在社会中的不同分布，但教育资源的分配受政治的影响，政治基础决定了不同阶级、不同集团及其成员在占有教育资源中的机会、权力和差异。①

②从经济环境的角度来说，学校决策必须考虑教育资源投入的多少。一个超出学校经济条件许可的决策方案是不可能得到实施的。决策要有一定的效益意识。

③从文化环境的角度看，文化是一个国家或地区的风俗、习惯、价值观、道德观、思想意识等构成的一个复合体，它对人们的生活起着潜移默化的影响，不同国家、地区的文化特征是不同的。文化直接影响着教育深层的价值取向，进而对学校的组织、制度等产生影响。教育活动本身也是传递、选择文化的过程。所以，文化对学校决策的影响是不言而喻的。

(二)学校内部环境

1. 学校的发展现状

一方面，学校现有的矛盾、问题、需求是教育决策问题的直接来源；另一方面，校长的教育决策必须从学校实际出发，认真研究学校的实际，这样的决

① 王生：《校长决策研究——从一所中学的发展透视校长决策》，2002年南京师范大学博士论文。

策才更具有可行性。

2. 决策组织

决策所针对的是组织内部的问题，决策过程也是在组织内部完成的，因此，组织自身也会对决策产生影响。

①组织的文化。组织文化整合了组织成员的个性化价值取向，形成了趋向一致的组织理念，它对决策者的行为构成了一种强制性制约作用。比如，在保守型组织中，人们倾向于维持现状害怕变化，在这种组织中，给组织成员带来较大变化的决策不可能得到拥护。在进取型组织，人们喜欢变化，敢于创新，变革性的决策容易受到拥护。

②决策组织结构。组织结构有三种，即科层组织结构、横向组织结构、矩阵型组织结构。在科层组织结构中，是分层分级的，它自上而下建立起严格的命令与服从体系。在横向组织中，组织中的部门、成员的地位权力都是平等的，不存在命令与服从关系，但决策一旦做出，每个成员都要遵守。在矩阵型组织结构中，成员是为了实现特定的目标而临时组建起来的，受原单位和决策组织的双重领导。校长的决策与组织的结构关系密切，直接影响到决策权力的分配、决策人员的构成以及决策活动的全过程。比如，在科层制组织中，决策权力集中于校长，组织内各层级成员参与决策，这样的组织结构有利于决策问题的及时发现，但有时会出现决策者独断专行的工作作风。

③组织中的人际关系和利益冲突。一个人不可能脱离现实环境，脱离周围的人，而苦思冥想地做出任何一个决策，势必要与其他人发生接触(包括了解情况，征求意见和建议，共同讨论磋商等)。当决策有他人参与时，就构成了决策者与决策者之间以及决策者与参与者之间的人际关系。这种人际关系对决策的制定和实施有着极大的影响，可能是积极影响，也可能是消极影响。比如，如果校长能处理好校长和教职工代表大会之间的关系，那么就有利于充分发挥教职工群体在决策过程中的集体智慧，同时发挥他们的监督作用，减少决策的失误，落实过程中也会减少阻力。而利益是决策活动的出发点和归宿点，不同的利益主体在争取利益的过程中会产生利益冲突，决策活动不可避免地要受到利益冲突的影响和制约。

(三)决策主体

作为决策主体的校长，其能力素质、价值观以及对待风险的态度也会影响决策。决策主体的认知能力、搜集整理信息的能力、沟通能力、人际关系能力会对决策质量产生影响。决策主体的价值观会影响他对决策问题的判断并最终决定决策方案的选择。决策主体对待风险的态度主要有三种类型：风险厌恶型、风险中立型和风险爱好型。不同的对待风险的态度对决策也有重大的影响，风险厌恶型倾向于选择收益率低但成功非常高的决策方案；风险中立型倾向于选择收益率与成功概率居中的决策方案；爱好风险型会选择收益率高但成功概率不高的决策方案。

总之，校长作为学校的决策者、指挥者和参与者，只有深刻把握影响自己科学决策的因素有哪些，并且把这些因素进行有效的整合，充分利用这些因素的优势，以科学发展观为指导，注重调查研究，善于博采众长，认真遵循规律，捕捉学校发展的关键问题，综合提炼，正确判断，果断决策，从而推动学校健康而快速发展。

第三节　小学教育管理控制

一、控制的概念

（一）控制的内涵

控制是学校管理者为保证实际工作与学校的计划相一致，或为使人们的行为遵循规范，所采取的监督和矫正等管理行为①。

在现代管理活动中，管理控制工作的目标主要有两个：

1. 限制偏差的累积

一般来说，工作中出现偏差是不可避免的。但小的偏差失误在较长时间里会积累放大并最终对计划的正常实施造成威胁。因此管理控制应当能够及时地获取偏差信息。

2. 适应环境的变化

制定出目标到目标实现前，总是需要相当一段时间。在这段时间，组织内部的条件和外部环境可能会发生一些变化。需要构建有效的控制系统帮助管理人员预测和把握这些变化，并对由此带来的机会和威胁做出反应。

（二）控制与计划的关系

①计划起着指导性作用，管理者在计划的指导下领导各方面工作以便达成组织目标，而控制则是为了保证组织的产出与计划一致而产生的一种管理职能。

① 陈孝彬：《教育管理学》，349 页，北京，北京师范大学出版社，1999。

②计划预先指出了所期望的行动和结果，而控制则是按计划指导实施的行为和结果。

③只有管理者获取关于每个部门、每条生产线以及整个组织过去和现在状况的信息才能制订出有效的计划，而这些信息中的绝大多数都是通过控制过程得到的。

④如果没有计划来表明控制的目标，管理者就不可能进行有效的控制。计划和控制都是为了实现组织的目标，二者互相依存。

二、控制的过程与类型

(一)控制的基本过程

控制模型是根据预定的目标或标准探查偏差并给予更正的过程，主要依赖于情况的反馈。虽然管理对象千差万别，但控制的基本程序是基本相同的。控制模型有三个基本假设，这三个基本假设是利用传统控制模型来设计控制系统的前提条件。一是要有界限清楚的一致标准，根据这种标准就能对实施情况进行度量。二是能找到某种度量单位以便实际测量所达成的结果。三是当标准同实际实施情况比较时，任何差异都能够被用来作为更正活动的根据。

虽然在教育领域内，对象比较复杂，但这种假设在一定程度上也是适用的。这种假设下的控制模式有六个相互联系的步骤。如图 3-1 所示。

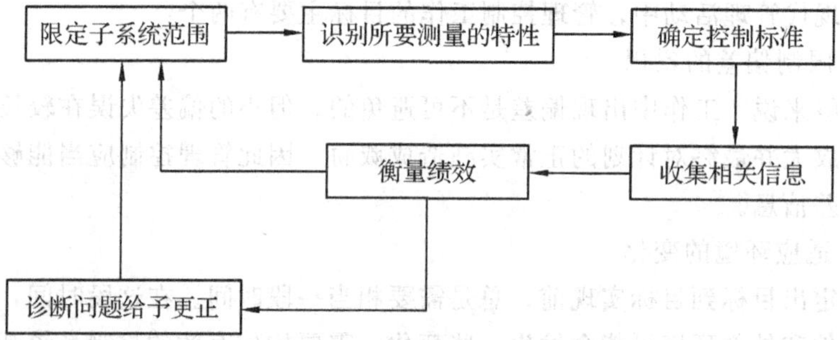

图 3-1　控制的步骤①

1. 限定子系统范围

教育管理中，一项正式的控制模型可能是为某个部门、某个成员或整个组织建立的，而控制本身又可能是针对专门的问题而进行的。例如，在学校中对教学质量的控制，就要控制好教师资源、课程资源，而且要对教学的计划、实

① 张　德：《现代管理学》，158 页，北京，清华大学出版社，2007。

施、检查、总结等各个环节进行控制。所以，要制定一项正规的控制措施，首先要明确是对谁进行控制，为什么进行控制，确定好子系统的边界。

2. 识别所要测量的特性

在控制过程中必须识别所要获得信息的种类。若建立正式控制过程，需要较早确定以下内容：第一，能够被测量的特性是什么？第二，获得与期望的目标相关的每个特性信息的成本如何？第三，是否每个特性的变化都影响子系统达成目标？在识别所要测量的特性后，管理者就要把那些能够测量的特性挑选出来。比如，在学校的教学质量控制中，影响质量的因素很多，有教师的理念、教学态度、教学方法、学生的学习习惯、学校的制度等，这些信息是否容易被测量出来，测量过程中需要多少的人力、物力，这些特性变化对教学质量的影响如何等，都需要进行分析，从而挑选出能够测量的特性出来。

3. 建立标准

这里所说的标准是指评定组织或者个人某一确定活动成效的尺度。它是衡量实际工作绩效的依据和准绳。标准来自于组织目标，而不等于组织的目标。是根据组织的目标，由标准的设计者分解出来的，能够反映控制对象某方面本质特征的具体化、行为化因素应达到的程度。它是对控制对象进行价值判断的依据。控制标准要尽可能简单明了，容易测定，便于执行。如果对小学校长、教师的选聘，对教师教学质量的控制都有一定的标准，有些东西虽然不好量化，但仍会有一些定性的标准。

4. 收集信息

收集信息是为了获得每个预定特性的度量情况。在教育系统内，收集信息的工作可以人做也可以机器做，可以用开会、谈话、报告、现场观察、统计报表等各种方法获得。但是，为了保证信息来源快捷、准确、真实，管理者需要设立专门的组织来从事这项工作，并针对不同的信息特性灵活选用获取信息方法。

5. 衡量绩效

标准的制定是控制工作的出发点，但是，标准制定根本上是为了保证组织目标的实现。标准直接地被用于衡量实际业绩，即把实际工作成效与标准进行比较，找出实际业绩与控制标准之间的偏差信息，并据此对实际工作做出评估。

6. 诊断与更正

包括估价偏差的类型和数量并寻找产生偏差的原因。不是任何偏差都需要采取纠正行动，仅在偏差较大又影响到目标时，才采取行动。分析原因是纠正偏差的前提和基础。产生偏差的原因是复杂的，可能是制度、政策上的问题，也可能是成员的态度问题，也可能是硬件设备的问题。着眼点应在如何采取更正措施，防止今后偏差的再次发生。

在实际控制中，并不是都要经过上述六个步骤，在很多情况下，限定子系统的范围，识别所要测量的特性以及建立标准这三个步骤只需要一次完成，以后很少变动。在衡量绩效后如果没有偏差，就让活动继续进行，再收集进一步活动的信息。如果衡量绩效发现偏差，就要诊断问题，分析偏差，找出原因，并给予更正，让纠正后的活动继续进行。

(二)控制的类型

1. 按控制活动的性质划分

(1)预防性控制。使用预防性控制是为了避免产生错误，尽量减少今后的更正活动。一般说来，学校的规章制度、工作程序、管理人员及教师培训以及培养计划，都起到了预防性控制的作用。

(2)更正性控制。更正性控制的目的是当出现偏差时，使行为或实施进程返回到预先确立或希望的水平。如教学检查制度，有助于及时发现教学中的问题，及时解决问题。

2. 按控制点的位置划分

(1)预先控制。又称事前控制，是在一项活动正式开始之前所进行的控制。预先控制主要对资源的投入进行控制，保证组织的投入在数量和质量上达到预定的标准。

(2)过程控制。是对正在进行的活动给予指导与监督，以保证活动按规定的程序和方法进行。

(3)事后控制。这种控制位于活动过程的终点，把好这一关不会使错误的态势扩大，不会对系统外部有所损害，但是事后控制对活动中出现的偏差在系统内部造成的损害无法补偿。

3. 按控制来源划分

(1)正式组织控制。是由管理人员设计和建立起来的正式机构或规定进行的控制。像学校的教导处以及学籍管理规定都是正式组织控制的例子。

(2)群体控制。群体控制基于群体成员的价值观念和行为准则，它主要是由非正式组织发展和维持的。非正式组织有自己的一套行为规范，尽管这些规范可能没有明文规定，但非正式组织中的成员都予以认可，并遵循这些规范。

(3)自我控制。是指组织成员个人有意识地按某一规范进行活动。自我控制能力取决于个人本身的素质，具有良好修养和较高层次需要的人一般具有较强的自我控制能力。

4. 按控制信息的性质划分

(1)前馈控制。前馈控制是指通过观察情况、收集整理信息、掌握规律、预测趋势，正确预计未来可能出现的问题，提前采取措施，将可能发生的偏差消除在萌芽状态，为避免在未来不同发展阶段可能出现的问题而事先采取的措施。

(2)反馈控制。是由管理者通过分析以前工作的执行成果，将它与控制过程相比较，发现偏差及造成这种偏差的原因，拟定纠正措施，防止偏差发展或继续存在的控制活动。

5. 按控制的手段划分

(1)直接控制是通过行政命令的方法进行的控制。

(2)间接控制是指运用经济、思想教育、职业前景等手段来控制人的行为。

6. 按控制组织结构划分

(1)集中控制是在管理系统中建立一个控制中心，由它来对所有的信息集中统一地加工、处理，并发出指令，以此对管理活动实现控制。

(2)分散控制是管理系统中设立多个控制中心，由它们对系统的信息进行分散的加工、处理、监控和发布命令，以实现对管理活动的有效控制。

(3)分层控制是把集中控制与分散控制的优点集合起来的一种方式。它有两个特点：一是各子系统都具有各自独立的控制能力和控制条件，从而有可能对子系统的管理实施独立的处理；二是整个管理系统分为若干层次，上一层次的控制机构对下一层次各子系统的活动进行指导性、导向性的间接控制。

三、小学教育管理控制的策略

(一)明确学校管理控制的目标

控制作为一项管理职能是普遍存在的，它为组织目标服务。不同的组织、不同的层次、不同的工作性质、不同的对象，控制的目标都是不一样的。控制目标是所从事控制活动的方向与目标，是我们控制活动所想要达到的一种结果，它指向未来，具有导向功能、激励功能、调节功能、衡量功能。它可以引导组织或个人发展的方向，调动多方面的积极性和多种资源，整合力量。同时，它可以作为衡量成员或组织完成活动的一种标准，从而不断调整组织和成员的行为，为最终实现目标服务。所以，学校管理者必须明确学校控制的目标是什么，哪些是重要目标，哪些是次要目标。比如，在小学的管理中，有很多类型的控制内容，包括控制人、财、物、教学活动、学生管理活动等，控制教学活动的目标是为了提高教学质量，而控制财、物的目标是为了保证它的高效使用。

（二）改善行政控制内容

对小学而言，行政控制也是常用的一种控制手段。主要体现为教育行政部门对学校的控制、学校内部的行政控制等。教育行政部门对学校进行控制，一般会采用规划、指导、行政检查、教育督导、审计等方式。教育行政部门应改善行政控制内容，由过去的过多包揽转变为宏观管理。教育行政部门主要实施对学校布局、师资队伍建设、基础设施以及教育投入的总体规划控制，制定规章制度的法规控制，对学校各方面工作的检查、评价、督促、指导的督导控制等。

（三）引入多元化的社会监控主体

学校教育是一种公共事业，学校办学的目标是为了国家和社会的公共利益。为了保证教育的优质优量，保护国家和社会的利益，教育的决策必须民主化、公开化、透明化。需要引入社区、家长、普通公民以及舆论机构适度的监督和控制。这对提高学校办学质量、促进教师的专业化水平都具有积极的推进作用。

（四）构建高效的学校内部控制系统

1. 设立精干、高效的控制组织结构系统

控制是需要专门的人和组织来进行的。组织是维持控制系统的骨架，组织和控制要配合进行，否则将无效果。各学校需要根据自己学校的实际情况以及学校管理控制的目标，依据精简精干、分层管理、分工协作、渠道畅通的架构原则，设立适合自己的精干、高效的组织结构系统。

2. 策划相对完善、操作性强的评价系统

监控是根据一定的目标来进行的，要有一定的标准，在对照标准的基础上，才能知道偏差，找出原因，进行分析，从而使反馈和调控得以进行。科学的标准是规范学校工作、保证教育质量的主要依据，是实施的基本前提。制定质量标准的流程是：确定监控对象和目标—拟定评价指标—确定指标权重—设计评价标准。

3. 建立信息畅通的反馈信息网络系统

只有进行有效及时的反馈，才能进行有效及时的调控，才能改进学校管理控制各个环节的工作，提高学校管理的质量。为了能进行有效及时的反馈，必须建立起畅通、有效的反馈信息系统。信息畅通的反馈信息网络，有利于学校相关部门和个人及时获取信息，有利于加强组织和个人的沟通。信息反馈系统包括信息搜集和信息加工系统。通过各种反馈信息系统获取工作、战术、战略全方位的信息，经由正式的组织系统沟通渠道，并经组织加工处理后，反馈给管理部门进行多参数分析，并进行一致性的检验，深刻分析偏离标准的原因，然后根据加工信息涉及的层面，反馈给相关的组织和个人，相关的组织和个人根据实际情况及时做出调控。

4. 构建完整、有机联系的质量控制制度系统

制度有助于限定部门个人的主观判断以及所要采取的活动，可以保证各部门和个人的活动和组织目标一致，保障上述各系统的运行畅通，保证学校管理控制各项工作的顺利开展。相关部门在充分调研的基础上，要做好制度和标准的制定工作，建立、健全制度体系，并在制度文件中明确地提出要求，规定各级组织机构和个人的职责与权力，做到职责明确、责任到位，使学校管理控制各项工作走向规范化和制度化。

【案例分析 1】　新校长抓卫生惹出的麻烦①

刚获提拔的张校长被调到一所新学校工作。一到学校他愣住了，新学校的卫生状况非常差，整个校园凌乱不堪。经过一段时间的调查，他发现有不少学生学习马虎，品行也较差；老师们也是各扫门前雪，扭不成一股劲。怎么办？思考了一段时间后，决定从卫生工作抓起。

于是在次周的行政例会上，张校长提出了抓卫生工作的思路。本以为不会有人反对，所以未加太多的说明。谁知，领导班子中有人当场反对："学校的主要问题是教学上不去。抓工作，首先应当是教学，而不是卫生。"虽然这样，大扫除的工作还是布置了，但大扫除过后，校长发现，很多老师、同学只是在例行公事，情况并没有根本改观。怎么办？他分析了一些老师与学生的意见和想法，深感自己把问题简单化了。于是，他拟订了一份校园环境整顿计划，并在行政会议，以及教师大会上作了说明，强调了卫生工作对学校工作的重要性，并从管理过程的突破口讲了学校管理的意义。通过反复讨论，大家的想法逐步得到统一。最后由校长决定实施清洁卫生周计划，并布置了执行、检查与总结的任务，强调了各部门的职责。

一学期下来，学校的卫生工作取得了极大的成效。清洁美丽的校园呈现出了勃勃生机，其他工作也取得了长足的发展。

解析思路：

1. 新校长上任抓清洁卫生的切入点符不符合管理的要求？第一次为什么失败？从管理决策的角度如何看校长的决定？

---

① 程凤春：《学校管理的 50 个典型案例》，7 页，上海，华东师范大学出版社，2009。

2. 从管理过程的环节分析第二次大扫除(清洁周计划)的成功做法。

【案例分析2】 小学安全工作总结[①]

安全稳定工作，是学校顺利开展教育教学工作的前提和基础，没有安全稳定的校园环境，学校的各项工作都无法正常进行。为此学校以对师生高度负责的精神，认真开展好安全教育活动，并在安全教育基础上普遍开展了安全检查工作。现将我校本学期的安全教育工作做如下总结：

一、抓安全工作，领导重视、措施得力

学校对安全教育工作非常重视，常抓不懈。

①从平时的安全教育入手，消除思想上的隐患。学期的开学第一周领导讲安全；放假前，学校也强调安全；各班级加强对学生平时的安全教育与管理，充分利用板报、橱窗、广播宣传安全常识；班主任教师利用班会讲安全。

②加大安全检查力度，不留死角，防患于未然。今年开学初，学校领导到教室、学生活动场所，对全校的每一角落，每一个电源开关、灯头、插座，进行了一次全面检查，发现问题当场解决，对破损的电源开关、灯头及时更换。

③明确责任、建立规章，狠抓落实。学校的每个重点部门按区域划分了责任，对教室、图书室、体育器材等学生经常聚集的场所，对实验室、微机房、库房等易发生火灾事故的部位，都明确了负责部门和责任人。并且学校还拆除了破旧的篮球架，使学生在操场上的活动得到了基本的安全保障。对高大树木的枯枝、危枝请人斩砍，避免树枝跌落伤人意外事故的发生。

二、扎实落实安全防范责任制

本学期学校组成由政教、总务参加的安全检查组，对全校各部位进行全面细致的检查。尤其对用电、用火的设施，对有毒、易燃易爆等危险品进行了重点检查，对学生聚集的场所进行应急疏散通道检查。检查后对发现的问题责成有关人员及时进行了定期整改。还进一步明确了各部门和各班级的安全职责，并签订了责任状，定期培训、规定职责。

另外，我校把维护学校安全稳定作为经常性工作来做。

①强化工作领导，提高责任意识。成立了安全工作领导小组，学校各部门、年级组、部分教师，形成安全信息报告工作网络。为落实学校安全稳定责任制，学校一把手与教师签订了责任书，进一步深化了“责任重于泰山”的安全工作意识。

②加强教育，健全制度，落实学校安全稳定责任制。为此，我校加强了学

---

① http://www.oh100.com/a/201111/31420.html。

生日常法制教育和安全教育。定期对学生进行法制教育和校规校纪教育，把安全教育贯穿到学校教育教学各项活动中，强化了师生安全防范意识。学校建立健全了安全管理制度和大型活动申报、危险品管理、防火防灾等规章制度，并把安全工作的目标、责任和措施落实到部门、岗位和每个人。

③加大督导检查工作，加大整改措施。期末我校对学校安全工作进行检查，并通报了结果，效果令人满意。

三、全校师生齐心协力，工作成绩显著

学校安全教育工作坚持了“安全第一，预防为主、防治结合、重在教育”的方针，做到了组织落实、教育及时、管理到位。一学期下来，师生没有发生过人身伤亡事故，学校的设施财产没有因为治安管理不到位而受到丝毫损失，保证了学校正常的教育教学秩序，受到上级表彰。

解析思路：

1. 总结安全稳定工作在小学教育管理中的作用表现在哪些方面。
2. 本案例所述的安全总结是否符合总结的要求？

复习与思考

1. 教育管理过程有哪些环节？各环节有哪些活动？
2. 有哪几种典型的决策模式？它们有什么特点？
3. 管理决策的程序分为哪几个阶段？影响教育管理决策的因素有哪些？
4. 控制分为哪些环节？
5. 小学教育管理过程有哪些运行规律？

推荐阅读

1. [美]韦恩·K·霍伊，塞西尔·G·米斯克尔著，范国睿主译．教育管理学：理论·研究·实践．北京：教育科学出版社，2007.

2. 张德．现代管理学，北京：清华大学出版社，2007.

3. 张智光．决策科学与艺术．北京：科学出版社，2006.

4. 孙灿成．学校管理学概论．北京：人民教育出版社，2004.

第四章　小学教育管理组织

本章重点

- 组织发展理论的主要流派及其主要观点
- 组织结构的类型及各种类型的结构、特征、优缺点
- 小学组织机构设计的原则、形式以及小学组织机构的变革

第一节　组织发展理论

一、古典组织理论

(一)科学管理理论

泰罗是美国古典管理学家，科学管理理论的代表人物，被后人尊称为“科学管理之父”。其代表作有《科学管理原理》(*The Principles of Scientific Management*，1911)等。泰罗对组织理论的研究主要包括组织计划原理、组织职能原理、组织例外原理等。其后继者如布雷思·弗兰克夫妇(Gilbreth Frank B.，1868—1925；Lillian M.，1878—1972)等对这些原理进行了推广和完善，提出了有关组织中人的主观心理因素问题。

1. 组织计划原理

泰罗发现，企业组织机构中并没有专门设置计划管理部门。在企业，工人应当干什么和怎么干等问题没人指导和研究，完全靠工人根据自己的经验决定，工人还要对总的工作程序承担全部责任。泰罗认为，“即使工人能十分适应对科学数据的使用，但要他同时在机器与写字桌上工作实际上是不可能的。在大多数情况下，需要有一种人预先去计划，而由另一种人去处理工作”。因此，在组织中设置计划部门能划分工作职责，提高劳动效率。泰罗强调，计划部门就是把所有的“计划和脑力工作”从工长和工人的工作中分离出来并集中到一个部门所形成的机构。其工作的主要任务是：规定标准的操作方法和操作规程；制定生产作业定额；下达书面计划并安排人员实施；监督计划的执行。计

划管理实际上是一种以计划为核心，以标准的技术指标和定额为依据的生产作业管理模式。

2. 组织职能原理

泰罗根据劳动分工的原则，提出了计划与执行职能分离的原理。该原理主张把计划职能(管理)与执行职能(作业)分开，单独设置职能部门专门从事管理，作业部门负责执行，并接受职能部门的控制和监督。这一观点主要依据是：[①] (1)用科学取代工人个人的主观判断；(2)在研究、教育和培训工人，或者也可以说对工人进行一系列的“试验”后科学地选择和发展工人的个人特长，而不是在听任工人自己选择和漫不经心的状态下发展个人特长；(3)管理人员和工人进行密切合作，按照所发现的科学规律办事，而不是经常把如何处理问题推给工人个人去解决。泰罗将组织中的计划职能与执行职能进行必要的分离后，管理人员与工人就承担了不同的工作任务。对于管理人员来说，他必须承担以下任务：利用时间研究等管理技术来确定劳动过程中的科学法则；科学地选拔和培训工人；发展管理科学。而工人需要承担的任务有：按照管理人员确定的科学法则进行作业；通过向计划部门报告来支持管理人员的管理职能。泰罗的计划与执行职能分离的原理，实现了管理发展的专业化，对提高企业的工作效率有明显的积极意义。

3. 组织例外原理

泰罗在研究中发现，遵循组织的例外原理，管理者可以提高管理效率。泰罗认为，“如果一个大企业的经理几乎被办公桌上汪洋大海似的信件和报告淹没，而且每一种信件和报告都要签字或盖章，这种情况尽管是可悲的，但并不是罕见的”。如果实行例外原理，“经理只接受那些经过压缩、总结过的而且总是属于对照性的报告，但这些报告包括管理上的一切要素在内”，这样，“只要几分钟就可以使经理全面了解事态是进展或是后退，并且腾出时间来考虑更为广泛的大政方针”。可见，例外原理就是工厂的高级管理者只集中精力处理生产经营中的那些重大决策问题，而把那些经常出现、重复出现的“例行问题”的解决办法制度化、标准化，并交给工厂中的基层人员处理。[②] 其实质就是：高级管理者不要将所有权限都抓在一个人的手中，而是要尽可能地分散给下级管理者承担，自己保留对例外事项的决定权和控制权。泰罗的组织例外原理激活了基层管理者的管理热情，提高了高层管理者的管理效率，其思想后来成为现

---

① 泰罗：《科学管理原理》，77页，上海，上海科学技术出版社，1982。

② 倪杰：《管理学原理》，38页，北京，清华大学出版社，2006。

代分权理论的来源。

（二）行政管理理论

继泰罗之后所形成的组织理论，其研究的中心问题是组织结构和管理原则的合理化以及管理人员职责分工的合理化。其中影响最大的是法约尔及其行政管理理论。在组织理论方面，法约尔的研究主要包括社会组织理论、组织职能理论、组织运行理论等。

1. 社会组织理论

法约尔在论述管理职能时提出了“社会体”这一概念。组织可以分为物质组织和社会组织。“社会体”是同物的组织相区别的人的组织。在社会中，每个成员可以看成是一个细胞，多数成员结合在一起就成为组织。随着成员数目的增加，组织就日益复杂。为了提高组织运行的效率，对组织进行管理就显得特别重要。

法约尔指出组织的社会性后，在组织理论中还着重讨论了组织的构成因素。一是组织的外部形态因素。组织的一般形态是由组织人员的数目决定的。一个人承担的企业，不会形成任何管理阶层；只有几个职工的小企业中，产生的是工人从管理人员那里直接接受指令的组织形态；而一旦有了 10 人、20 人、30 人时，这就需要形成具有中间管理阶层的组织形态。如此类推下去，组织中的管理层级就会增多，从而组织也就会逐渐变为金字塔式的结构。二是组织的内在因素。法约尔认为，“为了建立有效的组织，光聚集人和分配职务是不够的。必须具有如何使有机的整体适应各种要求，如何发现所需要的人才和如何因材制宜地安排每个人等方面的知识。总之，必须有多种重要的素质”。组织的效率取决于组织的内在因素。这一点是法约尔组织理论的一大核心观点。

2. 组织职能理论

法约尔认为组织在配备了必要的物质资源以后，社会组织才能完成它的一些主要任务与基本职能。其中包括：[①] 注意深思熟虑地制订并执行组织的行动计划；努力使企业的物质组织和社会组织与企业的目标、资源及需要相适合；建立一个一元化的、有能力的、坚强的组织领导；将组织中的力量协调起来以利于配合行动；做出清楚、明确、准确的决策；将每一个人安排到最能发挥其作用的职位上去。法约尔还从职能上区分了“经营”和“管理”的概念。法约尔认为，“经营”是指导或引导一个组织趋向某一既定目标，它的内涵中包括了管

① 朱国云：《历史与流派：组织理论》，68 页，南京，南京大学出版社，2003。

理；法约尔提出了普遍意义上的管理定义，即“管理是普遍的一种单独活动，有自己的一套知识体系，由各种职能构成，管理者通过完成各种职能来实现目标的一个过程”。管理包括在经营之中。通过对企业全部活动的分析，将管理活动从经营职能(包括技术、商业、业务、安全和会计五大职能)中提炼出来，成为经营的第六项职能。法约尔认为，企业无论大小，简单还是复杂，其全部活动都可以概括为六种基本职能：[①] ①技术职能(生产、制造、加工)；②商业职能(购买、销售、交易)；③财务职能(筹集和管理资本)；④安全职能(员工及财产保护)；⑤会计职能(财产清单、资产负债表、成本、统计等)；⑥管理职能(计划、组织、指挥、协调和控制)。法约尔明确指出，在这六种基本活动中，管理职能处于核心地位，即企业本身需要管理，同样地，其他五项属于企业的活动也需要管理。

3. 组织运行理论

法约尔为了突出管理的实质，提出了管理的五项要素。

(1)计划。管理人员要尽可能准确预测企业未来的各种事态，确定企业的目标和实现目标的步骤，既要有长远的指导计划，也要有短期的行动计划。

(2)组织。确定执行工作任务和管理职能的机构，由管理机构进一步确定完成任务所必需的机器、物资和人员。

(3)指挥。对下属的活动给予指导，使企业的各项活动互相协调配合。

(4)协调。协调企业各部门及各个员工的活动，指导他们走向一个共同的目标。

(5)控制。确保实际工作与规定的计划、标准相符合。

4. 组织管理原则理论

根据自身经验和研究，法约尔总结了他经常使用的14条组织管理原则，并将其称为“法约尔原则”。这些原则是：①劳动分工；②权力与责任；③纪律；④统一指挥；⑤统一领导；⑥个人利益要服从整体利益；⑦员工的报酬要公平；⑧集权；⑨等级链；⑩秩序；⑪平等；⑫人员的稳定性；⑬主动性；⑭团结精神。

5. 组织参谋理论

组织参谋理论是法约尔组织理论中的一个具有独创性的内容。随着组织规模的扩大和管理层次的增加，管理职能所占比重将越来越大。没有一个组织的

---

① 亨利·法约尔著，迟力耕、张璇译：《工业管理与一般管理》，3页，北京，机械工业出版社，2007。

领导能够解决组织运行过程中提出的所有问题，也没有一个组织的领导具有完成组织中各种协调、控制和决策等职责所需要的精力、时间和能力。因此，为了领导好一个组织，就有必要建立参谋机构。法约尔认为："参谋部是指由具有领导人所欠缺的知识、能力和时间的人们形成的集团，它是经营人员在素质上的补充和加强，从某种意义上来说是扩大。"这一机构是由一群有精力、有知识、有时间的人组成，是领导的依靠。参谋部的成员不分等级，只接受最高领导的命令。在不同组织中，参谋人员的职位是不同的，可以是秘书、咨询专家，也可以是研究小组、实验室成员。参谋人员的主要职能是"在经营者的计划下指导未来，争取获得一切可能的改进"。参谋人员有四种功能：[①] ①为领导的日常工作、通信、接待、案卷的准备与研究提供帮助；②同组织内部与外部取得经常性的联系并对组织的运行加以控制；③预测未来，制订与协调各种计划；④调查研究，研究改进工作的措施。

二、开放系统理论

在传统的组织理论研究中，研究者运用的是有高度结构的、封闭系统的方法。而现代组织理论研究中，研究者转向运用开放系统的方法进行研究。其理论的主要贡献是把管理组织视作一个开放系统。

(一)组织系统理论

1. 对组织的系统认识

(1)组织是一个开放的系统。现代管理者必须把组织视为一个开放的系统，即与周围环境产生相互影响、相互作用的系统。一个组织的成败，取决于其管理者能否及时察觉环境的变化，并及时做出正确的反应。组织作为一个开放的"社会—技术系统"，它是由五个不同的分系统构成的整体。这五个分系统包括：目标与价值分系统、技术分系统、社会心理分系统、组织结构分系统和管理分系统。这五个分系统之间既相互独立，又相互作用，不可分割，从而构成一个整体。这些系统还可以继续分为更小的子系统。同时，作为一个系统的组织，由相互依存的众多要素所组成局部最优不等于整体最优，管理人员的工作就是确保组织中各部分能得到相互的协调和有机的整合，以实现组织的整体目标。

(2)企业是由人、物资、机器等因素在一定的目标下组成的一体化系统，它的成长和发展会受到这些组成要素的影响。在这些要素的相互关系中，人是

① 朱国云：《历史与流派：组织理论》，77页，南京，南京大学出版社，2003。

主体，其他要素则是被动的。管理人员需要保持各要素之间的动态平衡和相对稳定，并保持一定的连续性，以便适应情况的变化，达到预期目标。同时，企业还是社会这个大系统中的一个子系统，企业预定目标的实现，不仅取决于内部条件，还取决于企业外部条件，如资源、市场、社会技术水平、法律制度等，它只有在与外部条件的相互影响中才能达到动态平衡。

(3)如果运用系统观点来考察管理的基本职能，可以把企业看成是一个“投入—产出”系统，投入的是物资、劳动力和各种信息，产出的是各种产品或服务。运用系统观点，可以使管理人员不至于只重视某些与自己有关的特殊职能而忽视了总目标，也不至于忽视自己在组织中的地位与职责。

2. 对未来组织的预测

(1)未来的组织将面临波涛汹涌的变化，它们必须进行不断的改变和调整。

(2)未来的组织规模将日益庞大和日益复杂，部门的划分将会更细，各部门的专业化程度也将更高，将会有较高的独立性和自主权，并将会作为一个独立的单位对外开放。

(3)未来组织的层次将会有所减少。由于人们科学文化水平的提高，先进技术的应用，特别是智能电子计算机的应用可代替部分手工劳动和脑力劳动，组织中的沟通及组织与外界的沟通将远比目前来得方便、快速和有效，可减少大量的信息中间周转，因而不但组织的层次将会有所减少，而且中层主管人员数量也将会有一定的减少，组织将逐步地从金字塔结构向蜂腰形结构转变。

(4)未来组织中的各类成员的比例将会发生重大的改变，管理人员和业务专家的比例将会大大提高，他们对组织的影响力也必将增强。

(二)组织变革理论

卡斯特与罗森茨韦克在合著的《组织与管理：系统方法与权变方法》一书中，把组织变革分为6个步骤：

第一，对组织本身、组织取得的成就和缺陷进行回顾、反省和检查，分析研究组织所处的内外部环境，为组织变革做准备。

第二，总结组织中存在的问题，明确进行变革的必要性。

第三，拿组织的现状与所期望的状态比较，进一步探明问题，发现差距，明确变革的方向。

第四，确定解决问题的方法。产生可供选择的多种方法，对这些方法进行评定，讨论怎样行动及测量绩效的方法，经过讨论作出选择。

第五，试行变革。按照选定的方法进行变革的具体行动。

第六，检查变革的成果，找出今后改进的途径，进而使变革过程又回到第一步，如此循环，以便使组织不断地得到完善。

（三）组织环境超系统理论

组织是范围更广泛的超系统的分系统，即环境的分系统。开放系统与环境系统连续相互作用，并在系统仍然保持工作能力或能量转换的同时，达到稳定状态或动态平衡。[①] 开放系统的观点认为：在组织与环境之间存在着可分辨的和可渗透的界线，它将组织与环境分隔开来。组织接受越过界线的投入，经过转换，再变为产出。组织虽然是开放的，但是它不可能对所有可能的环境影响都作出反应，它必须对它所接受的投入、所做的转换工作以及它的产出作出选择。因此，组织通过界线把自己与外界环境分割开来，形成自己的"领域"。[②] 界线有以下功能：为组织提供一定程度的独立性与自主权，使之不受外界的干扰；社会组织的界线具有较大程度的开放性和渗透性；界线将对投入到组织内的能量、信息、材料等起到筛选作用。

三、学习型组织理论

（一）学习型组织的概念

彼得·圣吉在《第五项修炼》一书中提出学习型组织观念，其含义为"组织面临变化剧烈的外在环境，应力求精简、扁平化、终身学习、不断自我组织再造，以维持竞争力"。具体而言，所谓学习型组织，是指通过培养组织良好的学习气氛和充分发挥员工的创造性思维能力而建立起来的一种有机的、高度柔性的、扁平的、符合人性的、能持续学习和不断发展的组织。

（二）学习型组织的内容

彼得·圣吉认为成功的学习型组织的内容包括五项修炼，企业可以通过进行五项基本修炼，力求建立一些基本的组织要素，最终促成学习型组织的形成。这五项修炼主要有：[③]

第一，自我超越。学习不断理清并加深个人的真正愿望，集中精力，培养耐心，并客观地观察现实。

第二，改善心智模式。对已形成的习惯想法和做法，能理智地严格审视，并吸收别人的好的想法和做法。

第三，建立共同愿景。形成加强组织凝聚力的共同目标、价值和使命。

---

① 杨锡山：《西方组织行为学》，384页，北京，中国展望出版社，1986。

② 朱国云：《历史与流派：组织理论》，287页，南京，南京大学出版社，2003。

③ [美]彼得·圣吉著，郭进隆译，杨硕英审校：《第五项修炼——学习组织的艺术与实务》，8～12页，上海，上海三联书店，1998。

第四，团体学习。注重愿景、反思和探询的技巧，通过有效的深度会谈，把可能造成分立的冲突与自卫转化为学习动力。

第五，系统思考。看到全局，看到互动因素的影响。

(三)学习型组织的特征

1. 组织成员拥有一个共同的愿景

组织的共同愿景来源于员工个人的愿景而又高于个人的愿景。它是组织中所有员工共同愿望的集合，是他们的共同理想。它能使不同个性的人凝聚在一起，朝着组织共同的目标前进。

2. 组织由多个创造性个体组成

在学习型组织中，团体是最基本的学习单位，团体本身应理解为彼此需要他人配合的一群人。组织的所有目标都是直接或间接地通过团体的努力来达到的。

3. 善于不断学习

一是强调“终身学习”。即组织中的成员均应养成终身学习的习惯，这样才能形成组织良好的学习气氛，促使其成员在工作中不断学习。

二是强调“全员学习”。即企业组织的决策层、管理层、操作层都要全心投入学习，尤其是经营管理决策层，他们是决定企业发展方向和命运的重要阶层，因而更需要学习。

三是强调“全过程学习”。即学习必须贯穿于组织系统运行的整个过程中。约翰·瑞定(J. Redding)提出了一种被称为“第四种模型”的学习型组织理论。他认为，任何企业的运行都包括准备、计划、推行三个阶段，而学习型企业不应该是先学习然后进行准备、计划、推行，不要把学习与工作分割开，应强调边学习边准备、边学习边计划、边学习边推行。

四是强调“团体学习”。即不但重视个人学习和个人智力的开发，更强调组织成员的合作学习和群体智力(组织智力)的开发。

学习型组织通过保持学习的能力，及时铲除发展道路上的障碍，不断突破组织成长的极限，从而保持持续发展的态势。

4.“地方为主”的扁平式结构

传统的企业组织通常是金字塔式的，学习型组织的组织结构则是扁平的，即从最上面的决策层到最下面的操作层，中间相隔层次极少。它尽最大可能将决策权向组织结构的下层移动，让最下层单位拥有充分的自决权，并对产生的结果负责，从而形成以“地方为主”的扁平化组织结构。只有这样的体制，才能保证上下级的不断沟通，下层才能直接体会到上层的决策思想和智慧光辉，上层也能亲自了解到下层的动态，吸取第一线的营养。只有这样，企业内部才能形成互相理解、互相学习、整体互动思考的氛围；只有这样，协调合作的群体才能产生巨大的、持久的创造力。

5. 自主管理

学习型组织理论认为，自主管理是使组织成员边工作边学习并使工作和学习紧密结合的方法。通过自主管理，可由组织成员自己发现工作中的问题，自己选择伙伴组成团队，自己选定改革的目标，自己进行现状调查，自己分析原因，自己制定对策，自己组织实施，自己检查效果，自己评定总结。团队成员在“自主管理”的过程中，能形成共同愿景，能以开放求实的心态互相切磋，不断学习新知识，不断进行创新，从而增加组织快速应变、创造未来的能量。

6. 组织的边界将被重新界定

学习型组织边界的界定，建立在组织要素与外部环境要素互动关系的基础上，超越了传统的根据职能或部门划分的“法定”边界。例如，把销售商的反馈信息作为市场营销决策的固定组成部分，而不是像以前那样只是作为参考。

7. 员工家庭与事业的平衡

学习型组织努力使员工丰富的家庭生活与充实的工作生活相得益彰。学习型组织对员工承诺支持每位员工充分的自我发展，而员工也以承诺对组织的发展尽心尽力作为回报。这样，个人与组织的界限将变得模糊，工作与家庭之间的界限也将逐渐消失，两者之间的冲突也必将大为减少，从而提高员工家庭生活的质量(满意的家庭关系、良好的子女教育和健全的天伦之乐)，达到家庭与事业之间的平衡。

8. 领导者的新角色

在学习型组织中，领导者是设计师、仆人和教师。领导者的设计工作是一个对组织要素进行整合的过程，他不只是设计组织的结构和组织政策、策略，更重要的是设计组织发展的基本理念；领导者的仆人角色表现在他对实现愿景的使命感，他自觉地接受愿景的引导；领导者作为教师的首要任务是界定真实情况，协助人们对真实情况进行正确、深刻的把握，提高他们对组织系统的了解能力，促进每个人的学习。

第二节　组织结构理论

组织理论中关于组织结构设计的具体模式可以分为两大类，即传统型的组织结构设计模式和新兴的组织结构设计模式。传统型的组织结构模式主要包括直线型组织结构、职能型组织结构、矩阵型组织结构、事业部组织结构等。新兴的组织设计模式主要有团队型组织结构、虚拟型组织结构和学习型组织结构。

一、直线型组织结构

(一)直线型组织结构的概念

直线型组织结构又称“军队型组织结构”，它是最古老的组织结构形式。在这种结构中，职位、职权、职责从组织的最高层到最低层沿直线垂直分布，形成等级系列，通过自上而下的负责关系，将一切权力集中在行政组织的最高层，形成以“指挥—服从”为基本特征的统一的上下级关系。①

(二)直线型组织结构的结构特征

在这种组织形式中，组织中每一位主管人员对其直接下属拥有直接职权；组织中的每一个人只对他的直接上级负责或报告工作；主管人员对所管辖的部门的所有业务活动行使决策权、指挥权和监督权。其结构如图 4-1 所示。

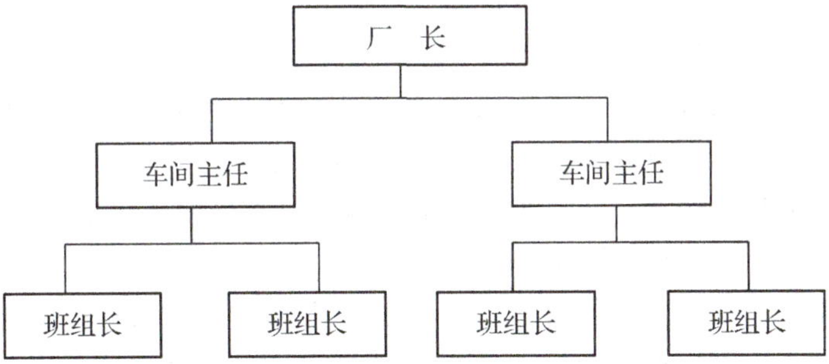

图 4-1　直线型组织结构

各车间分别从事不同的生产作业职能，在车间内生产作业职能进一步分解到班组。厂长通常将采购、销售、财务、人事等经营活动的决策权、指挥权和监督权集中在自己手中，并行使对生产经营活动的监督权。因此，在直线型组织结构下，管理职能只存在垂直分工(职权范围大小)而不存在水平分工(采购、销售、财务、人事、安全等)。这种组织形式是一种集权式的组织结构形式。车间主任、班组长均负责生产作业的管理，但其职权范围是不同的。他们的职权范围在纵向维度上经过逐层分解而趋向缩小。车间主任、班组长对所管辖领域(部门)的生产作业活动拥有完全职权。

① 陈振明、孟华：《公共组织理论》，96 页，上海，上海人民出版社，2006。

（三）直线型组织结构的优缺点

直线型组织结构的主要优点有：上下级关系简明清晰，层级制度严格明确，决策与执行工作有较高效率；管理沟通的信息来源与基本流向固定，保密程度好；管理沟通的渠道简单，管理沟通的速度和准确性在客观上有一定保证。其主要缺点是缺乏专业化的分工管理，管理者负担重，往往顾此失彼；权力的集中要求管理者有较高的全面素质，而实际上每个管理者的专业、能力、个人素质各不相同，因此，难以保证管理者在领导、决策、指挥等方面不出现失误；由于信息只沿上下直线传递，对左右协调、沟通不利。

二、职能型组织结构

（一）职能型组织结构的概念

职能型组织结构又称“参谋型组织结构”。这种组织结构是在行政主管的领导下，按专业分工设计若干职能部门，各职能部门直接对行政首长负责，并在其业务范围内对下级有指挥、协调、监督的权力的组织形式。[①]

（二）职能型组织结构的结构特征

职能型组织结构是根据职能划分部门，并由此建立组织领导和指挥关系的组织结构。它采用按职能分工实行专业化的管理办法来代替直线型的全能管理，在上层主管下面设立各个职能机构，把相应的管理职责和权力交给这些职能部门，各职能机构在自己的业务范围之内可以直接向下级下达命令和指示，直接指挥下属。其结构如图 4-2 所示。

职能型组织结构主要特征有：各级管理机构和人员实行高度的专业化分工，各自履行一定的管理职能；每一个职能部门所开展的业务活动将为整个组织服务；由于各个职能部门和人员都只负责某一个方面的职能工作，只有最高领导层才能控制全局，所以权力集中有效。

（三）职能型组织结构的优缺点

职能型组织结构的主要优点有：实行了专业分工，减轻了领导的工作负担，使领导能集中精力处理重大问题；在工作任务完成过程中有利于发挥职能部门的技术人才和物资资源的集中优势。其主要缺点有：易造成多头领导或多重领导，出现政出多门、指标冲突，互相推诿的现象；妨碍统一指挥，增加协调的难度。

① 陈振明、孟华：《公共组织理论》，97 页，上海，上海人民出版社，2006。

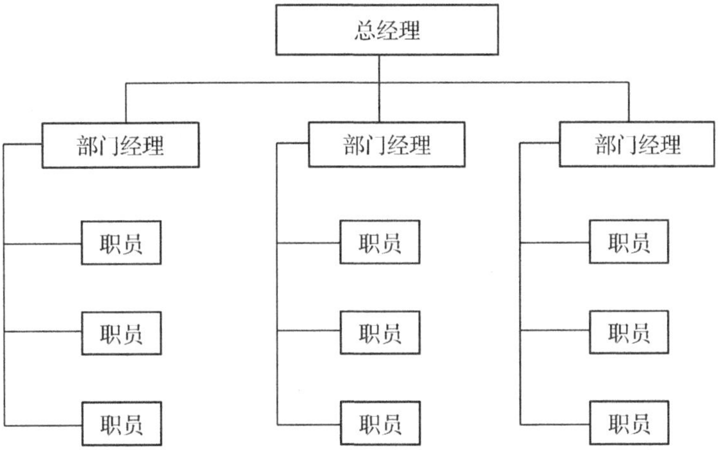

图 4-2　职能型组织结构图

三、矩阵型组织结构

(一)矩阵型组织结构的概念

矩阵型组织结构又称“专案组织结构”，是一种很有效且逐渐风行的组织形式。在数学中，矩阵是把多种要素按照纵向和横向进行排列而形成的一个矩形。矩阵型组织就是由纵向的职能系统和横向的项目系统交叉形成的组织形式，由于这种结构很像一个矩阵，故称之为矩阵型组织。[①]

(二)矩阵型组织的结构特征

在组织结构上，矩阵型组织是把职能划分的部门和按产品(项目)划分的小组结合起来组成一个矩阵，一名管理人员既能同原职能部门保持组织与业务上的联系，又能参加项目小组的工作。职能部门是固定的组织，项目小组是临时性组织，完成任务以后就自动解散，其成员回原部门工作。其结构如图 4-3 所示。

矩阵型组织结构的主要特征为：垂直领导和水平领导并重；加强了管理活动的纵向控制和横向联系；打破了传统层级体制组织所坚持的命令统一原则，组织成员既要接受项目日负责人的领导，又要接受职能部门的指挥。

① 陈振明、孟华：《公共组织理论》，98 页，上海，上海人民出版社，2006。

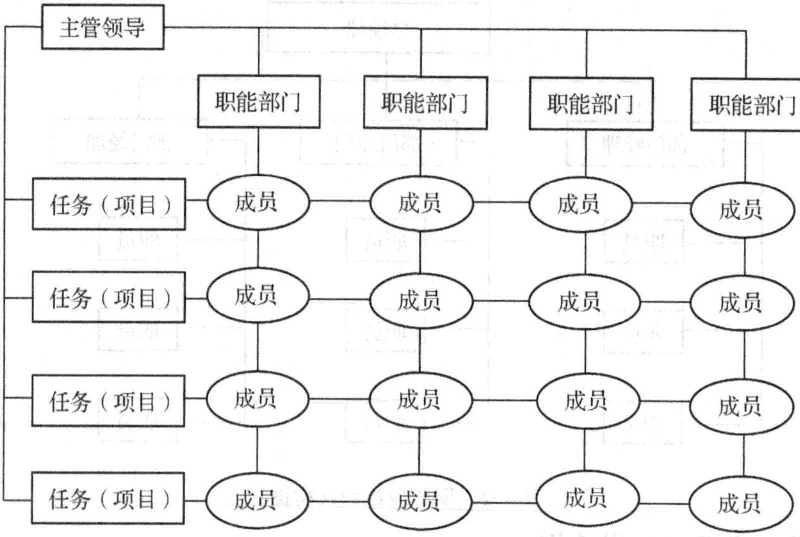

图 4-3　矩阵型组织结构

（三）矩阵型组织结构的优缺点

矩阵结构的主要优点是：可以迅速地对环境的变化作出反应；实现技术资源和物质资源的优势互补；信息流通比较顺畅，部门之间联系紧密。矩阵结构的主要缺点是：由于组织成员同时接受两个方向的领导，当领导们意见不一致时，成员容易无所适从；由于项目组成员来自各个职能部门，当任务完成以后，仍要回原单位，因而容易产生临时观念，对工作效率有一定影响；由于项目涉及面广，项目负责人责任重大，所以要求项目负责人具有较高的协调能力和丰富的经验，但是优秀的项目负责人比较难找到。

四、虚拟型组织结构

（一）虚拟型组织结构的概念

虚拟型组织结构是一个由组织或个人所组成的网络，关注的重点是实现某个特定的目标或对各种新的机遇做出反应。这种网络既可以是临时性的，也可以是永久性的，它们是为了迅速向社会和市场提供产品和服务，在一定时期内与其他组织结成的动态联盟，它是一种开放式的组织结构。[①]

（二）虚拟型组织的结构特征

虚拟型组织是一种区别于传统组织的以信息技术为支撑的人机一体化组

① 陈振明、孟华：《公共组织理论》，102 页，上海，上海人民出版社，2006。

织。处在虚拟网络中的虚拟型组织对于网络的其他成员并没有多少直接的控制力。网络成员之间的高度信任是虚拟型组织完成各项工作任务的凝聚力。为了在网络的各个部分之间维持协作关系，冲突管理和谈判行为也起到了关键性的作用。处在虚拟型组织之中的各个组织为了实现共同的目标相互依赖共同努力以完成既定工作任务。其结构如图 4-4 所示。

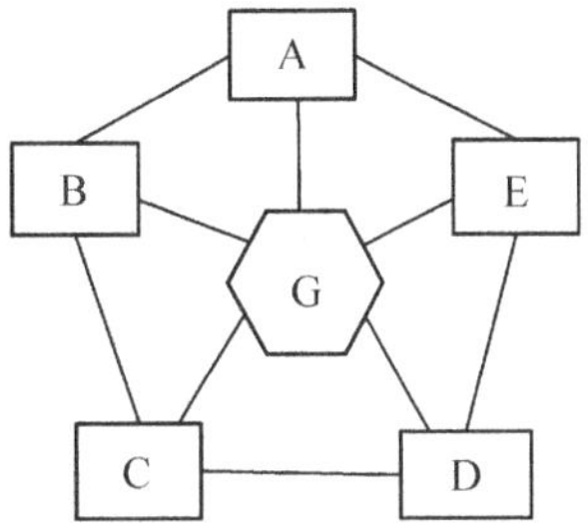

图 4-4　虚拟型组织结构

虚拟型组织 A、B、C、D、E 各部门突破有形组织的界限，实施外包项目或临时性构建项目小组 G，仅保留自身最关键的强项功能，而将其他功能虚拟化。也就是通过各种方式借助外力进行整合弥补，最终以有限的资源而获得最好的绩效。巴克莱国际银行(Barclays)就是一个虚拟型组织的例子。该组织是由小型区域银行现有网络连接建立成的网络银行。区域银行的客户可以在当地的银行得到广泛的服务，因而觉得他们是大公司巴克莱的客户。这样既让客户有世界大公司客户的感觉，又保住了当地区域银行的客户。[①]

(三)虚拟型组织结构的优缺点

虚拟型组织结构的优点是：组织结构精简，人员精练，协调电子化，具有很大的灵活性和适应性；实现了网络成员之间核心能力和优势资源的共享，有利于减少开支，降低成本，增加组织的竞争力。虚拟型组织结构的缺点是：组织的主管人员对组织的主要活动缺乏强有力的控制；组织系统难以识别，特别是如果一个重要的不可替代的分包商脱离业务，将会对组织产生重大损失；员工的忠诚度较低，人心不稳。[②]

第三节　小学教育管理组织的设计

组织设计是一个动态的过程，包含了众多的工作内容。科学地组织设计，必须遵循组织设计的内在规律有步骤地进行，才能取得良好效果。组织设计包括三种情况：新建组织的结构设计；原有组织结构出现较大的问题，或组织的

① 约翰·M·伊万切维奇，罗伯特·康诺帕斯基，迈克尔·T·马特森著：《组织行为与管理》，443 页，北京，机械工业出版社，2006。

② 陈振明、孟华：《公共组织理论》，102 页，上海，上海人民出版社，2006。

目标发生变化，原有组织结构需要进行重新评价和设计；组织结构需要进行局部的调整和完善。

一、小学组织机构设计的原则

(一)组织机构设计的原则

关于组织机构设计原则的问题，西方行政学家分别从不同的角度提出了各种观点，为小学组织机构的设计提供了借鉴。

一是阿尔福特的工商管理组织原则。其主要内容包括：目标原则、权责一致原则、权威系统原则、控制幅度原则、指派任务原则、权责确定原则、业务类同原则和组织成效原则。

二是厄威克的行政管理组织原则。其主要内容包括：目标原则、相符原则、职责原则、组织阶层原则、控制幅度原则、专业化原则、协调性原则和明确性原则。

三是韦伯的理想行政组织原则。其主要内容包括：劳动分工原则、层级节制原则、公平原则、职业训练原则、法制原则、职业化原则、固定薪俸原则和奖惩制度原则。

四是行为学派的组织原则。其主要内容包括：人格尊重原则、运用非正式组织原则、参与管理原则、优化人际关系原则和培养新型领导能力原则。

五是系统学派的组织原则。其主要内容包括：整体性原则、有序性原则、结构性原则、动态性原则、相关性原则、开放性原则、最优化原则、反馈原则。

六是权变学派的组织原则。即一切从时间、地点和条件出发进行灵活机动的管理。

(二)小学组织机构设计的原则

一所小学要想正常开展教育教学活动，就必须把学校各类人员组织起来形成一个完善的系统，即小学组织机构。小学组织机构是指为完成学校教育教学工作目标而将学校各个部门按一定形式组合而成的整体。在设计小学组织机构的过程中首先要明确小学组织机构设计的原则。根据西方行政学家提出的各种组织设计原则，从我国小学教育的历史传统和实际情况出发，小学组织机构设计的原则可以归纳为：

1. 目标明确原则

组织机构是为实现目标，完成任务服务的。因此，目标明确原则就是组织机构设计应该服从于目标的实现。目标一旦改变，机构往往也要作相应的调整。《九年义务教育全日制小学、初级中学课程计划》中关于小学阶段培养目标的规定是："初步具有爱祖国、爱人民、爱劳动、爱科学、爱社会主义的思想感情，初步养成关心他人、关心集体、认真负责、诚实、勤俭、勇敢、正直、合群、活泼向上等良好品德和个性品质，养成讲文明、讲礼貌、守纪律的行为习惯，初步具有自我管理以及分辨是非的能力。具有阅读、书写、表达、计算的基本知识和基本技能，了解一些生活、自然和社会常识，初步具有基本的观察、思维、动手操作和自学的能力，养成良好的学习习惯。初步养成锻炼身体和讲究卫生的习惯，具有健康的身体。具有较广泛的兴趣和健康的爱美的情趣。初步学会生活自理，会使用简单的劳动工具，养成爱劳动的习惯。"因此，小学组织机构的设计要服务于这一培养目标。凡与此目标相符的，说明机构设计就合理，反之就不合理。小学组织机构的建立、撤销和合并，都必须从这一角度去考虑。比如近些年来，教育科研对学校教育的促进作用得到了大家的普遍认可，教育科研越来越受到重视，很多小学还成立了教育科研室。再如学生心理问题日益突出，为了加强学生的心理健康教育，预防日益增长的心理不良现象，很多小学还建立了学生心理咨询室。

2. 责权统一原则

责权统一原则是指一定的组织机构和相应的岗位职务必须承担一定的职责，并授予相应的职权，使职责和职权保持统一，既避免有责无权，也避免有权无责，保证每一个职位能有人在其位谋其政，行其权而尽其责。职权是指人们在一定职位上完成任务所必须拥有的权力；职责是指一定职位应承担的义务和应尽的责任。根据责权统一的原则，上级对下级不仅要委派职责，而且应授予相应的权力。有多大的权力就应承担多大的责任；有多大的责任，就需要有多大的权力。贯彻这一原则的要求是小学要建立、健全岗位责任制，要明确规定不同管理层次和部门的职责范围、岗位责任和权力界限，使每个成员各司其职，各行其是。要避免因人设职，防止产生人浮于事，职权不清，责任不明的现象。

3. 精简高效原则

精简高效原则是指小学组织机构的设计要精简实用，人员精干，有利于提高工作效率和社会效益。贯彻这一原则首先要做到机构精简。每一个机构都有其职责任务，是办实事的机构，缺之不可。如果因人设职，虚设机构，就会造成机构臃肿，人浮于事，管理混乱，效益低下。因此要借助于信息技术，尽量减少组织机构层次和人员，使之趋向扁平化结构。其次，职能要分开。党、政、群不同性质的机构职责任务和功能作用要分开，充分发挥组织机构的整体作用；同类性质的组织机构要有明确分工，同一性质的工作，应由一个部门承担，以避免相互扯皮和推卸责任的情况出现。但职能分工与精简效能要统一起来，既便于分工负责，又便于统一和合作；既有效，又精简。

4. 系统平衡原则

系统平衡原则是指学校组织机构设计要从整体出发，形成一个整体协调统一，功能健全，具有良好的自我调节能力的有机系统。它作为学校组织的实体要成为整个社会组织系统的一个有机的子系统。首先应使自身组织成为一个相对独立的系统，根据社会的需要或目标实现的要求，使之充分发挥整体功能，并在动态中，不断调整自己，保持平衡；同时，现代科学管理要求组织机构的功能必须健全，否则，难以使整体功能得到充分有效的发挥。学校组织机构不只是一个决策指挥系统，还要具有执行、监控、反馈等健全的功能，形成一个具有信息系统功能的连续封闭回路。这样在与外部环境的交换中，才能保证组织活动的协调一致，产生一种新的放大了的组织合力。在贯彻这一原则时还要将组织视为一个开放的系统，不断适应外部环境的变化。

5. 以人为本原则

以人为本原则就是在小学组织机构设计中尊重人的主体性地位，充分调动人的工作积极性。学校管理中无论是学校目标、行政、教学的管理，还是德育、保卫、科研的管理，人是核心要素。学校机构的设计更要围绕人这一核心要素来进行。贯彻这一原则要求学校在机构的设计上应该创造多种积极因素，尽可能充分调动全校教职工的积极性、能动性，使他们能主动地、积极地投入管理之中，为实现学校的目标努力奋斗。小学组织机构设计得合理与否，检验标准之一是看其激励还是压抑了师生员工的工作积极性。有些学校为了培养学生的自立能力，设立了学生自主管理委员会，将一些学生事务交给学生自己去做。实践证明，这一做法对激发学生自主意识、培养小主人翁感是能起到积极作用的。

二、小学组织机构设计的形式

我国小学组织机构一般包括两大类：一类是行政性组织机构，这些机构的设立有利于完成既定的教育教学任务、维持学校的有效运转；另一类是非行政性组织机构，这些机构的设立有利于配合、监督、保障学校的各项活动顺利进行。这两类组织相互联系，相互支持，共同为实现学校教育目标，提高学校管理效率而努力。

(一)行政性组织机构

我国小学组织机构的基本形式如图 4-5：

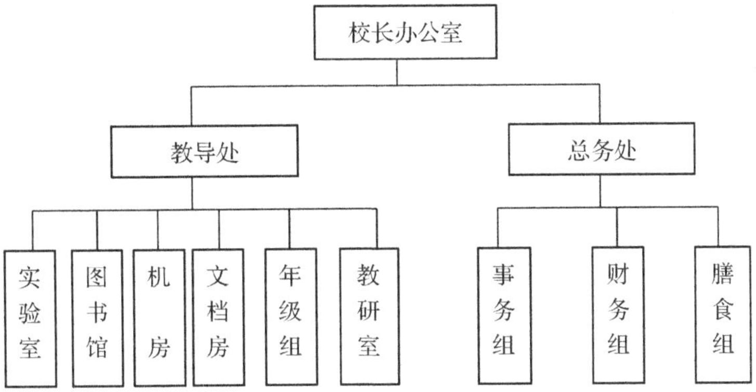

图 4-5　小学组织基本结构

各部门的主要职责如下。①

校长办公室：是校长领导下处理日常校务的办事机构。它协助校长处理对外联系、对内协调的工作，负责对外联络、文件收发、报表统计、信息反馈等，通常设主任或干事 1～2 名。

教导处：是组织和管理学校教学业务的机构，具体领导各科教学研究组、年级组及班主任的工作；同时监管与教学业务有关的科、室，如试验室、图书馆、文印室等。教导处的日常行政事务包括：掌握学籍、整理教学档案、成绩统计、安排作息时间、编制课表、组织课外活动等。一般设主任、副主任若干人。

总务处：是组织和管理学校后勤的机构，负责学校的基建、物资的供应、设备的维修、财务的支出和报销等事项，同时兼管学校的食堂、宿舍等，其宗旨是为教学服务，为师生服务。总务处一般设主任、副主任及办事员若干人。

教研组：即各学科教学研究组，是学校的基层教学活动单位之一。负有组织本学科教学、开展教学研究活动、提高教师教学业务能力等责任。此外，教研组有责任对本学科的教学质量进行监控和评价，发现问题及时提出整改意见。教研组一般由同学科的教师组成，通常设组长 1 人。

年级组：是同一年级的班主任和任课教师的集体组织。它的任务是了解同年级学生的德、智、体发展的实际，沟通班主任与班主任、班主任与任课教师之间的关系，统一认识，统一步调，提高教育质量。年级组对本年级教学工作、思想政治工作、体育卫生、课外活动、生产劳动进行组织安排，落实各项

① 吴志宏：《学校管理理论与实践》，39 页，北京，北京师范大学出版社，2002。

活动，评估活动效果。

（二）非行政性组织机构

小学非行政性组织机构一般包括党、群、团组织和各种研究性团体，各机构的主要职责如下。[①]

党支部：一般来说，小学规模有限，因此不设党委而设党支部或党总支。党支部主要抓好学校师生的政治思想工作，同时还参与学校重大问题的决策，对学校的教学、人事、财务管理等工作负有监督和保证实施的作用。

工会、教代会：一般小学都设有工会组织和教代会组织，其性质属党支部领导下的教职工群众组织。它们是党政联系群众的桥梁，负有下情上达向学校工作提出批评和建议、推动学校民主管理、依据有关教育法律或劳动法律维护教职工的合法权益、组织教师开展休闲娱乐活动等责任。

共青团、学生会、少先队：是党支部领导下的青年教师和学生的群众组织。其中，共青团由青年教师和符合年龄要求的学生组成，参加者须具备一定的条件。学生会和少先队则由学生组成，一般没有严格的加入条件。这三种组织主要围绕青年教师或青少年学生的特点开展活动，活动内容涉及思想教育、教学、文体活动、社会活动等。

研究性团体：一些学校为了更好地开展教育教学活动，成立了相关的研究性组织，如学科教学研究会、文学社、艺术会等。对于这些组织，学校行政应给予热情支持，并积极进行引导，使之对学校的工作起到有益的辅助促进作用。

三、小学组织机构的变革

学校组织机构不是僵化不变的，它随着社会、学校体制、学校规模等因素的改变而不断调整变化。特别是在当今知识经济和信息化时代的背景下，学校组织机构的变革显得更为重要。以下介绍几种近年来我国部分地区出现的学校组织机构变革的趋势。

（一）随着学校发展战略的调整，学校组织机构从机械模式走向有机模式

组织机构是管理人员用来实现组织目标的一种有效手段。学校组织目标产生于组织的总战略，学校组织机构的设计必须服从于学校的发展战略。一旦学校发展战略发生了重大变化，组织机构也应该作相应的调整，以服务于新的学校发展战略。就一所小学成长发展的过程而言，常常经历两种发展战略：规范

① 吴志宏：《学校管理理论与实践》，41页，北京，北京师范大学出版社，2002。

和创新。当学校刚建立时，学校发展战略是尽快让学校走向规范，由此必然采取制定详细规章制度、自上而下严密控制的机械模式。随着学校的不断发展壮大，各项工作步入正轨，学校的发展战略会转向如何创新、如何形成特色这个方向上来。这时，学校的管理机构逐渐从机械模式走向有机模式。有机模式的特点是结构扁平，组织正规化程度较低，实行分权化管理，下属参与决策程度较高，信息自由流通等。

（二）随着学校职能的转变，学校组织机构从直线模式走向网络模式

随着教育改革的深入开展，人们对学校不断提出新的要求和期望：学校既要重视德育，又要狠抓教学；既要注重科研，又要提高教育质量；既要关注考核评估，又要创建自身特色等。学校为了适应社会环境的新情况，增加了部分学校职能，这些职能要求有相应的机构来承担。一些学校感到原有机构划分太粗，难以应付方方面面的复杂事务，于是将一些机构进一步分化。如有的小学将教导处一分为三甚至一分为四，分出教务处、政教处、教科室、体卫处等。然而，中层机构设计太多容易产生互相推诿，权责不清的现象。学校职能的改变要求机构的分化与综合，力求达到平衡，为此有的学校就考虑构建纵横交错的网络型机构。如某学校打破传统的“两处一室”的直线型模式，将管理系统分为行政的管理系统、专业的管理系统、网络的管理系统。

（三）随着学校环境的改变，学校组织机构从封闭模式走向开放模式

系统管理学派的管理学家认为组织已从封闭系统走向开放系统。学校作为公共组织的一种类型当然也不例外。学校所处的外部环境对学校的发展产生重要的影响。学校的外部环境因素包括：各级政府的教育政策、当地社区的文化氛围、学校所在的地理位置、当地同类学校的情况、学生生源情况、家长的就业层次等。环境因素的变动是不确定性、动态性的，如政府调整教育政策，学校之间的竞争等这些动态环境增加了学校管理工作的难度。为了避免管理上的混乱，减少环境因素对学校工作的冲击，有时就有必要对学校机构作出相应的调整，变封闭机构为开放机构，增强学校对外界环境的适应能力，如“顾问委员会”、“校外专家联谊会”、“家长委员会”等。

（四）随着学校竞争的加剧，学校组织机构从传统模式走向现代模式

社会转型、教育的宏观变革、学校竞争的加剧迫使学校组织不得不形成自我主体意识，进行组织变革走出行政管理传统模式适应新时代的发展。20 世纪 90 年代以来，学习型组织理论不仅引领企业组织管理的革命性变革，同时也影响了学校的组织管理。学习型组织理论适用于学校组织管理。虽然，学校组织与一般企业组织在组织结构、组织设计、组织变革和发展方面存在某些差

异，但是学校组织与企业组织也存在共通性，具有一般组织的属性和特征。学校组织本身就是一个学习型组织。学校是以学习为主要活动、以培养合格人才为目的的组织结构。在学校组织内，每个成员都是围绕着学习而展开各种活动。教师的教与学生的学是以完成学习任务为宗旨，教师、学生以及行政机关、后勤卫生等各职能部门的人员在学校组织培养目标的制约下，构成了网络系统。学校组织必须和企业组织一样，创建学习型组织这一现代模式，才具有竞争力和活力，才能为培养高质量的创造性人才打下坚实基础。

【案例分析 1】 理顺领导机构 促进学校发展①

某小学近年来经过反复探索改革，逐步形成了校长、党支部和教代会互相配合、互相支持的工作关系。校长有决策权，但决策讲求民主和科学；党支部不干涉行政工作，但发挥保证监督作用；教代会不是权力机构，但代表教职工参与学校的民主管理。该校的经验有以下几个方面。

1. 合理设置机构，提高工作效率

为了适应学校发展的特点，学校把总务处、教导处改为五个中层职能办公室，即教育办、教学办、实习办、总务办和校长办，并明确规定了各办公室的岗位职责，办公室主任直接向校长负责。学校基层则设立专业组、教研组和年级组。由此形成了学校、中层办公室、基层组三级管理模式。为精简管理干部，学校不设副校长，各办公室主任在其职责范围内具有副校长的权限和责任。为使校长的决策科学化，学校还成立了由九人组成的校务委员会，为吸引更多的教职工参政议政，每年更换三分之一的委员。

2. 积极发挥党支部保证监督作用

学校党支部负责人多年来实行兼职制度，担任专业课程的教学。为了加强对学校各管理机构的监督，学校各办公室主任一般不再担任党支部委员，而由党员教师骨干担任。学校内部设立了"党政联席会议"制度，会议由校长、书记和党支部委员参加，内容是通报党政工作情况，讨论研究学校大事，对校长工作和支部工作相互提出意见和建议。党支部三个支委都是校务委员会的委员，一个支委还担任了校工会主席。这样，校长的决策可以通过各种渠道征求党支部和教代会的意见，并在决策出台前就得到反馈信息，从而使校长的决策既受到党支部和教代会的支持，又受到后者的监督。

3. 健全教代会，行使民主管理学校的职能

学校教代会通过差额选举产生。为了吸引更多的人参政议政，同时便于对

① 吴志宏：《学校管理理论与实践》，52 页，北京，北京师范大学出版社，2002。

学校各管理机构的监督，中层以上的干部不作为代表候选人。在当选的21名代表中，专任教师15人，占71%，普通行政人员6人，占29%。代表中还注意吸收一定的民主党派人士参加。党支部不直接领导教代会，而是通过当选工会主席的党支委和党员代表发挥作用。对教代会的活动，党支部积极支持。校长有义务及时向教代会通报学校的有关情况，重大决策则要提交教代会讨论。教代会可对校长和各办公室的工作提出意见和质询。学校中层以上干部的工作业绩每年由教代会代表评分，是否称职则由全体教职工大会无记名投票测评。校长和教代会商定，如果某个干部民主测评得票率低于50%，则校长不予聘任。由于教代会在学校生活中具有一定的地位，因此代表们为教职工服务的积极性十分高涨。

经过几年的改革实践，学校形成了校长、党组织、教代会三者之间的和谐工作关系，大大提高了工作效率。

解析思路：

1. 从组织发展理论的角度分析该小学组织设计的合理性。

2. 从小学组织机构设置的原则，分析案例中党、政、群三者关系的做法及启示。

【案例分析2】　小学组织机构的变革

宁波市江东试验小学组织机构由行政性组织机构和非行政性结构两大部分组成了一个完整的小学组织机构体系(如下图所示)。①

解析思路：

1. 从组织结构理论分析该校组织机构设置的优缺点。

2. 从学校发展的规模与性质，分析学校组织机构的设置与变革的关系。

① http：//www.jdsyxx.net/school/zzjg.asp。

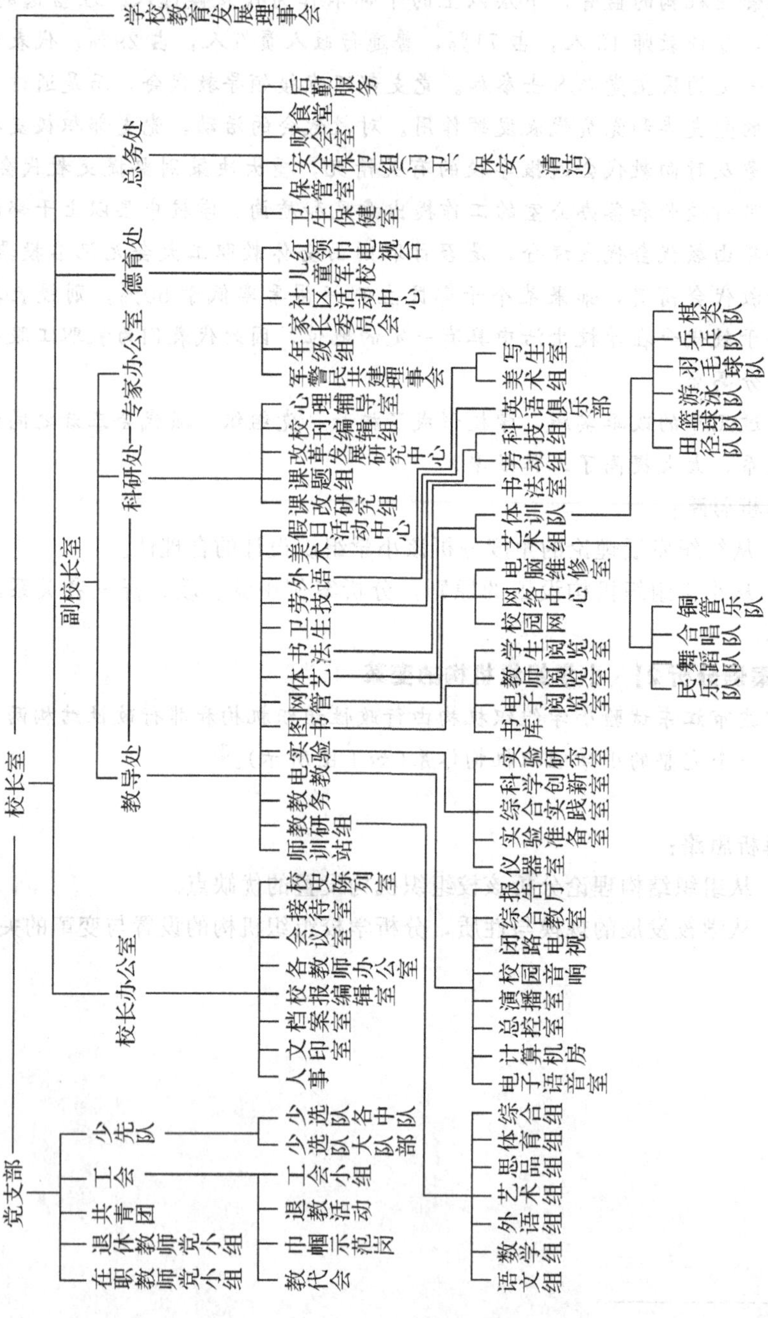

宁波市江东实验小学组织机构设计图

复习与思考

1. 古典组织理论的主要流派及其主要观点是什么？
2. 开放系统理论的代表人物及其主要观点是什么？
3. 学习型组织理论的代表人物及其主要观点是什么？
4. 传统的组织结构有哪些？
5. 虚拟型组织结构的优缺点是什么？
6. 小学组织机构设计的原则是什么？
7. 小学组织机构的形式是怎样的？

推荐阅读

1. [美]彼得·圣吉著，郭进隆译．第五项修炼——学习组织的艺术与实务．上海：上海三联书店，1998.
2. 陈振明、孟华．公共组织理论．上海：上海人民出版社，2006.
3. 倪杰．管理学原理．北京：清华大学出版社，2006.
4. 孙绵涛．教育管理学．北京：人民教育出版社，2006.

第五章　小学教育管理规程

本章重点

- 教育管理规程的内涵、特征与功能
- 小学教育管理法规的含义及小学教育管理的法律、政策依据
- 小学教育管理制度概述、基本内容、建设与改革

第一节　教育管理规程概述

一、教育管理规程的内涵

规程就是规则章程，或者简单地说就是“规则＋流程”。所谓规则就是工作的要求、规定、标准和制度等。所谓流程则为实现特定目标而采取的一系列前后相继的行动组合，也即多个活动组成的工作程序。因此教育管理规程可以定义为：在教育管理过程中，将教育管理工作程序贯穿于一定的教育管理标准、要求和规定之中，从而提升教育管理工作的规范化、制度化和法制化。

近些年来，为了规范教育管理，很多学校都颁布了本校的管理规程。而事实上，早在1996年3月9日，国家教委发布第26号令，宣布《小学管理规程》(以下简称《规程》)自1996年4月1日起施行。之后又进行了部分修改，补充或删减了部分条款。该《规程》分为总则；入学及学籍管理；教育教学工作；人事工作；行政工作；校舍、设备及经费；卫生保健安全；学校、家庭与社会；其他；附则10章共60条。主要内容如下。

1. 确立了立法宗旨和依据

《规程》在第一条中就明确规定了立法的宗旨是“加强小学内部的规范化管理，全面贯彻教育方针，全面提高教育质量”。立法的依据是《中华人民共和国教育法》和其他有关教育法律、法规。

2. 确定了小学的教育方针和培养目标

《规程》第四条规定：小学要贯彻教育必须为社会主义现代化建设服务，必

须与生产劳动相结合，培养德、智、体等方面全面发展的社会主义建设者和接班人的方针。

《规程》第六条从培养学生的政治素质、业务素质、文化素质、身体素质和心理素质入手，规定了小学的培养目标是：初步具有爱祖国、爱人民、爱劳动、爱科学、爱社会主义的思想感情；遵守社会公德的意识、集体意识和文明行为习惯；良好的意志、品德和活泼开朗的性格；自我管理、明辨是非的能力。具有阅读、书写、表达、计算的基本知识和基本技能，了解一些生活、自然和社会常识，具有初步的观察、思维、动手操作和学习的能力，养成良好的学习习惯。学习合理锻炼、养护身体的方法，养成讲究卫生的习惯，具有健康的身体和初步的环境适应能力。具有较广泛的兴趣和健康爱美情趣。

3. 规定了小学领导体制

对小学的外部领导，《规程》第九条规定：小学按照"分级管理，分工负责"的原则，在当地人民政府领导下实施教育工作。对小学的内部领导，《规程》第八条规定：小学实行校长负责制，校长全面负责学校行政工作。

对小学的组织机构及职责，《规程》在第三十九条、第四十条、第四十一条、第四十二条中做了规定。《规程》规定：小学可依规模内设分管教务、总务等工作的机构或人员，协助校长做好有关工作(规模较大的学校还可设年级组)，其具体职责由学校制定。小学若规模较大，可成立由校长召集，各部门负责人参加的校务委员会，研究决定学校重大事项。小学应建立教职工(代表)大会制度，加强民主管理和民主监督。中国共产党在小学的组织发挥政治核心作用。校长要依靠党的学校(地方)基层组织，充分发挥工会、共青团、少先队及其他组织在学校工作中的作用。为使小学行政工作有效运转，《规程》还规定了小学应建立、健全的规章制度，并规定小学应接受教育行政部门或上级主管部门的检查、监督和指导，如实报告工作，反映情况。

4. 规定了小学生的入学、毕业及学籍管理

根据《规程》的规定，小学招收年满 6 周岁的儿童入学，条件不具备的地区，可以推迟到 7 周岁。适龄儿童的入学原则是按时就近免试入学。

小学对修完规定课程且成绩合格者，发给毕业证书；不合格者发给结业证书。对虽未修完小学课程，但修业年限已满当地政府规定的义务教育年限者，发给肄业证书。

此外，《规程》还对小学生在校期间的休学、复学、转学、借读、留级、升级、评价、表彰、批评教育等做了详细的规定。

5. 规定了小学的主要任务

《规程》规定：小学的主要任务是教育教学工作。其他各项工作均应以有利于教育教学工作的开展为原则。小学应按照国家或省级教育行政部门发布的课程计划、课程标准进行教育教学工作。小学在教育教学工作中，要充分发挥学科课和活动课的整体功能，对学生进行德育、智育、体育、美育和劳动教育，为学生全面发展奠定基础。小学要将德育工作摆在重要位置，校长负责，教职工参与，教书育人、管理育人、服务育人。小学教学要面向全体学生，坚持因材施教的原则，充分发挥学生的主体作用；要重视基础知识教学和基本技能训练，激发学习兴趣，培养正确的学习方法、学习习惯。小学要建立、健全学校卫生工作制度，加强学校安全工作。

6. 规定了小学的人事管理

《规程》规定：小学可按编制设置校长、副校长、主任、教师和其他人员。

小学校长是学校行政负责人。其主要职责是：贯彻执行国家的教育方针，执行教育法令、法规和教育行政部门的指示、规定，遵循教育规律，提高教育质量；制定学校的发展规划和学年学期工作计划，并认真组织实施；遵循国家有关法律和政策，注重教职工队伍建设。依靠教职工办好学校，并维护其合法权益；发挥学校教育的主导作用，努力促进学校教育、家庭教育、社会教育的协调一致，互相配合，形成良好的育人环境。小学教师应具备国家规定的任职资格，享受和履行法律规定的权利和义务，遵守职业道德，完成教育教学工作。

7. 规定了小学校舍、设备及经费的管理

《规程》规定：小学的办学条件及经费由学校举办者负责提供。小学应具备符合规定标准的校舍、场地、设施、教学仪器、图书资料。应遵照有关规定管理使用校舍、场地等，未经主管部门批准，不得改变其用途。小学应加强对教学仪器、设备、图书资料、文娱体育器材和卫生设施的管理，建立、健全制度，提高使用效率。小学应科学管理、合理使用学校经费，提高使用效益。

8. 规定了小学同家庭、社会的关系

《规程》规定：小学应同有关单位建立社区教育组织，优化育人环境。小学也应发挥自身优势，为社区的精神文明建设服务。

小学应主动与学生家庭建立联系，运用家长学校等形式指导、帮助学生家长创设良好的家庭教育环境。小学可成立家长委员会，在校长指导下进行工作，帮助学校解决办学中遇到的困难，集中反映学生家长的意见和建议。

二、教育管理规程的特征与功能

（一）教育管理规程的特征

学校教育管理是确保学校办学水平、提高教育质量的重要条件。而以现代科学理论为指导教育管理规程，应体现以下特征。

1. 合理性与合法性

所谓合理性，是指学校管理规程要符合客观规律，符合社会伦理道德规范和制度程序；合法性就是学校管理规程建设属社会团体组织内部“立法”，是“小法”，“小法”要依据国家各项法律和法规，学校管理规程建设要具有明确的法律、政策依据。

2. 指导性与教育性

学校管理规程不但要具有控制约束功能，还应具有引领、指导的功能。现代学校管理规程的建设，要具有现代教育思想文化特征，要以现代教育教学思想和现代管理思想为指导，具有一定的教育思想指导性。教育目的是教育活动、教育行为的出发点和落脚点，对教育制度的建立和教育行为的选择实施具有决定意义。

3. 民主性与科学性

学校管理规程的建立必须符合广大师生员工的根本利益，并获得广大师生员工的积极拥护和支持。在制定的过程中，要和师生员工进行协商、讨论，使其具有认同性；要通过教代会和学生代表大会进行讨论和修改，使其具有广泛的群众基础，特别要经过教代会讨论通过，以充分发挥其在制定规程中的民主管理和民主监督作用。这样才能贴近教职员工、学生的生活、工作与学习，从而提高工作与学习效率，加强学校的规程管理。科学的学校管理规程，是要求学校管理规程本身体现学校的教育、教学及管理的客观规律；符合教职员工的职业和心理特点；符合学生身心发展的规律和年龄、性别特点以及每个学校自身工作的现状和特色。

4. 明确性与规范性

明确性有两方面意义：①在内容规定上要明确具体，语义上明晰不含混，语言表述上不笼统，执行起来不可前后矛盾。②在行为规范要求上注重细节。简明不等于粗放，简约不等于简单。

5. 可行性与强制性

行之有效的管理规章流程，必须是符合当地、当时和当事人的实际。由于种种条件的差异，同样的规程在此校可行而在另一个学校就不一定行得通。所以，制定规章流程必须从学校自身实际出发。要防止生搬硬套，脱离实际。教育管理规程是维护学校正常的教学秩序和其他各项工作顺利开展的基本保证，对师生员工的行为具有强制性的作用。

（二）教育管理规程的功能

1. 依法治教，维持正常的学校工作秩序

用法规形式规范小学管理工作是依法治教的具体体现。《小学管理规程》在法规配套建设中，仅担负着规范小学内部管理工作的任务。它的诞生，再配合已颁布的《义务教育法》及其《实施细则》以及未来将产生的着重规范政府办学职责、社会与学校关系的《中小学教育条例》，规范初中、高中内部管理工作的《初中管理规程》、《高中管理规程》（暂定）等，就基本上完成了基础教育内外部管理的综合法规、行政规章的框架建设。这样，国家在依法管理基础教育方面将大大迈进一步，普及九年义务教育工作及其他一系列基础教育行政管理工作将进一步得到国家法律、法规的保障，学校管理工作就会在规范的管理中具有更加良好的秩序。

2. 提高小学管理水平，提高学校管理效率

由于学校内部各个组织机构担负着各不相同的工作任务，赋有各自的管理职能，容易从本部门的利益出发考虑问题，因此在工作中不可避免地会出现矛盾摩擦甚至相互扯皮推诿的现象。为了保证各机构之间在管理活动中的协调配合，就需要依靠科学而合理的规程来进行调节。如《小学管理规程》为学校依法办学、依法治教（校）提供了依据，对改革学校偏离管理方向、管理无序、盲目随意性强等状态，将产生重要作用。《小学管理规程》明确规定了办好一所小学，最基本应该做哪些工作及如何去做等问题。认真而严格地按照各条款的内容去办学、管校，必定会带来教育教学质量的提高。

3. 调节学校各种利益关系，保证学校内外各项工作的协调一致

现代学校教育教学活动日趋复杂，学校与社会以及社区的关系日益密切，客观上需要有一些规章制度来调节学校内外各部门及各项工作之间的关系，这样才能保证学校内外各项工作的协调一致。如学校在实行劳动人事分配制度改革时，为了破除平均主义的分配方式，使学校内部的劳动与报酬紧密挂钩，真正实行按劳分配的原则，就需要建立和实施能充分调动教职工工作积极性及责任感的课时津贴制度、职务津贴制度和岗位津贴制度等。通过这些制度的建立和实施，一方面鼓励教职工用自己的努力去争取收入的增加；另一方面也兼顾到了不同部门和群体的特点，从而协调学校各方面的利益关系。

4. 增强实施素质教育的操作性，提高小学教育质量

从小学教育的实际出发，深化教育教学改革，全面贯彻教育方针，全面提高教育质量，还有许多工作要做，其中最重要的是落实素质教育目标，实现小学教育由应试教育向素质教育的转变。从小学内部管理讲，教育观念的真正转变，树立正确的人才观、质量观，进一步改革教育教学方法、手段，建立新的科学的教育评价制度和方法等，都需要通过改革来解决。现有的改革经验和措施，对深化改革会起到重要的促进、保证作用。长期以来，我国小学教育创造出了丰富的教育教学改革经验，这为实现真正的素质转变提供了良好的条件。但有些地方受片面追求升学率的影响，依然不同程度地存在着应试教育，有的地方还很严重。通过管理规程，以法律形式确立教育方针，要求每一所学校都要按国家有关法律、法规办学，就一定能够实现应试教育向素质教育的转变，也只有这样才能真正提高小学的教育质量。

第二节 小学教育管理法规

一、教育管理法规概述

(一)教育法规的含义

教育法规是统治阶级根据自己在教育方面的意志，通过一定的国家机关依照法定程序制定的、调整有关的法律主体在教育活动中所发生的社会关系的法律规范体系的总和。教育法规是阶级社会上层建筑的重要组成部分。从本质上看，教育法规是统治阶级在教育方面的意志的体现；从形式上看，教育法规是国家意志的体现，具有普遍约束力的行为规范。

1. 教育法规是国家立法机关制定的

教育法规的制定是国家权力机关按照一定的法定程序，以法的形式和手段把国家的教育政策和人民的教育意愿固定下来，使之成为国家的意志。教育法规是受国家强制力保证执行的有关教育的行为规则，它包括宪法、教育法律和教育条例、决定、命令和指示等所有规范性文件。教育法规的制定是教育发展到一定程度的必然要求，它必须通过国家立法机关制定才产生效力。国家机关制定教育法规，必须坚持方向性原则、实事求是原则、民主性原则、稳定性原则，也必须依据一定的法源、国家政策和社会实际情况。

2. 教育法规是按照一定程序制定的

教育法规制定的程序是指国家机关在制定、修改或废止法律规范活动中，必须履行的法定步骤和手续。任何法律的制定都必须经过一定的程序，才能立法，才具有法律效力。各国或同一国家的立法机关不同，制定法规的程序各有其特点。一般来说，分为四个步骤：一是法律议案的提出；二是法律草案的讨论；三是法律的通过；四是法律的公布。

3. 教育法规体现统治阶级的意志

教育法规是统治阶级在教育方面的意志体现，这是教育法规的本质所在。在阶级社会中，有统治阶级和被统治阶级，在教育方面，它们都有自己的意志表现，但并不是各阶级的教育意志都能体现为教育法规。只有在经济上、政治上占统治地位的阶级的教育意志，才能表现为教育法规。

4. 教育法规是强制性的

法律规范是由国家强制力保证实施的，具有普遍约束力。教育法规作为法律规范的组成部分，是通过国家权力的力量，即国家强制力保证实施的，而且这种强制力具有普遍性，如果违反了教育法规必然要受到法律制裁。教育法规区别于其他工作形式的重要之处，就在于它可以对不遵守的人进行制裁，以达到强制推行教育法规的目的。

(二)教育法规的特征

1. 遵循教育自身独有的规律与顺应市场经济的要求相结合

在教育法规中确立的有关教育管理体制、办学体制、教育基本制度和原则等，必须合乎教育内在规律，这是教育法规的一个基本特点，也是在教育立法过程中必须遵从的基本要求。同时，我国教育法规中坚持了社会主义方向、原则，并且及时吸收在市场经济条件下深化教育改革、发展教育事业的成功经验。如在教育投入上，逐步形成政府财政拨款为主，辅之以社会各方面集资、捐资办学等多渠道增加教育经费的格局。这样，就使遵循社会主义教育的自身规律与推进市场经济条件下的教育变革有机结合起来，从而构成了我国教育法规的中国特色。教育法规这样规定，其最终目的是有效地规范教育活动，引导和促进市场经济条件下的教育改革和发展。

2. 系统性与独立性相结合

从法理学上讲，作为一个完整、成熟的部门法，应当有较强的系统性，从体系框架的形成，到部门法规的出台，必须通盘考虑，精心谋划，并认真付诸实施。但是，由于我国教育法制建设起步较晚，与发达国家有一定的差距。因此，我国教育立法的任务非常艰巨和紧迫，但又难毕其功于一役。针对这种情况，邓小平同志曾提出重要的指导思想是："有比没有好，快搞比慢搞好。"这就是首先要有，而且搞得快一些；在此基础上，法律条文开始可以粗一点，逐步完善；修改补充法规，成熟一条就修改补充一条，不要等待"成套配套"。"成套配套"就是法规的完善性，"快搞"、"先有"，就是法规的独立性。我国先有教育单行法，后才有教育母法，就是系统性与独立性相结合的实际运用。

3. 原则性与灵活性相结合

我国的教育改革是一场革命，它是逐步向前推进的，并非能一步到位。与之相适应的教育法规在重大问题上，如教育改革走向、人才培养规格等，固然要从长远出发、深思熟虑，但在一些具体阶段性目标上，又要有一定的灵活性。如对教育投入的问题，教育法规只作原则规定，而具体举措则由教育政策加以细化和规范，此其一。其二，教育作为一个复杂的系统，涉及广泛的利益关系，面对不同的承受能力，只能在协调各方利益、兼顾多方实际承受能力的基础上进行立法，稳步推进。这样，在某些问题上，既讲原则的坚定不移，又要灵活地变通处理。其三，我国幅员广大，发展不平衡，情况复杂，因此在坚持法规统一性的同时，又要考虑不同地区、不同层次的差别，需要做很多细致的工作。如有的可先由地方立法实验，经过总结提高，再上升为国家的法律，有的则由全国统一规定，再由地方予以具体化。可以说，教育法规的原则性与灵活性相结合，是与推动经济发展、社会进步和教育事业改革与发展的实际需要相适应的。

4. 针对性与可操作性相结合

针对性与可操作性相结合在我国教育法规中是紧密联系在一起的。教育法规是根据教育事业改革与发展的实际需要制定的，是调整教育主体关系、规范教育活动的依据，只有增强其针对性，才能起到这种作用，而这种作用又要求教育法规能够实施，即在实际运行中必须具有可操作性。因此，我国已制定的教育法规是立足于现实、指向具体行为的，并且越来越要求有很强的针对性。法规条文必须是明确的、具体的，可以作为规范来引导、约束人们的行为。对于情况已经发生了变化的，则应及时废止或修改，以反映新情况，借鉴好经验，确定新规则，从而更好地体现教育法规较强的针对性与实际的可操作性的结合。

5. 立法自主与择优借鉴相结合

世界各国的教育立法经验及其教育法规中的某些内容，是非常可贵的成果，可作为我们制定教育法规的参照物。尽管各国国情有差异，教育事业的发展各有特点，但是它运行的基本规律不受国界、地域的限制。所以，别国的教育立法经验及其成果，我们可以"拿来"借鉴，并在实践中改造、吸纳。这也是教育法规鲜明地反映时代精神，体现时代特征的必然要求。又如教育与宗教相分离，不得以营利为办学目的等，可谓是当今世界各国共同遵循的通则。对此，《教育法》从优选择，大胆借鉴，使之融入相关条文中。当然，这种借鉴是有选择的，而不是盲目行事、生搬硬套，要有自主性。所以，我国的教育法规，既符合中国实际，又表现出较高的国际水准，而且使当代教育全球化、现代化的趋势在某些教育法规条文中得到一定的反映。

二、小学教育管理的法律依据

小学的法律地位和法律责任赋予了小学的合法存在，是小学实施教育管理的法律依据。

(一)小学的法律地位①

我国《教育法》第31条规定："学校及其他教育机构具备法人条件的，自批准设立或者登记之日起取得法人资格。"学校成为法人必须具备法人的条件。《民法通则》第37条对法人的条件做了具体的规定："法人应具备下列条件：①依法成立；②有必要的财产或者经费；③有自己的名称、组织机构和场所；④能够独立承担民事责任。"学校具备了这4个条件，就成为法人。一般情况下，具备了法人条件的组织机构，并不一定就是法人，还需要办理相关手续。我国《民法通则》第50条规定："具备法人条件的事业单位、社会团体，依法不需要办理法人登记的，从成立之日起，具有法人资格。"国务院发布的《事业单位登记管理暂行条例》第11条对此做了详细规定："法律规定具备法人条件、自批准设立之日起即取得法人资格的事业单位，或者法律、其他行政法规规定具备法人条件、经有关主管部门依法审核或者登记，已经取得相应的执业许可证书的事业单位，不再办理事业单位法人登记，由有关主管部门按照分级登记管理的规定向登记管理机关备案。"根据这些规定，小学及其他教育机构在申请设立和审批的时候，教育主管部门需要同时审核小学或其他教育机构是否具备法人条件，如果学校具备了法人的条件，教育主管部门就批准其成立并确认其法人资格。

(二)小学的法律责任②

小学法律责任是指学校违反了法律规定的义务时，在法律上就应当承担一

① 王世忠：《教育管理学》，173～176页，北京，教育科学出版社，2011。
② 同上。

定的后果，受到一定的制裁、处罚。因此，小学法律责任是与学校违法联系起来的。其目的或在于制裁行为人，以儆效尤，或在于保护受害人和恢复原有状态和秩序。小学法律责任作为一种法律责任，其区别于小学其他社会责任的特点在于：在法律上有明确具体的规定，运用国家强制力量保证其执行，并且由国家授权的机关来依法追究。小学法律责任的追究对象，可以是责任团体(法人)如各级各类学校(公、私立学校)等，也可以使责任人(自然人)，如小学主管及经办人员、教师等。小学法律责任的性质主要是一种行政法律责任，这与教育法的行政法的性质是相一致的。但是不能排斥小学法律责任也涉及民事法律责任、刑事法律责任，甚至违反宪事法律责任。从国外立宪实践看，小学法律责任确实存在多种法律责任并存的情况。

1. 行政法律责任

行政法律责任是指行为人违反了属于行政方面的法律、法规、规章所规定的义务，致使国家、社会或公民的权益受到损害时，在行政上所应承担的法律后果。各类学校违反行政法的主要行为：①违反关于学校设置、招生、停办的规定；②不按规定手续而变更学校开办人，不按规定使用和变更学校名称；③允许不符合学历条件的人进入大学学习；④不按规定授予学位；⑤违背规定的教学计划和教学大纲等。以上所列举的学校违法行为既有侵害他人权利的侵权行为也有违反职责方面的行为。对上述违法行为的行为人就其应负的法律责任所采取的惩处属于行政制裁，行政制裁的种类很多，通常可以分为行政处分、行政处罚和经济处罚，例如警告、限期整顿、限制或停止招生、封闭学校、撤销立案、罚款等。

2. 民事法律责任

民事法律责任是指行为人不履行民事义务，对产生的后果应承担的责任，通常是一种损害赔偿责任。民事法律责任就其内容看，可以划分为违反合同的民事责任和侵权行为的民事责任。这两种民事责任在小学都是存在的，小学作为团体法人，在参与民事活动中，往往要签订各种教育合同，存在各种性质的法律责任。小学由于管理不善，或者没有按照责任或义务的要求采取某一行为而造成的对学生的伤害或损失，那就可能构成侵权性质的法律责任。从国外的大量法院的判例来看，学校承担民事责任主要是这一内容。

3. 刑事法律责任

刑事法律责任是指犯罪主体做了刑事法律所禁止的行为而必须承担的法律后果，这一责任只能由实施犯罪行为的人承担。行为人是否应承担刑事责任，只能由司法机关按照法律的规定和刑事诉讼的程序来确定。这类刑事责任主要涉及学校领导、经办人员和教师个人的个人责任。小学领导人、经办人员、教师可能触犯的刑律一般有玩忽职守罪、受贿罪、贪污罪等。

三、小学教育管理的政策依据

(一)教育政策的含义

教育政策是一个政党和国家为实现一定历史时期的教育发展目标和任务，依据党和国家在该时期的基本任务、基本方针而制定的行动准则。作为党和国家基本政策的一个重要组成部分，教育政策是由党和国家制定的，是一定历史时期的产物，是一种行为准则，它决定着党和国家在教育方面的工作方向和措施，而不仅仅是一种思想。

1. 教育政策是执政党制定的

教育政策的制定是一种特殊的重大决策形式。它是决策者以一定的理论原理和价值观念为指导，为实现所追求的目标，对社会上不同阶级、阶层和群体的利益进行分析、综合、选择和确认，加以科学策划，统筹兼顾，适当安排，并使其转化为行为规范的过程。教育政策是党和国家在教育管理行为中最为重要的一项活动，是党和国家教育工作的出发点，并且贯穿于教育工作的全过程。可以说，党和国家的教育政策就是教育工作的生命线，是党和国家领导教育事业的体现。

2. 教育政策具有探索性

教育政策主要是为面向新事物，解决新问题而制定的。教育政策在执行的过程中通过不断的充实完善，比较成熟时可以制定为教育法规。我国教育政策从不完善走向完善，经历了曲折往复的过程。对党和国家在新的历史时期所制定的教育政策，需要及时、认真地学习和落实。

3. 教育政策是行动准则

党和国家的教育政策，具有政策的一般作用。教育政策作为党和国家管理教育的手段，作为人们行为规范的行动准则，其主要作用如下。

(1)导向作用。导向作用是指教育政策对人们的行为和事物发展方向具有引导作用。它表现在：第一，为教育事业的发展提出明确的目标；第二，为实现教育政策、目标规定行为规范和行为准则。导向作用的形式表现为直接导向和间接导向两种，其特征具有趋前性和规范性。

(2)协调作用。协调作用就是指政策对社会发展过程中的各种失衡状态的制约和调节能力。这是由政策的本质属性决定的，即政策是利益关系的调节器。教育政策的协调作用主要特征是具有多维性、动态性、适度性。

4. 教育政策主要依靠纪律措施来实现

教育政策是党和国家根据教育工作的实际需要制定的，是调节教育工作的行为准则或措施。教育政策在贯彻执行的过程中要依靠纪律措施来实现。对违反教育政策者，党的组织应该给予党纪政纪处分，以保证教育政策的实现。

5. 教育政策具有指导性

教育政策的指导性是指教育政策在规范人们的行为和事物发展过程中具有指引、引导作用。其指导性作用的表现形式分为直接指导和间接指导两种。间接指导指的是教育政策对其调整对象的直接作用；间接指导是指教育政策对非直接调节对象的影响。例如，提高教师地位和生活待遇的政策，既直接地调动广大教师的教育教学积极性，促使教师更好地教书育人，又间接地影响人们就业的选择，引导青年学生积极报考师范专业。

（二）教育法规与教育政策的关系

教育法规与教育政策的关系，与一般意义的法律与政策的关系一样，既有联系又有区别。

1. 教育法规与教育政策具有一致性

两者有着本质的联系，有共同的指导思想，体现着共同的利益，同属于社会主义经济基础之上的上层建筑。

两者有密切的内在联系，主要表现为既相互影响又相互联系。教育法规能够集中地反映党和国家在教育方面的主张和意志，是教育政策的定型化和规范化；教育政策不仅指导着教育立法的过程，而且指导着教育法规的运行和实施，是教育法规的灵魂。只有在党的教育政策指导下实施教育法规，才能更好地发挥教育法规为教育政策服务的作用。将党和国家的教育政策通过法定程序变成国家意志，上升为国家的法律，在全社会产生效力，要求全体公民自觉遵守，认真执行，就能从根本上保证代表最广大人民群众的意志和国家的意志的法律，在全社会得以贯彻执行。这是加强党对教育工作的领导、加快教育事业发展的最有效保证。新中国成立 60 多年来的历史经验也充分地证明了，将教育政策与教育法规结合起来并认真贯彻实施，是促进我国教育事业改革和发展的最可靠保证。

2. 教育法规与教育政策的区别

教育政策与教育法规既有深刻的、本质的、内在的联系，又有明显的区别。其区别主要表现在如下六个方面：(1)制定机关不同。(2)制定程序和约束力不同。(3)表现形式不同。(4)实施方式不同。(5)稳定性不同。(6)调整范围不同。

（三）在小学教育管理中正确发挥教育法规与教育政策的作用

小学教育管理，必须严格执行教育政策，要自觉地遵守法律、法规，要处理好实施教育法规与执行教育政策的关系，正确发挥教育政策与教育法规的作用。

1. 以教育法规管理教育应以教育政策为指导

教育政策不仅指导着教育立法的过程、体现在教育法律规范之中，同时也指导着教育法规的实施。在一些教育法规中，经常列有“总则”部分，这部分的某些条文，其实质就是政策性的说明。如《中华人民共和国教育法》、《高等教育法》、《职业教育法》等，关于立法宗旨的表述，就与《中共中央国务院关于教育体制改革的决定》和《中共中央关于加强社会主义精神文明建设的决议》中提出的根本指导思想基本一致。

2. 贯彻教育政策应以教育法规为保障

教育政策不能代替教育法规。但实际上，在没有教育法规或当某些方面的教育法规还不完备的情况下，教育政策也可以直接起到教育法规的作用。尽管如此，仍不能把教育政策等同于教育法规。将教育政策上升为教育法规，成为人们理解和执行教育政策的规范，就能克服人们理解和执行教育政策中的主观随意性，从而使教育法规成为推动教育政策贯彻落实的保障，成为实践教育政策的强有力手段。离开了教育法规，许多教育政策就难以得到很好的落实。

3. 推行教育政策不能超越教育法规所规定的范围

教育法规的制定和实施以教育政策为指导，这并不意味着教育政策就可以左右教育法规的制定或超越教育法规规定的范围。在贯彻落实教育政策时，必须自觉维护教育法规的尊严，必须有助于教育法规的实施。目前，在有些方面，我国还存在着有政策无法规的状况，再加上教育上的有些问题无法也无须用教育法规去规范，遇到这种情况时，要坚持有法依法、无法依政策的原则。《民法通则》规定：“民事活动必须遵守法律，法律没有规定的，应当遵守国家政策。”在一定的历史时期，教育政策在对我国教育事业进行宏观调控方面就发挥着十分重要的作用。

4. 依法治教是小学教育管理的主要任务

根据我国的现状，当前，就是要尽快使具有中国特色社会主义的教育法规进一步完备起来，在实际工作中，做到有法可依。教育工作应该注意解决以教育政策代替教育法规的问题。以教育政策代替教育法规的主要表现是，政策、法律不分，以人代法、以言代法、以权代法。在我国，必须使民主制度化、法制化，使这种制度和法律不因领导人的变更而改变，不因领导人的看法和注意力的变化而改变。教育法规虽然不是全方位的和万能的，但在教育工作中，必须坚持做到依法管理，依法治教。

第三节　小学教育管理制度

一、教育管理制度概述[①]

教育管理制度，从广义上说，包括一个国家对各级各类学校及其他教育机构的教育教学及其配套相关活动的管理所颁发的法律、法规、规章及政策等规范性文件的总称，它是协调和控制政府、社会组织和个人涉及教育活动行为的统一准则。从狭义上说，是指学校及其他教育机构对教育教学及其相关配套活动所制定的各种规章、规定、条例及实施细则等的总称，它是调节与控制学校内部各种关系和部门及个人行为的规范。总体来看，现代学校管理制度日趋多样，制度的效力及其范围也有所不同，但大体上可以将其归为国家和政府对学校的管理制度与学校自身的内部管理制度两大类。

（一）国家和政府对学校的管理制度

在我国，由国家颁发的教育法律和由政府及其教育行政部门颁布的教育法规、规章，构成了国家和政府对学校教育教学及其相关配套活动的基本管理制度，同时也为学校自身的内部管理制度的建立提供法律上和政策上的依据。在国家和政府对学校的管理制度中，对学校管理起到基础性指导作用的有以下几类。

(1)国家教育法律及其他法律。如《中华人民共和国教育法》、《中华人民共和国义务教育法》、《中华人民共和国教师法》以及《中华人民共和国未成年人保护法》等。

(2)国家教育行政法规和其他行政法规。如《〈义务教育法〉实施细则》、《教师资格条例》、《社会力量办学条例》等。

(3)国家教育行政规章。如《全国中小学校长任职条件和岗位要求》(试行)等。

(4)地方性教育法规。如《北京市实施〈中华人民共和国教师法〉办法》等。

(5)地方政府及地方教育行政部门或其他行政部门的规范性文件。如《北京

① 吴志宏：《学校管理理论与实践》，55～62页，北京，北京师范大学出版社，2002。

市中小学教职工岗位聘任办法》等。

(二)学校自身的内部管理制度

这通常是指学校自身的教育教学及其相关配套活动所制定的各种条例、规章、章程、实施细则等的总称。它是由学校校长、学校党组织和教职工根据国家的教育方针、政策和法律法规，在学校管理实践的基础上，对现有的经验进行筛选、整理和总结，并结合学校管理的目标和具体环境加以制定的。同国家和政府对学校的管理制度一样，学校内部管理制度对本校各项工作和师生员工的行为也具有约束力。

二、小学教育管理制度的基本内容①

随着学校教育教学及其相关配套活动的日趋多样复杂，学校的制度种类也逐渐繁多，按其地位和作用可分为基本的管理制度和一般的管理制度。

(一)基本管理制度

学校基本的管理制度是指那些对学校各部门、各环节起指导和决定作用的制度。我国现行的中小学基本管理制度，主要是依据国家的教育法律、教育行政法规和教育行政规章的各种规定与要求确立的，这是由于基础教育属于国民基本素质教育，中小学不论其办学的主体如何，都作为社会主义教育事业的组成部分和实施机构，都必须贯彻执行党和国家的教育方针政策，且其教育对象都是成长中的青少年学生等特性决定的。此外，学校作为国家的事业单位，也必须适应社会主义市场经济发展的需要，服从大局，贯彻实施中央和地方若干带有全局性的改革措施和步骤，并在这一过程中建立起与社会主义市场经济体制相适应的学校基本管理制度，如校长负责制、教职工聘任制、教师职务评审与晋级制度等。以下是对一些基本的管理制度所作的简要阐明。

1. 校长负责制

《中华人民共和国教育法》第三十条规定：“学校的教学及其他行政管理由校长负责。”中共中央、国务院印发的《中国教育改革与发展纲要》明确指出：“中等及中等以下各类学校实行校长负责制。”我国现行中小学的学校领导制度是校长负责制。所谓校长负责制，即校长对政府主管部门承担学校管理的全面责任，对学校的教育教学及其他各项工作实行统一领导，全面负责。校长是学校的法人代表，对外代表学校。校长负责制赋予校长行使的管理权力主要有决策指挥权、干部任免权、用人权、奖惩权、财经权等。

① 吴志宏：《学校管理理论与实践》，62～70页，北京，北京师范大学出版社，2002。

校长负责制作为一项学校基本的管理制度，是学校领导体制改革的要求，建立这一制度的目的是充分发挥校长及其职能部门的作用，并形成科学的领导管理力量结构；改革的关键是实行党政职能分开，正确处理党政群之间的关系。因此，实行校长负责制，并不能简单地说就是“校长说了算”。完整、正确的校长负责制，应当是既能够充分调动校长办学的积极性，充分发挥党组织的政治核心作用，又能体现教职工当家做主的优越性。其中包括校长要定期向学校党组织通报工作，有关学校重大问题的决策要主动征求党组织的意见，发挥党组织的监督保证作用；校长要尊重教职工的主人翁地位和民主权利，依法保障教职工的合法权益，积极支持教职工参与学校民主管理和民主监督，定期向教职工代表大会报告工作，听取意见，接受评议，发挥教代会的咨询审议、监督作用，并形成具体制度予以落实。

2. 教职工聘任制度

1993 年 10 月颁布实施的《中华人民共和国教师法》第 17 条规定：“学校和其他教育机构应当逐步实行教师聘任制。”《中国教育改革和发展纲要》也明确指出：“积极推行人事制度和分配制度改革为重点的学校内部管理体制改革，在合理定编的基础上，对教职工实行岗位责任制和聘任制。”1999 年 6 月颁布的《中共中央国务院关于深化教育改革全面推进素质教育的决定》进一步明确指出：“引入竞争机制，完善教师职务聘任制”，“中小学根据学校编制聘用教师”，并以此作为建立优化教师队伍的有效机制，提高教师队伍的整体素质，提高教育质量和办学效益的重要措施。

现行中小学教职工岗位聘任制，一般规定由校长负责本校教职工的岗位聘任工作，遵循双方地位平等，任人唯贤，竞争择优，动态聘任，合理流动的原则。受聘教师应具有教师资格、教师职务或是经教育行政部门认定符合任教条件的人员，并能履行《中华人民共和国教师法》规定的义务。为保障教师的合法权益，使教职工岗位聘任工作公开、公正、公平地进行，实行岗位聘任制的关键是严格按照规定的程序进行。其中主要有：校长根据机构编制部门核定的编制，在本校现有教职工中选聘；从其他学校、其他系统调入的人员中选聘上岗的教职工，须经上级主管部门批准。

校长根据本校教职工的编制和工作任务，在听取工会、民主党派、基层组织和教职工等校内各方面意见的基础上，制订聘任方案。校长要严格履行聘任手续，依据聘任方案和教职工的考核结果，参考教职工在规定期限内提交的应聘意向表，进行教职工聘任，并与受聘教职工签订《岗位聘任协议书》，明确规定聘任双方的权利、义务、责任和聘任双方协商约定的其他内容。受聘教职工的任期一般为1～3年，聘任期满可以续聘，也可以终止聘约，教职工对本单位的聘任可以受聘也可以拒聘。进入20世纪90年代后期，教职工岗位聘任制的实施正在走向不断完善之中，其较突出的方面有：依据有关法律、法规和政策，明确教师的权利和义务；规定不称职人员（分若干种不同情况）的辞退办法；在学校和教育行政部门建立教师聘任争议调解制度和组织；规范聘任工作程序，力求合法、合理；拓宽人员流动、安置渠道，妥善安排未聘人员。

3. 教师职务评审与晋级制度

教师职务制度是国家对教师岗位设置、各级岗位任职条件以及取得该岗位职务的程序等方面的有关规定的总称。教师职务是根据教育教学等实际工作需要设置的有明确职责、任职条件和任期，并需要具备专门的业务知识和相应的学术（技术）水平才能担负的专业技术岗位。它与工资待遇挂钩，并有数额限制，不同于一次获得后而终身拥有的学位、学衔等学术称号。根据现行国家对中小学教师职务系列的规定，普通中学设中学高级教师、一级教师、二级教师、三级教师，其中高级教师为高级职务、一级教师为中级职务。二三级教师为初级职务。小学则也相应设高级、一级、二级、三级等级别，但在职务认定上与中学有所不同。从现行教师职务试行条例的任职条件规定来看，教师职务的受聘，除应具备相应的教师资格外，还包括相应的教育教学水平、学术水平，具有教育科学理论的基础知识，能全面地、熟练地履行现职务职责，具备规定的学历要求，身体健康，能正常工作等。

随着国家人事制度和教师职务评审制度的深入改革，中小学教师职务评聘工作正处在从指标控制转为岗位职务比例控制的过程中。为逐步向“中小学根据学校编制聘用教师”的方向转变，允许学校在上级教育行政部门批准的结构比例范围内，按照学科实际承担的任务设置各级教师职务岗位，开展教师职务评聘工作，包括建立学校教师聘任委员会，根据上级教育行政部门及其他有关部门下达的职务评审文件的有关规定，制定本校教师职务考核、聘任等工作的具体规章制度；设置学校各级教师职务岗位，制定具体岗位职责；负责本校教师的平时考核、学年度考核、聘任期满考核、晋升考核等工作；按照本校教师职务结构比例和具体岗位设置，确定聘任初级职务教师人选和中、高级教师职务拟聘人选。

（二）一般管理制度

小学一般的管理制度，是指根据学校具体工作实际，确立学校与校内各部门、组织机构及其管理者、教职工工作范围职责，师生员工学习、工作、生活的常规管理制度和行为规范等的规章、规定、条例、公约、守则等文件。

1. 学校及其职能部门的工作制度

这是规范学校及其职能部门工作范围职责的管理制度。其中属于全校性的有：校行政会议或校长办公会议、年级组长会议、全校教职工会议、校周会等会议制度；学校环境管理条例，各类档案管理制度，校办产业管理制度，教职工政治、业务学习制度，教职工考勤制度，教导处工作职责，总务处工作职责，年级组工作职责，教研组工作职责，班主任工作条例以及生活作息时间表，值日、值周、值宿制度等工作管理制度；由职能部门制定的主要是其工作职责范围内的各种规章制度，如由校长办公室制定的安全保卫制度、文印室制度、门卫收发室制度等；由教导处制定的教师教学常规、教研活动制度、听课备课制度、作业批改制度、实验室工作规则、课堂规则、作业规则、考试规则等；由总务处制定的财务管理制度，物资采购、保管、使用和赔偿制度，食堂、宿舍管理制度等。

2. 教职工岗位责任制度

这是根据学校内部各个工作岗位的性质、任务和职责要求而确立的规章制度。岗位责任制的内容一般包括岗位任务、工作职责、数量和质量要求以及奖惩规定等。在学校实施岗位责任制的目的是将教职工的责、权、利作为一个有机整体去贯彻和落实，其中"职责"是制度的核心，"权利"是完成工作任务的条件，"利益"是对履行职责的激励，要做到"责"字当头，责、权、利相统一，形成多层次、多类型的教职工岗位责任制，把岗位任务不仅落实到处、室、组，而且要做到责任到人。如属于学校领导成员的校长、副校长岗位职责等；属于学校中层干部和一般管理人员的教导主任、政教主任、总务主任岗位职责，年级组长、教研组长岗位职责等；属于一般教职工的教师工作规范，保障教师岗位职责，图书馆、实验室、食堂、门卫收发室工作人员岗位职责等。

3. 师生员工行为规则

这是学校师生员工在学习、工作、生活方面所应遵循的行为规范与准则。行为规则制度的内容一般包括应该做什么、如何做以及不得做什么的要求和规定，其中一些具体的条文规定，通常显得普通和平凡，但正是这些看似平淡的要求，恰恰是落实学校各项工作管理制度和岗位责任制度的重要保证，也是建设良好的校风、教风和学风的基础。师生员工行为规则制度主要有教职工工作守则、教师师德公约、中小学生守则、学生在校一日常规、学生课堂常规、师生员工公共场所规则等。

必须指出，以上这些制度的区分并不是绝对的，事实上它们彼此之间往往是交叉重复的，如有关教师管理制度的内容，既可以看作是教师的工作制度，也可以看作是岗位责任制度或行为规则制度，不过是从不同侧面反映了对教师的工作要求而已。

三、小学教育管理制度的建设与改革

(一)小学教育管理制度建设的基本要求①

小学管理制度是对全校师生员工具有强制性和约束性的行为准则和规范，是治校之"法"。要使学校管理制度具有权威性，令行禁止，制度的建设就必须合乎以下要求。

1. 合法性

学校管理制度的合法性，是指学校的各种规章制度必须符合国家教育法律法规和行政规章的各种规定，具体规章制度所设立的各种条文不得与之相抵触。在学校管理逐步走上法制化的新的历史时期。学校各项规章制度的制定和施行，必须以国家已颁布实施的法律法规为依据，使国家有关学校工作法律法规中的一些原则性规定和要求具体化。并使之具备在管理过程中的可操作性，使"依法治教"在学校管理工作中得到切实的落实。这就要求学校管理者在制定各种规章制度时，熟悉和认真领会现行的国家教育法律法规，努力增强"学法"、"依法"的主动性与自觉性；在实施各种规章制度时，不能"以权代法"、"以权乱法"和"以权废法"，提高"用法"、"执法"的水平与能力。

2. 政策性

学校管理制度的政策性，是指学校各项规章制度的建立，必须体现党和国家的教育方针政策和其他有关政策，坚持学校的社会主义办学方向，加强和完善政府对学校工作的宏观管理。在深化改革开放的现阶段，为适应社会经济、管理方面的迅速发展变化，政府及其教育行政部门和其他行政部门也不断调整着对学校教育教学、劳动人事、财务基建、招生毕业等方面的政策规定，学校在制定与之相应的规章制度时，都要与国家和上级教育行政部门的有关政策规定协调一致，不能偏离，更不能我行我素，另搞一套。在学校各种规章制度实施时，也要以党和政府制定的政策为依据，按政策办事，制度无情，正确对待和处理学校规章制度实施过程中遇到的问题与突发事件，调动和保护师生员工学习与工作的积极性。

3. 科学性

学校管理制度的科学性，是指管理制度必须符合学校教育教学工作的内在

① 吴志宏：《学校管理理论与实践》，70～78页，北京，北京师范大学出版社，2002。

规律和青少年学生身心发展规律。学校制定各种规章制度的根本目的是培养社会主义事业的建设者和接班人。因此，学校管理制度的制定应当适应现代学校教育教学活动的功能不断扩展、影响因素众多、节奏变化加快、分工协作日益紧密的特点，使各项具体的规章制度保持目标一致，形成上下衔接、左右沟通、相互联系、相互制约的成龙配套的体系；各项规章制度之间和条文规定之间不能相互矛盾、相互抵触。在制定规章制度时，应从本校的实际情况和工作需要出发，认真做好调查研究和可行性论证工作以及试点工作，防止简单盲目地照搬照抄他人现成的条文，搞形式主义和教条主义。在现代科学化，信息化管理逐渐取代经验性管理的今天，管理制度中应加大体现现代学校管理科学和技术要求的特点，特别是在制定业务技术性工作的规章制度时，要有明确的业务规范、技术规程、工作程序等方面的条款，以适应教育管理现代化的要求。

4. 适度性

学校管理制度的适度性，是指学校的各种规章制度的制定，应从本校师生员工以及学校所处的社区环境、办学条件和工作任务等的具体实际出发，实事求是，合理制定。“凡事预则立，不预则废”，各项具体规章制度的基本要求和质量标准的设定与实施，应充分考虑贯彻执行的条件和可能遇到的问题，要避免要求过高，脱离实际，纸上谈兵。对已具备实施条件和执行可能的规定措施，应毫不迟疑地予以推行；对一些应当实施但还暂不具备执行条件的规章制度，则应努力创造条件，使之尽早出台；涉及师生员工行为规则的具体条文规定，还应力求简明扼要、通俗易懂、便于记忆，避免烦琐冗长。

(二)小学教育管理制度的制定程序

1. 坚持民主集中制的原则

民主集中制是学校各项规章制度的制定所必须坚持的基本原则，并要贯穿在各项规章制度制定的整个过程中。一般来说，学校的各项规章制度的制定应遵循“三下二上”的操作规程。首先，学校管理者要将国家有关的教育法律法规的规定要求、上级行政机关的指示精神和政策规定以及学校发展的目标与规划等，原原本本地传达给师生员工，并让师生员工对其他学校有关制度方面改革的成效也有所了解，从而使师生员工与管理者在如何“治校”方面取得共识，激发起师生员工作为学校主人翁的意识，此为“一下”；在此基础上，调动师生员工的主动性、积极性和创造性，为建立、健全学校的各项规章制度献计献策，在规章制度的具体条文规定的拟订方面，可责成有关的部门、组织机构提出草案，交由学校管理层讨论，此为“一上”；学校管理层通过广泛征求意见和建议，对照和比较他人的制度以及本校原有制度的特点，经过认真的研究，提出修改补充意见，将形成的规章制度的初步方案下发至相关部门、组织机构，扩大参与讨论的范围，此为“二下”；有关的部门、组织机构的人员对下发的初步方案，结合自身的具体实际工作的性质、职能、任务和特点，对条文规定逐条加以对照、检查和考核，实事求是地提出修改、补充和完善的意见与建议，再次上报学校管理层，此为“二上”；学校管理层对再次上报的方案进行认真细致的推敲、斟酌和修订，将基本完善了的规章制度交由学校教职工代表大会或学校行政会议审议通过，由校长颁布实施，此为“三下”。

2. 发挥校行政会议与教职工代表大会的作用

学校行政会议(或校长办公会议)和学校教职工代表大会在制定学校管理制度方面具有不可替代的作用。一般来说，学校行政会议的组成人员有校长、副校长、党支部书记、教导处主任、政教处主任、总务处主任及校长办公室主任、人事干事、团委书记等，囊括了学校管理层和主要中层管理干部，他们熟悉和掌握学校全面或本部门的工作情况，并负有与其管理职权相应的责任，对校内各职能部门、组织机构的具体工作规章制度具有修改、审议和决定的权力。因此，校长要团结“一班人”，发挥“班子”的作用，建立起学校坚强的领导核心，就必须发挥校行政会议的作用，并注意避免行政会议上容易出现的校长“一言堂”现象。在管理制度的建设上尤应发扬民主精神，群策群力，使学校管理者和部门、组织机构的管理人员的力量拧成一股绳，以便将各种规章制度的规定和要求落到实处。

学校教职工代表大会是教职工参政议政的法定形式和主要机构，《中华人民共和国教育法》第三十条规定：“学校及其他教育机构应当按照国家有关规定，通过以教师为主体的教职工代表大会等组织形式，保障教职工参与民主管理和监督。”在学校管理制度的建设上，必须保证教代会行使如下职权：审议学校教育教学管理制度及重大的改革方案和措施，并提出意见和建议；审查通过教职工聘任制和校内结构工资制实施方案、学校岗位责任制方案和奖惩条例、教职工纪律守则和教职工职业道德规范以及其他重要规章制度；审议决定有关教职工生活福利等重大事项的制度决议等。教代会职权在学校管理制度建设上的充分行使，不仅保障了教代会在学校民主管理中的“参政”和对学校领导层的监督，也为学校各项重要规章制度的顺利实施，奠定了群众基础。

(三)小学教育管理制度的实施

学校规章制度一经确立，就应成为全体师生员工遵循的行为准则和规范，并具有强制性和约束力。在贯彻执行学校管理制度过程中，规章制度的具体规定与要求的效力，适用于其覆盖的所有人和事，无论是对学校领导还是对群众，应一视同仁，实行同一尺度，概莫能外。“其身正，不令而行；其身不正，虽令不从”。身教重于言教，学校管理者尤应以身作则、率先垂范，带头严格执行规章制度的各项规定和要求，做维护管理制度权威性、严肃性的典范。学校领导者若违反了规章制度，同样应受到预先设定的惩处。只有这样，才能教育和带动师生员工主动、认真、自觉地遵守各项规章制度。

学校管理制度，特别是一项新的规章制度在其最初实施时总会遇到程度不同的困难甚至障碍，这是新的行为准则和规范同原有的思想观念、行为习惯、活动方式等之间产生的摩擦和冲突。因此，管理制度的实施，一般会有一段时间的新旧转换“磨合期”。在此期间，学校管理者要创设有利于制度实施的环境和条件，新的管理制度一出台，就应充分运用多种途径如通过各种会议(包括校会、班会、各种工作例会等)、广播、校园网、闭路电视系统、橱窗、板报、宣传栏、校刊等进行广泛深入的宣传，将规章制度的有关条款内容、执行步骤、实施要求等，向师生员工进行清晰的阐释；还可以运用知识竞赛、文艺节目创作表演、抽查考试等多种形式，形成有利于制度实施的舆论和声势。“万事开头难”，在规章制度起步实施之时，就要严格贯彻执行，对自觉遵守规章制度的部门和个人，要按规定予以表扬和奖励；反之，则根据有关规定及时进行批评和惩处，决不能“网开一面”，或搞“下不为例”。

学校管理制度的实施，是一项长期细致并具有反复性的工作，要采取多种形式加强督促检查和强化激励，使各项规章制度的规定和要求落到实处。如学生行为规范的培养，就必须反复抓、抓反复，通过耐心悉心的指导和训练，促进青少年学生良好的道德品质和行为的形成；在此过程中，督促检查工作要贯穿在课内与课外、班级与团队的各种教育活动中，科学、合理地运用检查、评比、考核和奖励等手段，增强集体荣誉感，调动学生奋发向上的积极性，促进道德自律的形成。

【案例分析1】　上课说话被老师用胶带封口

2001年12月19日下午，某小学三(1)班学生在学校音乐教室上音乐课，一位王同学在课堂上不停地说话。正在弹钢琴的丁老师开始“警告”这位同学，如果王同学继续说话就用胶带把王同学的嘴巴封起来。但9岁的王同学没有听老师的警告，又在那里说话。这回丁老师火了，她走到王同学面前，掏出一卷封箱胶带纸贴在了王同学的嘴上。在场所有同学都哄堂大笑，而此刻的王同学却大哭起来，但丁老师见状却没有理会，继续上课。就这样，王同学被封住嘴巴上完了大半节音乐课，在同学们的一片笑声中哭着回到了自己的教室。事后家长找到学校，要求领导给一个说法。

解析思路：

1. 从法律(义务教育法、教育法和教师法)和学校规章的角度分析丁老师的行为。

2. 学校领导应如何处理这件事，给家长怎样的说法。

【案例分析2】 校舍出租酿成惨剧

为谋取教师的福利，某小学将教学大楼底层的值班室租赁给一个燃料公司作为销售部兼办公室。由于管理不慎，该值班室堆积的燃料发生爆炸，造成了9人烧伤的重大责任事故，伤员中有两名教师和两名学生。事后有关部门分别对燃料公司和学校做出了处理。

解析思路：

1. 学校出租值班室给燃料公司是否符合相关政策法规的规定。

2. 燃料公司和学校各自应负什么责任。

复习与思考

1. 请结合《小学管理规程》的内容，分析教育管理规程的特征与功能。

2. 我国教育法规自身的特征是什么？

3. 怎样理解小学教育管理法律及政策的依据？

4. 学校管理制度的主要作用是什么？你在管理实践中有哪些体会？

5. 如何在学校规章制度的制定上体现管理制度建设的基本要求？

6. 尝试设计学校某一职能部门工作条例制定的程序。

推荐阅读

1. 朱小曼．现代学校制度的理论与实践研究．北京：教育科学出版社，2008.

2. 李晓燕．教育法学．北京：高等教育出版社，2004.

3. 刘冬梅．教育法律问题研究．北京：中国档案出版社，2004.

4. 杨颖秀．教育政策法规专题．长春：东北师范大学出版社，2005.

5. 杨天平．学校常规管理学．北京：人民教育出版社，2004.

6. 黄崴、胡劲松．教育法学概论．广州：广东高等教育出版社，1999.

第六章　小学教育管理场域

本章重点

- 学校教育的概念、特点、功能和内容
- 社区教育的概念、特点、功能和内容
- 家庭教育的概念、特点、功能和内容

第一节　学校教育

教育是培养人的一种经常而广泛的社会实践活动，在人类的历史长河中不断推动社会的发展和人类的进步。学校教育是现代教育活动和制度的核心部分，对提高人口素质，促进社会发展做着突出贡献。从科学的角度研究学校教育现象，总结教育经验，揭示教育规律显得尤为重要。

一、学校教育概述

(一)学校教育

学校教育是由专职人员和专门机构承担的有目的、有计划、有组织的，以影响受教育者身心等各方面发展为主要目标的社会活动。学校教育是与家庭教育、社区教育相对应的概念，专指受教育者在各类学校中所接受的各种教育活动，是教育制度的重要组成部分。一般说来，学校教育包括初等教育、中等教育和高等教育。其中，初等教育(小学教育)是使受教育者打下文化知识基础和作好初步生活准备的教育。这种教育是各级各类教育的基础，对提高国家民族文化水平极为重要，因此各国在其经济发展的一定历史阶段都把其定为实施义务教育或普及教育的目标。

(二)学校教育的特点

学校教育相对于家庭教育和社区教育，具有自己的独特性。其特点概括起来主要有如下几个方面。

1. 职能的专门性

学校是专门培养人的场所，学校教育的职能体现在培养人、教育人的专门性上。学校教育职能的专门性特点主要表现为：学校唯一的使命是培养人，其他任务都是围绕着培养人来实现的。因此，学校教育在培养目标上具有专一性；学校教育的专门教育者——教师，他们都是经过严格选拔并经过专门训练培养出来的，具有职业上的专业水准；学校教育为完成各项教学任务配备了完备的教育设施和专门的教育教学设备。这一切都充分保证了学校教育的专门性和有效性。

2. 组织的严密性

学校教育对人的影响是有目的、有计划、有组织的。学校教育的目的性和计划性集中体现在组织的严密性上。学校教育是体制化的教育，具有严密的组织结构和完备的制度。从宏观上说，学校有各级各类、多种多样的体系结构；从微观上说，学校内又有专设的领导岗位和专门的教育教学机构，同时还有一系列严密的教育教学制度等。学校教育在组织上的严密性保证了学校教育正常有序地进行。

3. 作用的全面性

学校教育对人的发展的作用是全面的。家庭教育和社区教育对人成长的影响多少都带有一些偶然性，影响的范围也往往只侧重在某些方面。而学校教育是全面培养人的活动，它不仅要关心教育对象的知识和智力的增长，也要关心学生思想品德的形成，还要照顾受教育者的身体健康状况。培养全面发展的社会人，是学校教育的重要职责，而这一职责也只有学校教育才能承担起来。

4. 内容的系统性

学校教育的内容是经过各级专家精心挑选和组织的，在课程的编制上特别注重学科的内在连续性和系统性，以及学科之间的相互渗透性。而家庭教育和社区教育在教育内容上一般具有片断性。即使是有计划的社区教育在其知识体系和学习时间的安排上也不如学校教育系统连续，具有一定的片断性和阶段性。

5. 形式的稳定性

学校教育形式的稳定性体现在它具有稳定的教育者、受教育者、教育内容、教育秩序和教育场所等。学校教育的这种稳定性，更有利于学校教育实施的系统性和连续性。当然，学校教育的稳定性是相对的，它会随着时代的发展和环境的变化不断变化和调整。

（三）学校教育的功能

1. 学校教育的政治功能

学校教育的政治功能，是教育的阶级属性决定的。众所周知，教育权力是国家主权的重要组成部分，教育功能实际上也是国家职能的一种体现。社会化的人，首先是形成共同的政治信念和道德行为规范。我国古代教育“化民成俗，其必由学”、“建国君民，教学为先”的教育政治意识，就是教育为统治阶级意志服务的体现。各个历史阶段，各种不同社会制度的国家，都是重视公民的训练，把政治放在首位的。教育为社会主义建设服务，反映在政治方面的要求，就是教育为社会主义政治服务。学校教育的政治功能，就是坚持社会主义办学方向，坚持四项基本原则，培养社会主义建设者和接班人。①

2. 学校教育的经济功能

教育为经济建设服务，是当今世界教育发展的大趋势，尤其在我国以经济建设为中心的基本路线指引下，教育能否为经济建设服务，是衡量教育事业是否健康发展的一个重要标志。在现代社会的发展过程中，经济与学校教育的联系日益紧密。这种关系不仅表现在经济为学校教育提供人力、物力和财力的支持上，而且教育本身也具有突出的促进经济发展功能。诺贝尔经济学奖获得者舒尔兹曾说，教育投资必然带来经济的增长，人力资本对经济增长所做的贡献十分引人注目。学校教育的经济功能另一个重要作用体现在促进科技的进步和创新上。学校教育是科学知识再生产的工具，担负着生产新的科学技术的任务，这一点在高等教育中表现得最为明显。

3. 学校教育的文化功能

教育与文化具有内在的、天然的联系。学校教育的文化功能，主要包括四个方面：一是学校教育具有文化传递的功能。学校教育作为培养人的活动，它以文化为内容，传递到每个人的思想和认识里，一代又一代，人类的文化才得以积累和普及。二是学校教育具有文化选择的功能。学校教育虽然是文化传递的途径和手段，但传播的不是所有文化。学校教育传播的是人类的经典文化。三是学校教育对文化具有更新与创造功能。一方面，学校教育对文化进行选择、组织、生成和传播的过程，本身就是文化的重组和更新的过程。另一方面，学校教育通过科学研究，创造新的思想、观念和科学文化成果。四是现代学校教育的开放性促进了文化的交流与融合。一方面是学校通过教育交流活动，如互派留学生、进行学术访问、召开学术会议等，促进不同文化之间的理

① 陶立志：《教育功能论》，载《甘肃社会科学》，1993(4)。

解和包容。另一方面是学校教育通过对不同文化、不同思想、不同观点的学习，如引入外国书籍、介绍外国理论流派和研究成果等，加强本国文化和世界文化的交流与融合。

4. 学校教育的育人功能

学校教育是培养人的社会实践活动，而现代学校教育的所有功能归根结底都是要依靠人来实现的。因此，学校教育育人功能是其最为本质的功能。学校教育的育人功能主要体现在促进人的身心发展进程、加速个体发展的社会化进程、发展人的主体性和个性化等方面。

二、学校教育的内容

德、智、体、美、劳是学校教育的全部内容。德育、智育、体育、美育和劳动教育的划分更多的是理论分析的需要和结果，在实际的教育过程中，教育是一体化的活动，必须相互渗透地进行，不能孤立地看待各育。本章将介绍学校教育的重点内容。

(一)德育

1. 德育的概念

20世纪80年代，学者们对德育概念进行了广泛的讨论和研究，德育的内涵和外延存在着不同。其中有代表性的观点就是“大德育”与“小德育”的区分。“大德育”(广义的德育)的观点认为德育是培养人的品德的教育，其包括政治教育、思想教育、道德教育、心理健康教育、法制教育等。如王道俊、王汉澜定义德育是“教育者按照一定社会或阶级的要求，有目的、有计划、系统地对受教育者施加思想、政治、道德影响，通过受教育者积极的认识、体验、身体力行以形成他们的品德和自我修养能力的教育活动。简而言之，德育就是教师有目的地培养学生品德的活动”。[①] 而“小德育”(狭义的德育)认为德育就是道德教育。如檀传宝认为：“学校德育应该予以严格的界定，就是：德育即道德教育。”[②]“德育是教育工作者组织适合德育对象品德成长的价值环境，促进他们在道德价值的理解和道德实践能力等方面不断建构和提升的教育活动。”[③]黄向阳认为：“德育，顾名思义指的是道德教育。”[④]鉴于理论界对于德育概念认识的不统一，檀传宝教授提出了“守一而望多”的原则。所谓“守一”意即严格意义上

---

① 王道俊、王汉澜：《教育学》，北京，人民教育出版社，1989。

② 檀传宝：《学校道德教育原理》，4页，北京，教育科学出版社，2000。

③ 檀传宝：《学校道德教育原理》，6页，北京，教育科学出版社，2000。

④ 黄向阳：《德育原理》，上海，华东师范大学出版社。

的德育只能指道德教育。"望多"的意思有两点：一是思想、政治信仰确立等本身是重要的，所以要"望多"，要进行思想、政治教育；二是思想、政治教育等与道德教育即狭义的德育有千丝万缕的联系，需要"望多"，从而加强学校道德教育本身。[①] 鉴于本书的讨论体系，我们以广义德育的范畴，将德育定义为教育者培养受教育者品德的活动。

2. 德育内容

德育内容是用以形成人们品德的社会思想政治准则、法纪道德规范和宗教戒律的总和。[②] 由于历史与文化条件的不同，不同历史时期和不同国家的德育内容是各不相同的。[③] 在中国社会主义条件下，学校德育基本内容包括思想教育、政治教育、道德教育和法纪教育。具体到小学阶段，《小学德育纲要》关于小学德育任务的表述为："培养学生初步具有爱祖国、爱人民、爱劳动、爱科学、爱社会主义的思想感情和良好品德；遵守社会公德的意识和文明行为习惯；良好的意志、品格和活泼开朗的性格；自己管理自己、帮助别人、为集体服务和辨别是非的能力，为使他们成为德、智、体全面发展的社会主义事业的建设者和接班人，打下初步的良好的思想品德基础。"据此，小学德育内容包括以下三个主要方面。

(1)基本道德和行为规范的教育。基本道德是个体生活的基础性道德要求。基本道德往往是历史上传承下来为人类社会广泛接受的道德规范。如公平、正直、诚实、勇敢、仁爱等应当成为小学德育的奠基性内容。而对学生进行文明行为教育，培养学生文明行为习惯，也是学校德育经常性的基础内容之一。其中，小学生的"学生守则"以及"小学生日常行为规范"是小学生必须遵守的行为准则。

(2)公民道德与政治品质的教育。公民道德与政治品质的教育内容主要包括集体主义、爱国主义、民主法制观念和其他政治常识的教育内容。据《小学德育纲要》规定："小学德育主要是向学生进行'爱祖国、爱人民、爱劳动、爱科学、爱社会主义'为基本内容的社会公德教育和有关的社会常识教育(包括必要的生活常识、浅显的政治常识以及同小学生有关的法律常识)，着重培养和训练学生良好的道德品质和文明习惯，教育学生心中有他人，心中有集体，心中有人民，心中有祖国。"

---

① 檀传宝：《学校道德教育原理》，4页，北京，教育科学出版社，2000。

② 胡厚福：《德育学原理》，216页，北京，北京师范大学出版社，2002。

③ 檀传宝：《学校道德教育原理》，92页，北京，教育科学出版社，2000。

(3)世界观、人生观和理想的基础教育。世界观、人生观和理想是人的精神核心，对人的发展影响重大。儿童、少年正处在世界观、人生观形成、发展的关键时期。世界观、人生观和理想的基础教育应当成为德育的重要内容和根本任务。

(二)智育

1. 智育的概念

智育，亦称智力教育，是教育者指导和促进受教育者掌握知识、形成技能和发展能力的教育活动。智育是我国全面发展教育的重要组成部分，在实现人的全面发展过程中具有特殊的地位和作用。正确认识智育是进行全面发展教育的重中之重。

2. 智育的内容

智育的内容可以从教育途径的角度进行分析。小学教育中的智育任务主要是通过文化课的课堂教学与课外活动去实现的，因此小学教育的智育内容可以划分为文化课教学中的智育和课外活动中的智育。[①]

(1)文化课教学中的智育。文化课教学中的智育主要是指文化课中涉及智慧水平提升的部分。以小学文化课为例，小学的文化课属于智育范畴的主要组成部分有：①语文课，即关于语言、文字、文学知识的学习与欣赏、对学生的听、说、读、写能力、形象思维与抽象思维的培育等；②数学课，对数的概念、空间概念的建立，以及逻辑推演与计算能力的培养等；③科学课程，如自然、生物、地理等方面的教学，主要是严密的思维培养、创造性思维、动手能力的培养等；④社会课程，包括思想品德课、历史等课程中的道德推理与判断能力的培养、历史事件及其原因的推理、思辨，以及对学生观察、合作、实践能力的培养等。

(2)课外活动中的智育。文化课教学之外的课外活动、社会实践等形式对智力的培养也是十分重要的。课外活动、社会实践等活动作为智育工作的一部分，突出的贡献在于学以致用，巩固文化课中知识、技能的学习，并强化接受智育的动机。实践证明，许多操作性的智能，如动手能力的培养等主要通过课外活动的方式实现。小学课外活动的类型有各学科各类型的比赛，形式多样的游戏等。

---

① 黄济、劳凯声、檀传宝：《小学教育学》，176页，北京，人民教育出版社，2001。

(三)体育

1. 体育的概念

体育有广义和狭义之分。广义体育亦称“体育运动”，它是以锻炼身体、丰富社会文化生活为目的的一种有组织的社会活动。由学校体育、群众体育、竞技运动等方面构成。狭义体育主要是指学校体育，是使受教育者增强体质以及掌握相应知识与技能的教育，是学校全面发展教育的重要组成部分。

2. 体育的内容

(1)学校体育的内容。第一，田径。田径包括跑、跳跃、投掷等运动项目，是学生身体素质教育的重要内容。长期参加田径运动能促进人体的新陈代谢，改善和提高内脏器官的机能，并发展人的速度、灵敏和耐力。因此，它是促进学生身体素质全面发展的基本的运动项目，也是各项体育运动的基础。

第二，体操。体操是一种全身性的运动，按任务可分为基本体操、竞技体操和辅助体操。体操运动本身要求动作协调、灵活、平稳、舒展，要求综合运用臂、肩、腰、腹各部分肌肉的力量，要求健与美的结合。体操对发展力量、灵敏、柔韧等身体素质，培养勇敢、果断、机智等心理素质都具有十分重要的作用。

第三，游戏。健康有趣、生动活泼的游戏，是学生喜爱的综合性体育活动。通过各种形式的游戏，使学生能在较复杂和多变的条件下，灵活运用走、跑、跳、投掷等基本活动技能。同时，游戏还能培养学生机智、灵敏等反应能力，使他们养成活泼、愉快和乐观的情绪。

第四，球类。球类活动是青少年普遍喜爱的一种体育运动，它是综合性的体育活动，不仅要求学生具有跑、跳、投掷等基本活动能力，而且要求学生熟练地掌握和运用各项球类活动的专门技术。长期坚持球类活动，对促进学生身体的协调发展、提高他们的各项身体素质具有良好的效果。

第五，武术。武术是我国民族形式体育运动的重要内容。它的特点是运动量可大可小，程度可高可低，不受场地、季节、年龄、性别、设备等条件的限制，在学校易于开展。武术动作成套，变化多样，活动有连续性，同时还要求手、眼、身、步密切配合。这对于发展学生的柔韧、灵敏、迅速、准确、力量等身体素质和增强他们的肌肉、关节、韧带以及其他器官的机能都有积极作用。

第六，自然因素锻炼。身体素质教育的内容除运动锻炼外，还要充分利用自然因素来增强学生身体素质。自然因素主要包括日光、空气和水等。

(2)学校卫生保健的内容。第一，教学卫生保健。教学卫生主要是指学生的用脑卫生和用眼卫生。人脑的潜在力量是非常大的，但必须科学用脑才能发挥其作用。特别是小学生的大脑正处在发育成熟阶段，易于兴奋，也易于疲劳。如果违背大脑活动规律，让学生的大脑长时间处于紧张状态，就会产生过度疲劳现象。轻者注意力不集中，思维迟钝，头昏脑涨，重者会导致兴奋与抑制机能紊乱，头痛失眠，精神萎靡不振，记忆力和注意力减退，进而出现神经衰弱，严重损害学生健康，使学生学业成绩下降，甚至不能再坚持学习。所以，在教学中一定要预防和克服学生负担过重的现象。学生的用眼卫生也应该引起充分注意。如果学生的视力受到损害，近则会给学生的学习带来困难，影响学生观察力的提高，使学生智力发展受到限制；远则会给学生的工作和生活带来不便，限制学生不能从事某些专业工作。

第二，个人卫生保健。学生个人饮食起居卫生也是学校卫生保健工作的一项重要内容。大多数小学生都住在家里，做好个人卫生的关键在家庭。学校除同家长配合好外，也应向学生提出合理的卫生要求和必要的指导。

第三，环境卫生。学校是学生主要的活动场所。学校环境建设必须从教育观点和卫生保健的观点出发，围绕促进学生全面发展这个中心来安排。如校址选择应尽量避开噪声、废气、废水、粉尘等污染源；对校舍、运动场地、生产劳动场所、绿化用地的总体比例分配要科学合理；要不断美化、绿化校园，搞好学校清洁工作，做到教室、阅览室、宿舍、厕所、饭厅、运动场以及劳动场所和其他设备都清洁卫生，整洁干净。

第四，作息生活卫生。学校的作息制度规定着教学、生产劳动、社会活动、文体活动、休息、睡眠等方面的时间安排。合理的生活作息制度既能使脑力劳动与体力劳动调节适当、有劳有逸，又能使学校顺利进行教育工作和保持学生的健康；同时，还能使学生养成有节奏地工作和生活的习惯，形成有条不紊的良好作风，使他们受益终生。

(四)美育

1. 美育的概念

所谓美育是以培养学生感受、表现、鉴赏、创造美的能力，从而促使学生追求人生的情趣与理想境界等为目标的教育。[①] 美育在教育活动中具有独立的价值和功能，是全面发展教育的重要组成部分，它以陶冶人的情感为核心，旨在提高人们对现实世界的美的鉴赏和创造能力。

---

① 黄济、劳凯声、檀传宝：《小学教育学》，187 页，北京，人民教育出版社，2001。

2. 美育的内容

(1)自然美的教育。自然美的教育是以大自然千姿百态、丰富多彩的美景激发学生的情感，使之产生美的感受。大自然是实施美育取之不尽的源泉。辽阔的草原、巍峨的山岳、茂密的森林、碧绿的湖水、奔腾的江河、浩瀚的海洋、蔚蓝的天空、灿烂的阳光、皎洁的月色各有其美的特色，这些都是审美教育的教材。学生通过对自然美的感受和欣赏，不仅可以丰富知识、开阔视野，而且可以陶冶性情、培养他们认识自然美和欣赏自然美的能力，进而激发他们热爱祖国大好河山的爱国主义情感。

(2)社会美的教育。社会美也叫生活美，是社会生活中存在的美的形态。它包括人格美、劳动与生活过程的美、产品以及环境美等。① 社会美的教育是以社会现实生活中的美好事物激发学生的情感，使之产生美的感受。在社会主义现代化建设的方方面面，无不体现着人们创造性劳动的美、社会生活的美。这些可以给学生以美的感受，启迪他们去思考社会、体验人生、为创造美好的社会生活贡献自己的聪明才智。

(3)艺术美的教育。艺术美的教育是借以艺术形象激发学生的情感和想象，使之产生美的感受。艺术美是通过各种艺术作品去呈现的。艺术作品中的艺术形象源于自然，源于生活，是自然美、社会美的更典型、更集中、更概括的反映。小学要通过音乐、美术、舞蹈、文学、电影、电视和戏剧等多种艺术形式向学生进行艺术美的教育。

三、学校教育管理的意义

1. 进行学校教育管理，有利于提高学校的办学质量

以正确的管理理论作指导，对学校进行有效的管理，能够保证学校实现教育目标，提高其办学质量。学校正常秩序的维持，离不开对学校各项工作有序的管理。通过积极有效的学校管理，能“高效能规范学校管理，高规格优化育人环境，高标准提高教学质量”。通过坚持依法治校，以德治校，实行人性化管理，把全心全意依靠教职工，调动教职工积极性作为学校管理的出发点和落脚点，不断增强学校的凝聚力，积极探索学校管理新理念、新方法，努力提升办学质量。

2. 进行学校教育管理，有利于提高学校的办学效率

进行学校教育管理，就必须以现代科学管理理论做指导。通过研究教育管

① 黄济、劳凯声、檀传宝：《小学教育学》，194页，北京，人民教育出版社，2001。

理工作的各个因素、各个工作项目之间的关系和联系，对学校的资源进行合理配置和调整，增强学校组织对外的适应力，对内的聚合力。通过对学校进行科学有效的教育管理，能避免学校出现的指标粗放、信息缓慢、分散无序和资源浪费的状态。通过对学校进行科学有效的教育管理，能整合教育资源，做到人尽其才、物尽其用，以此提高学校的办学效率。

3. 进行学校教育管理，有利于形成学校的办学特色

《国家中长期教育改革和发展规划纲要(2010—2020 年)》为学校可持续发展指出了明确方向："树立以提高质量为核心的教育发展观，注重教育内涵发展，鼓励学校办出特色、办出水平，出名师，育英才。"办出学校特色是学校出名师、育英才的基础。学校办出特色是建立在充分了解学校情况，理性分析学校发展环境，正确把握学校发展趋势的基础。通过科学有效的学校教育管理，可以为学校办学形成特色提供人员保障、物质保障、组织保障和制度保障。

第二节　社区教育

一、社区教育概述

(一)社区教育的概念

"社区教育"一词最早源于 20 世纪初美国教育家杜威提出的"学校是社会的基础"的思想，但具有社区教育性质的各项教育活动早在 18 世纪的英、美等国就已经出现。一般认为，国外的社区教育以柯隆威等人于 1844 年在丹麦乡村罗亭创办的免费成人民众学校为起点。该学校把"唤醒民众振兴丹麦"作为宗旨，以培养学习者成熟为前提，不断发展成人的心灵，提升其文化素养和生活幸福。这种以社区学校为基本形态的社区教育，首先影响了北欧，后来作为社区教育的一种主流形态被世界各国所借鉴。20 世纪二三十年代，我国一些学者也受到美国早期的社区教育思想和教育实验风气的影响和启发，他们从改良中国农村乃至改良中国社会的政治理想出发，倡导乡村教育运动。当时影响较大的有：陶行知的乡村教育实验，如创办晓庄师范、上海工学团等；晏阳初在河北定县开展的"平民教育"实验；梁漱溟在山东邹平开展的"乡村建设"试验等。当时在中国各地还有许多类似的实验。20 世纪 80 年代，中国的社区教育重新崛起，其兴起的标志是建立了社区教育委员会，并形成了区、街道、学校三级社区教育组织。如：1986 年 9 月，上海真如中学创建了"真如中学社区教

育委员会”；1988 年 3 月，上海出现了街道一级社区教育委员会，即闸北区共和新疆街道和彭浦新村街道的“街道区教育委员会”等。自此以后，各种社区教育委员会如雨后春笋般地在整个上海，乃至全国范围内建立起来。

对于“什么是社区教育”这一概念，国内外许多学者从不同的角度进行了探讨，有些是从教育的视角定义，有些是从社会的视角定义，即使是从社会视角来界定社区教育，其着重点还是放在探讨教育与社会的联系上。因此，国内学者较普遍认同从教育的视角来归纳社区教育的内涵。如，厉以贤认为：“社区教育是提高社区全体成员素质和生活质量以及实现社区发展的一种社区性的教育活动和过程”①；金辉认为：“社区教育是指反映和满足社区发展需要的，对社区全体成员的身心发展施加影响的教育活动和过程”②；黄云龙认为：“现代社区教育是一种区域性的有组织的教育社会一体化的教育活动”③；苏明认为：“社区教育是指政府对社区居民实施的一种文化服务，以及居民个人需求与发展的一种学习型活动。”④《教育大辞典》上对社区教育的定义更具体一些，指出社区教育“是一种终身教育概念和组织形式。旨在加强教育的服务职能，以教育为过程推进社区发展，并将学校当作向社区所有年龄层开放的教育娱乐中心，成为义务教育与其他福利事业的结合体。教育活动跨出学校的范围，由社区人士共同参与管理，他们既可为学生也可为教师，或两者兼任。教育内容关系到社区生活，为整个社区的利益服务”。综上分析，我们认为社区教育就是面向社区全体成员，以提高其综合素质和生活质量，以促进社区发展的教育活动和教育过程。

（二）社区教育的特点

我国社区教育在发展过程中，形成了以下特点。

1. 社区性

社区教育是以社区为单位进行的，它具有明显的社区性特征。由于社区在地理位置、社会资源、经济社会发展水平以及人员素质等方面不尽相同，各地社区教育的实施状况也各不相同。因此，必须从本社区的实际出发，发挥其特点和优势，促进社区教育的发展。

---

① 厉以贤：《社区教育理念》，载《教育研究》，1999(3)。

② 金辉：《社区教育的概念界说及其方法》，载《上海教育情报》，1994(4)。

③ 黄云龙：《中国社会教育的两个飞跃》，载《教育参考》，1994(4)。

④ 苏明：《面向二十一世纪社区教育模式探索》，载《北京成人教育》，2001(7)。

2. 群众性

社区教育的群众性一是表现在群众的社区意识、参与教育的意识在不断增强，逐步形成了“人人关心教育，人人参与教育”的局面，为社区教育的发展奠定了坚实的群众基础；二是体现在社区内的学校真诚地依靠社区并向社区开放，社区主动热情地支持教育、参与教育、举办教育；三是各地的社区教育组织一般由本社区各方面的代表组成，也体现了广泛的群众性。

3. 全面性

社区教育的全面性是指对社区全体成员产生终身影响的全方位教育。社区教育着眼于提高社区内全体成员的全面素质，着眼于建立终身教育体系，为个人完成终身教育提供条件和保障。

4. 统筹性

社区教育的统筹性是指在发展社区教育中，无论是实现学校、家庭与社会教育的有机结合，还是加强本社区内普教、职教和成教之间的联系都需要加强统筹。我国在发展社区教育的过程中，充分体现了“政府统筹、社会参与”的统筹特征，建立起了政府统筹、市场调节、社会参与和学校自主办学相结合的社区教育运行机制。

5. 特色性

社区教育是根据本社区特定的人文、地理和社会的特点，开展多形式、多层次、多类型的教育活动。社区教育的发展目标、重点、模式、内容等均应有社区的特色。相对于学校教育、家庭教育而言，社区教育通过丰富多彩、形式各异的活动，提高社区居民的综合素质，满足社区群众文化生活的需要。

(三)社区教育的功能

社区教育功能和教育功能的属性是一致的，主要体现在经济、政治和文化功能三个方面。但从社区教育自身特点来看，还可以扩展为五大功能。①

1. 社区教育的经济功能

社区教育是社会生产发展到一定社会历史阶段的产物，它受一定社会经济生产规模、速度和水平的制约。社区教育同其他教育一样，是现代社会生产的有机组成部分，是发展社会生产力的必要条件，它同样发挥着把科学技术转化为社会生产能力，进行社会劳动力的再生产，提高劳动生产率和社会生产质量的作用。因而，它既是一种教育活动，也是一种经济活动。

---

① 季东亮：《论社区教育的功能》，载《成人教育》，2005(1)。

2. 社区教育的政治功能

社区教育的政治功能是由社区教育具有的社会生活属性所决定的。社区教育受一定的社会政治、经济制度制约，并在为巩固和改革发展一定的社会政治、经济制度和培养造就人方面起着重要作用。譬如，在社区教育中进行的爱国主义教育、艰苦奋斗以及社会公德教育、职业道德教育、遵纪守法教育、法制教育、诚信教育等。这些社区教育活动都具有为社会主义现代化建设培养有理想、有道德、有文化、有纪律的四有公民的政治功能。

3. 社区教育的文化功能

社区教育的文化功能指的是社区教育在对社会文化内容的传播、提高和发展中所产生的作用。文化是人类社会生产和社会生活的产物，社区文化则是社区、社区生产和生活的历史积淀，社区文化传递的基本手段是通过教育活动。而社区教育恰恰具有把社区中人类社会创造的文化，进行选择、整理、研究、传递并加以吸收、改造、创新和发展的功能。成年人是社会生产力的主要因素，又是社会成员的主体，而社区教育具有与社区生产、生活紧密结合的特征，其文化功能主要表现在促进社区成员身心全面和谐发展方面。即使其思想素质、心理素质、身体素质、科学文化素质、劳动技能素质及价值观念、劳动态度、合作精神、创业意识等都获得全面和谐发展，而不是单一、片面的素质发展。这一点正体现出社区教育的文化功能。

4. 社区教育的综合功能

北京师范大学历以贤教授曾对21世纪我国社区教育的综合性功能作用作过如下论述，21世纪的社会是一个知识社会、学习社会，是一个信息技术广泛渗透各个领域的社会。知识已成为一种基本的资源，用国民生产总值比重和就业比重的增加来衡量，社会的重心正转向知识领域。21世纪，知识社会、学习社会的基础是社区，不是单位和个人。因此，也可以这样说——21世纪是一个社区社会。在21世纪初期，我国大部分地区，单位的功能将迅速外移，城市职工由“单位人”向“社区人”转移。在计划经济体制下，单位一般都是公有制的，具有类似社会性的功能，它包揽了单位职工的就业、教育、劳保、福利、住房、医疗、生育，甚至子女上学等；单位对其职工有着全面的决定性的作用，职工则对单位有着强烈的依赖感和归属感；而且教育对城市居民的管理主要也是通过单位实行的。随着市场经济的发展，改变了单位办社会的状况，将其承担的社会事务从单位剥离，随之转向社会，且主要是转向社区。由“单位人”向“社区人”过渡，这就要求社区的功能不断丰富、强化，要求社区替代由过去单位所承担的教育功能、后勤服务功能、文化娱乐功能、医疗保健功能、交往功能等。社会的功能将集中在社区，社区教育的功能也日趋多样化，作用也将日益凸显。并且，随着农村城镇化、农民市民化、农业现代化进程的加快，大批农村劳动力转移到城市，尤其需要社区教育在劳动力大转移中发挥其特有的作用，加强对农民、下岗工人、弱势群体及其家属、子女的关注和教育。这一切都充分体现出了社区教育的综合性功能。

5. 社区教育的整合功能

从系统论角度看，教育是社会体系的一个组成部分，而社区教育作为我国教育的重要组成部分，其结构特点与功能实现和其所处的社区及其组织各个方面都有着密切的关联。社区教育能把社区内政府、单位、学校、家庭、社会各种教育因素有机地结合起来，使之协调、互补、整合，并形成合力，从而产生明显的社会效益。社区教育的这种整合性功能主要表现在两个方面：一是对社区中教育因素的全面整合；二是对各种教育因素的系统协调，形成合理结构，使其各种教育因素能够在社区教育中最大限度地发挥各自的作用。可以说，社区教育这种特有的整合功能是其他任何一种教育都无法做到的。在开展社区教育中，这种特有的功能必将发挥极其重要的作用。社区教育通过其教育功能，可以满足社区里每个成员的各种教育需求，以实现劳动力的再生产和再提高，实现其文化程度和各种能力的再提高，进而实现发展社会生产力、繁荣社区经济的目的。同时，每个成员通过积极参与社区文化活动，还可以丰富其文化生活，充实其精神世界，提高其文明程度。总而言之，社区教育能在社区的物质文明、精神文明和政治文明的建设中发挥重要的作用。

二、社区教育的内容

1. 文化科学知识教育

大教育体系的建立既要加强学校教育，也要开拓受教育渠道和区域。社区教育作为学校教育的有效补充，在提高全民素质方面发挥着重要的作用。如社区教育中扫盲教育、文化知识的教育能提高社区成员的素质素养；社区教育开展包括妇女教育、老年教育、残疾人教育在内的特殊群体教育。其中，在老年教育方面，要按照“老有所养，老有所医，老有所为，老有所学，老有所乐”的原则，依托社区，增加适合社区老年人的教育内容，比如保健教育、文化娱乐教育，心理健康教育等。

2. 职业技术教育

社会发展现状强烈要求社区教育加强对社会成员的职业技术教育和科技教育。现代社会出现了工作多样化、复杂化等特点。低文化、低技术的工作日益减少，也产生了不少对知识要求较高的新的行业，譬如信息咨询、市场调查、公共关系、软件设计、高科技开发等。这就要求社区教育注重反映最新科技变化的内容，及时调整课程设置，加大职业技术教育、科技教育比重，积极推动创业能力的发展。社区的教育环境相对于学校教育环境来说，更宽松更自然，课程设置上也更灵活更实用，更有利于创业能力的培养。

3. 公民素质教育

公民素质是指一个国家的人民在改造自然和改造社会过程中所具有的体魄、智力、思想道德总体水平。它是国家综合国力的重要体现，是国际竞争的重要方面，也是国家经济和社会发展的基础。在社区教育中开展公民素质教育要以集体主义、责任教育、法制教育、公德教育、环境保护教育和人格教育为主要内容。

4. 家政教育

根据《中华人民共和国家庭服务员职业标准》的定义，我们通常所指“家政”是指家庭服务，即家庭服务员根据要求为所服务家庭操持家务、照顾其家庭成员，以及管理家庭有关事务的行为。社区家政教育的内容应该包含家庭厨艺及饮食，家庭保洁卫生，家庭杂务(洗衣熨烫、代交杂费等)，家庭护理(医护、侍疾、母婴护理、育婴、照顾老人、照顾病人陪护聊天、家庭保健)等。

三、社区教育管理的意义

1. 进行社区教育管理，有利于提升社区群众的生活质量

《全民教育——面向21世纪的教育宣言和行动纲领》中提到基本学习需要主要包括：“基本的学习内容和基本的学习手段，这些内容和手段是人们为能生存下去，充分发展自己的能力，有尊严地生活和工作，充分地参与发展，改善自己的生活质量，明智地做出决策等所必需的。”通过对社区教育进行管理，可以使其课程内容更加科学丰富，其课程设置更加灵活多样，其教育服务更加贴近社区群众的基本学习需要。这样，社区群众通过进行有效的社区教育，提高其自身素质，丰富其文化生活，进而提升全体社区群众的生活质量。

2. 进行社区教育管理，有利于构建学习型社会的终身教育体系

社区教育以其自身的特点，在幼儿教育到老年教育，文化教育到职业教育中所起的作用是不可替代的。发展社区教育可以为构建全民终身教育体系，建设学习型社会打下良好的物质基础。进行社区教育管理，能使社区教育秉承“全员、全程、全方位”的发展理念，让全社会的所有成员终身都享有受教育的权力，这样就奠定了全民终身教育体系的基本框架。在基本建成全民终身教育

体系的基础上，全社会大多数成员积极参与社会教育中来，充分享有终身教育的权利与义务，这样学习型社会也就水到渠成。

3. 进行社区教育管理，有利于促进社会的和谐发展

进行社区教育管理，提供优质的社区教育服务，可以为建设和谐社会打下良好的人文基础。建设和谐社会需要三个必不可少的基础：物质基础、人文基础与政治基础。这三者相辅相成组成一个有机整体。在这个有机整体中人文基础又具体表现为社区成员的整体素质和社区的文明程度。倘若没有进行社区教育管理，社区教育一盘散沙，这就无法保证社区成员整体素质和社区文明程度的提高，那么，建设和谐社会的人文基础就无从谈起，建设和谐社会就会出现断层。因而，真正意义上的和谐社会就不可能建立起来。

第三节　家庭教育

一、家庭教育概述

（一）家庭教育的概念

对于家庭教育的含义，我国学者有不同的表述。顾明远教授主编的《教育大辞典》第1卷中把家庭教育定义为“家庭成员之间的相互教育，通常多指父母或其他年长者对儿女辈进行的教育”。[①] 郑其龙编著的《家庭教育学》中指出：“教育是一定社会对新一代有目的、有系统的培养教育……家庭教育是家长对子女的培养教育，它是整个教育的组成部分或分支。”[②]孙俊三等主编的《家庭教育学基础》中认为：“家庭教育就是家长(主要指父母或家庭成员中的成年人)对子女的培养教育。即指家长在家庭中自觉地有意识地按照社会需要和子女身心发展的特点，通过自身的言传身教和家庭生活实践，对子女施以一定的影响，使子女的身心发生预期的变化的一种活动。”[③]赵忠心在《家庭教育学》一书中指出：“狭义的家庭教育是指在家庭生活中，由家长，即由家庭里的长者(其中主要是父母)对其子女及其他年幼者实施的教育和影响。广义的家庭教育，应当是家庭成员之间相互实施的一种教育。在家庭里，不论是父母对子女，子女对父母，长者对幼者，幼者对长者，一切有目的有意识施加的影响，都是家

① 顾明远：《教育大辞典》(第1卷)，11页，上海，上海教育出版社，1990。
② 郑其龙：《家庭教育学》，1页，长沙，湖南教育出版社，1984。
③ 孙俊三：《家庭教育学基础》，1页，北京，教育科学出版社，1991。

庭教育。”①

纵观以往的家庭教育研究，可以发现对于家庭教育有狭义和广义的两种界定。狭义的家庭教育指父母对子女，尤其是未成年子女的教育；广义的家庭教育是指对包括父母在内的家庭所有成员相互之间的教育。

（二）家庭教育的特点

家庭教育对子女的影响不仅广泛，而且其影响和形式远比学校教育、社区教育更特殊。在家庭教育中，不只存在有目的、有意识的影响，更主要的是无意识的潜移默化的影响。它作为一种独立的教育形态，具有如下特点。

1. 全面性和渗透性

家庭教育的全面性，一是指学校教育管的家庭教育要管，学校教育不管的家庭教育也要管。二是指社区教育要完成的任务家庭教育必须完成，社区教育触及不到的任务家庭教育也责无旁贷。即家庭教育涉及的内容比学校教育、社区教育要广泛，它涉及学习、生活、劳动、择业、待人处世、社交、恋爱婚姻等方面。三是指参与人员的全员性。只要有家庭有孩子，家长就必须承担教育子女的责任和义务。家庭教育的终极目的与国家教育目的一致，都是为了培养合格的、全面发展的社会主义公民。合格的社会主义成员必须接受全面的教育。因此，家庭教育有责任按社会要求，促进子女在德、智、体、美、劳等方面全面发展。这一目的也决定了家庭教育的全面性。

家庭教育的渗透性，是指家庭生活的各方面都对子女产生潜移默化的渗透作用。家庭成员间的关系、文化氛围、生活习俗、爱好等，都会耳濡目染地渗透到子女的心灵，特别是父母的思想言行对子女的影响尤为深刻。它不像学校教育有规定好的课程计划和学制，它不受时间、地点、场合、条件限制，可以随时进行，“遇物则诲”，“相机而教”。父母可以通过生活实践或与子女共同活动的一切机会进行教育，方法灵活，易于为子女接受。

2. 权威性和感化性

家庭教育的权威性主要指血缘伦理的权威性，它是一种特殊的权威。家长有其他教育者无法比拟的优势，这是因为父母与子女间存在血缘关系和经济与生活的信赖关系。建立在这种关系上的权威，不仅有一般的教育力量，而且天然带有亲情色彩，往往具有强大的人格感化作用，是一种无形的教育力量。

3. 针对性和及时性

由于父母与子女存在着特殊关系，子女与父母朝夕相处，有什么想法都愿

① 赵忠心：《家庭教育学》，5页，北京，人民教育出版社，1994。

向父母倾吐；子女在家庭的自然状态下，对家庭成员少有戒心，其思想作风、行为习惯表现真实、充分。所以，父母对子女的秉性、脾气了解比较透彻。“知子莫过父，知女莫过母”就说明了这一问题。家庭教育为家长及时地、有针对性地进行因材施教的教育提供了有利条件。

4. 长期性和继承性

家庭教育相伴子女终身，一般比学校教育更具有连续性和持久性。子女从出生起就接受家庭教育，虽然不同阶段家庭教育的作用大小不一，但始终伴随着人的一生。良好的家庭是孩子永不毕业的学校，有威信的父母是子女的“终身教师”。家庭教育的继承性也称延续性。个体接受了父、祖辈的教育，在自己将来成家立业后，也可能会用同样的教育内容、教育方式方法培养自己的后代，用从父、祖辈那里接受的家庭教育思想观点、行为习惯影响教育自己的后代。“家风”、“家业”就是继承性的说明。

(三)家庭教育的功能

从人类历史进程来看，家庭教育同个体家庭一起诞生，即起始于原始社会与奴隶社会交替时期。我国历来重视亲子关系，重视父辈对子辈的教育。如我国封建统治阶级一贯把“齐家”作为“治国”、“平天下”之根本。可以说，我国是家庭教育发达的国家，发挥家庭的教育功能已成为悠久的民族文化历史传统。家庭的教育功能体现在家庭群体在子女社会化过程中所形成的特殊价值和所发挥的重要作用上。

1. 家庭教育影响着孩子性格的形成

印度有则谚语“如果你播种行为，那么你收获习惯；如果你播种习惯，那么你收获性格；如果你播种性格，那么你收获命运。”即积习成性，积性成命。可见，一个人性格的好坏决定着一个人的一生。而对人的性格形成起着重要作用的要首推家庭。这种作用主要通过家庭中人与人之间的关系和儿童在家庭中所处的地位，以及家庭成员，特别是父母，对儿童的态度和实际行动来实现的。一方面，家庭成员的素质、教养、人格、言谈、举止、生活方式、教育态度等时刻都在有意或无意影响子女成长。长时间的耳濡目染、潜移默化，对子女道德观念、行为准则以及良好习惯的形成都起着重要影响；另一方面，子女的个性特征、道德品质、学习态度、兴趣爱好、生活习惯、行为方式等，在家庭中表现得最充分、最自然。家长对子女的表现又极为关注和敏感。所以，家长能充分了解子女各方面的情况，并从其实际出发，进行相应的指导和培养。

2. 家庭教育影响着孩子智力的发展

在对孩子实施教育的整个过程中，学校教育始终处于主导地位，然而家庭教育却起着关键的作用。近年来，国内外教育科学追踪研究表明："从出生到5岁是人一生身心发展，尤其是大脑发展最旺盛的时期。"这一时期，儿童生活的大部分时间在家中度过。家长在日常生活中，在与儿童的接触交往中有意无意地把身边的知识传授给他们，促进孩子感觉能力、思维能力等方面的发展。

3. 家庭教育影响着孩子道德品质的形成

良好的道德品质是社会发展对一个人的起码要求。儿童、青少年作为社会的独立个体，必须具备一定的社会价值观念、遵守一定的社会行为规范和道德准则。这些观念、规范、准则不是在自然状态中萌生的。家庭作为子女最初生活的场所，子女与双亲、祖辈及同辈间发生的生活关系和道德关系、家庭行为规范等，成为子女最初接触的社会规范。在家庭生活中，子女最初总以双亲言行为榜样，以双亲的需求、情感情操为认同对象，通过同化作用，逐渐形成自己的行为方式、习惯和道德信念体系，借以调节自己与他人的关系。如果家长能采用民主科学的教育方式，家庭教育在培养孩子良好品德行为习惯上就会获得良好的效果；如果家长采用不正确的教育方式，就会影响孩子的健康成长，容易使其养成不良的品德行为习惯。因此，认识到家庭教育重要性，用正确的家庭教育方式实施教育，对于培养学生良好品德行为习惯具有重要意义。

4. 家庭教育影响着孩子生活技能和社会角色的学习

呱呱坠地的婴儿，其环境适应能力十分贫乏，他有温饱需求但无获取衣食的本领。因此，他需要家庭给予多方面照料。当他们逐渐长大后，仍需要父母教导衣、食、住、行的基本技能，使其能适应生活和环境。即使到了中学，其生活、社会等方面的适应能力仍相对较弱，亦需要得到家庭多方面的照顾、指导，并从中获得基本生活技能。在我国漫长的封建社会中，家庭不仅是生活单位，也是生产单位。小农经济决定了家庭教育不仅是对儿童、青少年进行生活教育的主要形式，而且也是对他们进行生产劳动和职业教育的主要形式。在科学技术日新月异的现代社会，人们的生活内容大为丰富，基本生活技能的内容也随之复杂多样，而家庭在基本生活技能的教导上则处于重要的不可替代的地位。离开家庭，一些最初的生活技能、自我服务技能就无从培养。社会角色方面，角色是由个体所处的社会地位决定并为社会所期望的行为模式。明确的角色意识能使个体认识到自己的社会地位、作用和承担的义务、责任，并产生一定角色期望。子女的社会角色最早是在家庭影响下产生的。首先，家庭最早为子女复制文化传统所要求的性别角色及行为；其次，家庭通过影响子女的兴趣爱好、目标理想、职业选择等使他们逐步学会如何选择和充当一定社会角色；最后，父母在家庭中承担的多种角色能为子女将来在社会上扮演不同角色提供启蒙影响。

二、家庭教育的内容

1. 品德教育

家庭教育中关于品德教育的部分主要包括：爱国主义的情感教育。无论如何，爱国主义的情操都是道德的重要部分，是一个国家发展的原动力；遵纪守法的教育。在法制社会，让孩子从小知法守法，会运用法律武器，在社会上才能更好地发展；理想主义教育。没有理想就没有奋斗目标，也就缺乏干劲；诚实守信的教育。诚实守信受人欢迎，受人尊敬，在日益发展的市场经济社会里，无论做什么工作，以诚实守信获得发展才是最可靠的；勤劳节俭的教育。勤劳节俭是一个人的立身之本，二者相辅相成，不勤劳的人不懂得珍惜劳动成果，珍惜劳动成果的人往往更加勤劳；孝敬父母、尊敬长辈的教育。一个有孝心、尊长辈的孩子会更加严格地要求自己，努力进步，给家庭带来更多的温馨和幸福。

2. 智力教育

家庭教育中重点内容是要教育孩子懂得学生的主要任务是学习。家庭要创造良好的学习环境和精神氛围，督促孩子努力学习，勤奋刻苦，养成专心、踏实、仔细、认真等好习惯。要经常了解孩子的学习情况，指导孩子掌握科学的学习方法。培养孩子学习兴趣并鼓励孩子积极参加课外活动。

3. 体育卫生保健教育

家庭教育中要注重对孩子的体育卫生保健教育。做到科学合理的营养，安排好孩子的饮食，教育孩子不挑食，不偏食，防止厌食。养成良好的卫生习惯，防止疾病，及时治疗疾病。养成锻炼习惯，学会几种健身的方法。关心孩子的用脑卫生，保证足够睡眠。注意安全，防止发生意外事故。指导孩子游戏，安排好孩子的作息时间，使孩子过着有规律的生活。

4. 审美教育和精神生活指导

家庭教育中要进行审美教育和精神生活指导。仪表美教育就是教育孩子穿戴整齐、大方、美观、不追求名牌，做到仪表美、心灵美、行为美。精神生活指导就是丰富孩子的精神生活，指导孩子看健康的电视、电影，做到适时、适量、适合年龄特点。帮助孩子养成读书的习惯。培养孩子的艺术兴趣，用艺术熏陶孩子。经常带孩子到大自然中去，利用自然美陶冶孩子的情操。美化居室，创造优雅的生活环境。

5. 心理健康教育

家庭教育还要关注孩子的心理健康。家长要帮助孩子正确认识自己，正确对待他人，建立和谐的人际关系。培养孩子良好的个性，不胆小、不孤僻、不任性、不怕挫折，有坚强的意志和活泼开朗的性格。培养孩子热情饱满、乐观向上的情绪、情感，教给孩子一些调节自己心理的方法。

三、家庭教育管理的意义

1. 进行家庭教育管理，对年轻一代的成长具有奠基作用

在学校教育、社区教育和家庭教育三种教育的基本形式中，家庭教育是时间上开展得最早、范围最广、方法最为灵活的一种教育类型。家庭教育是以亲子关系为中心的伴随生活而进行的教育，它更多地依赖于血缘关系而形成的深刻情感，能够给孩子以长远而深刻的影响。虽然从青少年的成长过程来看，学校教育的作用突出，但是家庭仍是孩子的第一所学校，家长仍是孩子的第一任教师，孩子幼年在家庭生活中初步形成的道德认识、生活习惯和学习态度已经给他的身心发展打上了一层“底色”，影响着他今后的人生发展。

2. 进行家庭教育管理，对学校教育具有支持和促进作用

虽然学校教育在实施的系统性和组织性方面，在教学内容的选择性和系统性上，在榜样作用和同辈集体的影响上，具有重要的作用。但是，家庭教育在培养孩子的生活素质、情绪情感和人格发展等方面的作用也是不可替代的。而且现代科学研究表明，基于生活经验形成的情感素质和人格条件对人的影响作用相比知识占有更为重要。良好的家庭教育能配合学校教育的有效进行，能巩固学校教育的影响，和学校教育形成一股合力，共同促进青少年的人生发展。

3. 进行家庭教育管理，对社会文明的发展具有传递和更新作用

从社会学角度来看，家庭是社会的基层单位和最小细胞，家庭作为一种社会制度，在社会的延续和发展中发挥着多种功能，家庭是社会文化的载体，家庭教育具有传递社会文明的作用。1995 年联合国秘书长加利在“国际家庭日”发表的文章指出：“家庭作为最活跃的社会细胞，把个人与社会联系在一起，它必须适应全球性的变化，这些变化是深远的，它不仅影响人类的物质生活，还影响人类的价值观和信仰。”在我国社会主义精神文明建设中，家庭文明建设无疑是一个重要的组成部分，家庭文明与社会文明相得益彰。家庭教育既是家庭文明的必然要求，又是家庭文明的重要手段。对家庭教育进行管理，能有效地提高家庭教育的质量，促进家庭文明的建设，从而提升整个社会的文明程度。

【案例分析1】“三教”结合促浪子回头[①]

达德小学是江门市“三结合”教育的典型，曾多次受到江门市关心下一代工作委员会、广东省关心下一代工作委员会的表彰。时任校长的周昂雅总结了学校的四点做法：

一是注重“三教”结合，构筑家长学校教育新平台。“我们从学校的实际情况出发，建立了关心下一代工作委员会，由关工委的一些老同志参与，让家长学校向社会延伸。”

二是联合社会上的一切积极力量，关心学生的成长。“首先，我们成立关工小组和建立关心下一代工作志愿者大队。另外，我们主动联合学校关工小组和法制副校长组成调研组，对家长学校管理模式进行调研，并召开家庭教育工作座谈会。同时，还联合市离退休妇女干部联谊会，取得她们的支持，开展各项有益的辅导教育和奖励活动。”

三是因人而异、因地制宜地抓好第二课堂教育，寓教于乐。“我校以艺术教育作为素质教育切入点，学校先后成立了语文艺术班、粤剧团、民歌队等兴趣班，这一做法得到家长的支持并取得较好的成绩。”

四是请专家到学校进行现场指导。2007年11月，邀请了陈忠联教授(中国社会科学院)到校举办了一场《将成功传给下一代》家庭教育讲座；2009年3月，学校举办了一场《知心姐姐》家庭教育讲座；2009年10月，学校迎来了轮椅英雄尹小星，为学生做了示范教育；2012年5月，学校邀请鞠艳梅教授给家长作了《帮孩子成为学习赢家》的报告。

周昂雅校长说，通过“三结合”教育究竟促使多少学生转变，无法确定，但近10年来，该校学生违法犯罪率为零，肯定与此有关。

阿东(化名)是我校四年级的学生，父母双亡，跟着伯父伯母生活。伯父伯母为了挣钱，疏于照顾阿东。阿东形成自暴自弃的情绪，经常旷课，流连于网吧，无心向学，班主任多次谈心教育，但没有成效。针对这种情况，校领导、班主任会同法制副校长一起到阿东家家访。法制副校长向阿东的伯父讲清作为孩子监护人的职责、家长该如何关心好下一代，阿东的伯父承诺一定要把阿东找回来，并好好照顾和教育他。此后，阿东彻底改变了，再也没有出现逃学现象。

解析思路：

1.“三教”结合在小学教育管理场域中的意义。

① http：//www.jmnews.com.cn，2012-8-14，江门日报，第8354期（A9版）。

2. 阿东的案例说明了小学教育管理中的什么问题？

【案例分析 2】“三天一顿打”　三个孩子进北大[①]

他叫萧百佑，被称为“中国狼爸”。他的口号是“三天一顿打，孩子进北大”。他的四个孩子中的三个被北京大学录取。前天，萧百佑做客江苏某电视台，在现场遭到南京众多专家、学者的尖锐质疑，不过“狼爸”毫不示弱，坚称自己是“全天下最好的父亲”。

在“狼爸”萧百佑眼中，“打孩子”不仅是家庭教育中不可缺少的环节，而且是“最精彩的一个部分”。在节目录制现场，萧百佑还带来了一个特殊的道具——鸡毛掸，这是他管教孩子的重要工具。

萧百佑当年参加高考，获得了广东省第八名的成绩，被暨南大学录取。他认为，自己学生阶段的成功主要受益于母亲“动辄就打”的教育方法。

萧百佑表示，“‘打孩子’不是像说的那么简单。根据我的经验，要打得科学，打出艺术并不容易”。“孩子们知道怎么做是对的，怎么做是错的，错的是新错还是重犯。错了打哪里，打多少下，打的时候不能有不良的反应。打完之后要孩子表述受罚后的决心。”

萧百佑说，“但孩子到了 12 岁，为人品行已经基本成型。此后，我就不会对孩子动手，而是完全依靠说教”。

据介绍，到现在，全国各地已有 30 多个孩子被父母送到萧百佑家中，利用寒暑假，接受“狼爸式”教育。

解析思路：

1.“狼爸式”教育折射了中国家庭教育的哪些意识？

2.“狼爸”以打为主的教育方式来自其母亲的“动辄就打”的教育，这说明了家庭教育的哪些特点？

复习与思考

1. 学校教育的特点和功能是什么？
2. 学校教育的内容包括哪些方面？
3. 社区教育的特点和功能是什么？
4. 社区教育的内容包括哪些方面？
5. 家庭教育的特点和功能是什么？
6. 家庭教育的内容包括哪些方面？

---

① 中国经济网，2011-11-16。

推荐阅读

1. 赵琴．学校教育与家庭、社会教育．广州：广东高等教育出版社，2000.

2. 王道俊、王汉澜．教育学．北京：人民教育出版社，2001.

3. 檀传宝．学校道德教育原理．北京：教育科学出版社，2000.

4. 黄济、劳凯声、檀传宝．小学教育学．北京：人民教育出版社，2001.

5. 孙俊三．家庭教育学基础．北京：教育科学出版社，1991.

第七章　小学人力资源管理

本章重点

- 小学人力资源管理的原则与目标
- 小学教师工作绩效管理的基本内容
- 小学校长的职责、地位与权力
- 校长的领导艺术

第一节　人力资源管理概述

一、人力资源的内涵与特性

(一)人力资源的内涵

人力资源是指在一定范围内能够推动经济和社会发展的所有劳动者能力的总和。这里的劳动者既包括现在的劳动者，也包括潜在的劳动者。潜在劳动者是指已达到劳动年龄但还在学习或失业的具备劳动能力的成年人。人力资源在宏观意义上的概念是以国家或地区为单位进行划分和计量的，在微观意义上的概念则是以部门和企事业为单位进行划分和计量的。人力资源是人的劳动能力，是存在于人身上的社会财富的创造力，包括体质、智力、知识和技能等。

(二)人力资源的特性

一般说来，人力资源具有以下特性。

1. 人力资源具有社会性①

由于人力资源都处于特定的社会和时代之中，它既是人类社会活动的结果，也是构成人类社会活动的前提，因此它具有社会性特征。在不同的时代或不同的社会，由于发展程度的差异，人力资源的素质是不一样的。人力资源的社会性特征具体表现为两个方面：从宏观上看，人力资源的形成要依赖社会，

---

① http：//www. hroot. com/contents/4/90119. html。

其配置要通过社会，其使用更是处于社会经济的分工体系之中；从微观上看，由于人类劳动都是群体性劳动，所以不同的人都分别属于社会之中不同的组织或群体。从本质上讲，人力资源是一种社会资源。

2. 人力资源具有能动性

人力资源不同于自然界的其他资源，它具有主观能动性，能够有目的地进行活动，有目的地改造外部物质世界。人力资源的能动性，主要表现在三个方面：一是自我强化。即通过发展教育、努力学习、锻炼身体等积极行为，使自己获得更高的劳动能力，从而使人力资源得到强化。二是选择职业。即人可以通过主动地选择职业，来达到与物质等其他资源的有机结合。三是积极性的发挥。这是人力资源能动性最重要的方面。积极性的发挥，对于能否挖掘人力资源的潜力，具有决定性的影响。所以在人力资源开发过程中，对其能动性调动得如何，直接决定着开发的程度和达到的水平。

3. 人力资源具有再生性

资源可分为再生性资源和不可再生性资源两大类。不可再生性资源如矿物资源，会因为使用而减少，不可能靠自身机制恢复。另一些资源，如动植物等，在适宜的环境中有不断复制自己后代的能力，可以保持资源总体的数量。人力资源是一种可再生的资源，它基于人口的再生产和劳动力的再生产，通过人口总体内个体的不断更替和“劳动力耗费——劳动力生产——劳动力再次耗费——劳动力再次生产”的过程得以实现。在开发过程中，不仅总量不会减少，还可能会因为使用而提高水平，增强活力。

4. 人力资源具有时效性

人力资源的形成、开发、使用具有时间方面的限制，对人力资源若储而不用，人的才能就会荒废、退化。从个体的角度看，作为人力资源的人，能从事劳动的自然时间被限定在生命周期的中间一段，并且能够从事劳动的不同时期，其劳动能力也有所不同。无论哪类人，都有其才能发挥的最佳期、最佳年龄段。因此，人力资源开发与使用必须及时把握住关键期，以取得最大效益。

5. 不可剥夺性

人力资源存在于人体本身，是人的价值意义的内在储存和外在行为的表现，是同人的生命力密不可分的，是同人的尊严与权益联系在一起的，所以不可剥夺，不能压取、不能骗取、不能夺取，只能在任用中通过良好的管理、良好的政策、制度与技术方法使其自觉地运用与发挥。

6. 资本积累性

人力资源是人的体力、智力、知识、技术、能力、经验、信息、健康、关系的综合体现，是靠不断地投资而形成的，是外界教育、培训、影响以及自我学习努力积累的结果。这种活的积累资本，提供了人力资源的反复开发性与不断增值性。因此，它为人力资源开发主体提供了对人力资源加大投资的依据性。

人力资源的特性启示我们在进行人力资源开发中既要遵守自然规律，又要遵守社会规律；既要运用自然科学的方法，又要运用社会科学和管理科学的方法；既要运用物质的力量，又要运用精神的力量；既要注意外界的推动作用，又要注意主观能动性作用。

二、小学人力资源开发与管理的原则

1. 能级对应原则

在管理系统中，各种管理功能是不相同的。根据管理的功能把管理系统分成级别，把相应的管理内容和管理者分配到相应的级别中去，各占其位，各显其能，这就是管理的能级对应原则。学校岗位有层次和种类之分，它们占据着不同的位置，具有不同的功能，处于不同的能级水平。每个人也都具有不同水平的能力，在纵向上处于不同的能级位置。合理的人力资源配置应根据能级对应原则，把相应的人力资源分配到相应的级别中，使人的能力与岗位要求相对应，做到量才使用，强化人力资源的整体功能。

2. 优势定位原则

尺有所短，寸有所长。每个教职工都有其个性特点、专业特长及工作爱好。学校工作要充分发挥每一个人的特长，使其互相配合，互相补充，促进学校工作的整体优化。优势定位的内容有两个方面：一方面是指人自身应根据自己的优势和岗位的要求，选择最有利于发挥自己优势的岗位；另一方面是指管理者也应据此将人安置到最有利于发挥其优势的岗位上。

3. 动态调节原则

动态原则是指当人员或岗位要求发生变化的时候，要适时地对人员配备进行调整，以保证始终使合适的人工作在合适的岗位上。岗位或岗位要求是在不断变化的，人也是在不断变化的，人对岗位的适应也有一个实践与认识的过程。由于种种原因，使得能级不对应，用非所长等情形时常发生。因此，如果搞一次定位，一职定终身，既会影响工作又不利于人的成长。能级对应，优势定位只有在不断调整的动态过程中才能实现。

4. 激励性原则

学校人力资源的科学高效管理离不开对管理者和教职工的激励。激励是管理人员或管理组织根据人的需要、动机、目的和行为，选用相应的激励物，采取适当的激励措施，激发教职工积极实施系统所希望的行为过程。简单地说，就是指激发、鼓励、调动教职工的热情和积极性。

学校管理者和教职工的激励要以能够满足个体某些需要和动机为条件。学校教职工的需求有其特殊性。教职工的物质生活需要内容和一般人的物质生活需要相同，但教职工是高层次文化群体，拥有特殊的社会角色，有较高层次的成就和实现自我价值的追求和特有的、强烈的自尊需要、荣誉需要、民主的需要。学校管理者应根据教职工的需求特点，职务、级别差异以及不同的年龄段，分层次、分类别采取不同的激励方式。

5. 重视绩效的原则

重视绩效，就是重视工作的成果和工作的效率，强调以对学校实际贡献的大小作为衡量、评价和奖惩教职工的标准。学校的发展是靠有效的工作成绩来支持的。重视绩效，有助于将组织目标和教职工的业绩联系起来，可以提高大家的成就意识，并且与激励制度一起促进教职工努力工作；重视绩效，为人才的竞争提供了客观标准，有利于教职工之间合理、公平地竞争；重视绩效，有利于教职工的自我反省，可以促进教职工有的放矢地改进工作；重视绩效，也有助于教职工强化专业意识，增强教育的自觉行为，促进自己的自我完善。所以，在人力资源开发和管理工作中，要重视绩效。但是，重视绩效不能只重视绩效结果，还要关注绩效过程，注意对教职工出现绩效偏差行为的指导。

三、小学人力资源开发与管理的目标

小学人力资源开发与管理目标是指小学人力资源开发与管理需要完成的职责和需要达到的绩效。人力资源开发与管理既要考虑学校组织目标的实现，又要考虑教职员工和管理者个人的发展，强调在实现组织目标的同时实现个人的全面发展。具体来说，有以下目标[①]。

(一)取得学校人力资源最大的使用价值

从价值工程的角度分析，人力资源就是要通过合理地开发与管理来实现人力资源的精干与高效。体现为：

人的使用价值达到最大＝人的有效技能最大地发挥

人的有效技能＝人的劳动技能×适用率×发挥率×有效率

其中：

① 申继亮：《教师人力资源开发与管理》，9页，北京，北京师范大学出版社，2006。

适用率＝适用技能/拥有技能×100％（即是否用其长）

发挥率＝耗用技能/适用技能×100％（即积极性调动如何）

有效率＝有效技能/耗用技能×100％（即效果如何）

小学人力资源开发与管理的目标就是要尽量提高适用率、发挥率和有效率。

（二）最大限度地调动教师和管理者的主观能动性

学校组织取得最佳办学效能的关键在于增强学校组织的活力，而学校组织活力的源泉在于提高教师和管理者的积极性和创造性。学校人力资源管理的一个重要目标就是要激励教职员工和管理者的积极性，发挥其最大的主观能动性。

（三）全面提高教职员工和管理者的综合素质

小学人力资源开发和管理不但要注意合理使用、有效使用学校的人力资源，而且非常重视教职员工和管理者的培训、教育等方面，使学校人力资源有充分的增值、再生和提高的机会。通过一系列的开发措施，扩充、更新学校人员的理念、知识，提高其智能，从而全面提高学校员工的整体素质。

第二节　小学教师管理

一、小学教师管理的基本内容

如同一般的人力资源管理一样，小学教师管理所涵盖的主要内容应包括：规划、招聘、培训（培养与教育）、绩效评估、行为激励、环境建设等基本方面。教师管理就是对上述管理内容的规定及其操作。①

（一）规划

规划主要指对在一定年限内要达到的教师数量、素质、结构（包括学科、年龄、学历、职务和学缘）等方面所做的计划。这种规划的制定主要是依据该年限内学校的招生规模、办学效益所希望的师生数比、学校办学理念与目标、重大改革项目的需求、未来一段时期的发展重点等。同时，也要考虑到学校的类别、层次、地域、办学理念与设定目标等方面的差异性，从实际出发，制订出切实可行的、分年度执行的教师补充和发展计划，使教师数量、素质和各种

① 王爱敏：《我国公立高校教师人力资源的优化配置研究》，12页，2009年中国矿业大学博士论文。

结构逐步趋于合理。

（二）聘用

根据岗位要求选拔聘用教师。学校选聘教师的途径有两种。一是内部选聘。主要根据平时的绩效考评和平时的工作状况择优选聘，并签订聘任合同。内部选聘可以调动教师的积极性，有利于学校工作的有效开展，而且可以形成学校的优良传统。二是外部招聘。招聘是学校补充人力资本的一种手段，一般是按学校的年度招聘计划进行的。我国小学现行招聘教师的形态，包括大学毕业生选聘、人才引进或调进。外部招聘能带来新思想、新方法。

（三）培训

培训是学校为获取更大竞争力而实施的人力资本投资的一种方式。教师培训一般是指教师的在职培训，主要是对已取得教师法定资格并从事教育教学工作的人所进行的再教育。对于小学教师的培训，包括业务培训与思想政治培训，是对教师进行在职培养、教育与提高的重要手段，也是促使教师个体智力资本投资不断升值的一条途径。业务培训主要是着眼于提高学历、更新观念、改善知识结构、提高教学科研的创新能力等。培训方式包括在职攻读学位、参加校本培训、参加教师进修培训班、参加远程教育培训、承担重要教学与科研任务等形式。思想政治培训主要是引导教师热爱社会主义祖国，忠诚人民的教育事业，爱岗敬业，团结协作，乐于奉献；引导教师树立正确的世界观和方法论，用辩证唯物主义和历史唯物主义的立场、观点和方法指导教学科研活动；进行师德教育，引导教师模范遵守职业道德，潜心治学，诲人不倦，真正做到为人师表，教书育人。

（四）行为激励

在学校管理中，管理者要善于抓住教职工的优势需要，实行需要激励。善于在满足教师基本需要的基础上去激发他们产生高层次的需要。小学教师的需要是一个系统，小学教师管理不仅要发挥基于个体各层次需要或各项需要满足的激励功能，还要发挥基于各层次需要或各项需要满足相互联系形成结构的新的激励功能。面对不同小学教师不同的需要满足状况及不同的学校环境和文化，应该采取灵活变化的权变激励策略，灵活合理地运用显性满足和隐性满足、直接满足和间接满足这四种满足方式。小学管理者应关注小学教师的自身发展，通过工作来满足小学教师自尊、自我实现的需要，力求使教师工作丰富化，唤起教师的工作热情，以教师自身的持续发展来带动学校的可持续发展，实现学校发展与促进教师自身发展的统一。

(五)环境建设

小学教师队伍建设的环境可以粗略地分为大环境和小环境。大环境主要指社会环境，小环境主要指学校环境。

社会环境是小学教师队伍建设的大环境。这是由党和国家的方针政策、民族文化传统和国民的素质决定的。中华民族一向有尊师重教的美德，党和国家历来提倡尊重知识、尊重人才，特别是近几年来党中央提出的科教兴国的战略决策已经成为全国上下的共识，教育在国民经济和社会发展中的基础地位得到确认，党的知识分子政策逐步落到实处，真正尊重知识、尊重人才、尊重学术自由的社会环境基本形成。这为小学教师队伍的建设营造了一个良好的外部社会环境。

小环境是由学校的知名度、学校的办学理念和办学条件、政策措施、管理水平共同决定的。小环境中，生活环境、生活条件固然重要，是教师奋发拼搏的基本环境和基础，但是教学环境的建设相对更为重要、更为困难。教学环境大体上包括硬条件和软环境。硬环境是学校客体所形成的物质环境，如硬件建设；软环境是由学校的主体要素形成的文化场，如校园文化、学校传统、学校精神、学校习惯等人文环境。

二、小学教师工作绩效的管理

(一)教师绩效管理的概念

1. 绩效

关于绩效的定义主要有两种观点：第一，贝娜蒂(Bernadin，1995)等认为，“绩效应该定义为工作的结果，是在特定范围，在特定工作职能、活动或行为上生产出的结果记录”。第二，坎贝尔(Campbell，1993)指出，“绩效是行为的同义词，它是人们实际的行为表现，而且是能观察得到的。绩效不是行为的后果或结果，而是行为本身。绩效由个体控制下的与目标相关的行为组成”。

2. 绩效管理

麦克尔·阿姆斯瑞琳(Michael Armsrany，1994)提出，绩效管理是通过在员工和管理者之间达成关于目标、标准和所需能力的协议，在双方相互理解的基础上使组织、群体和个人取得较好工作结果的一种管理过程。在这个基础上我们认为，绩效管理指的是管理者用来确保员工的工作活动和工作产出与组织目标保持一致的手段及过程。它是一种提高组织员工的绩效和开发团队、个体的潜能，使组织不断获得成功的管理思想和具有战略意义的、整合的管理方法。绩效管理的运用是作为一个整合过程出现的——它使人力资源的管理行为和组织目标的实现相互配合。从其定义可以看出，绩效管理中的“绩效”更倾向于关注行为的本身。

3. 教师绩效

教师绩效是指由教师工作行为与教师工作结果两方面综合反映的教师业绩高低。一方面，教师工作行为是指教师在工作过程中的工作表现、工作态度、所付出的体力与精神上的努力。另一方面，教师工作结果是指完成教师职位任务的程度，它反映了教师能在多大程度上实现职位要求。

4. 教师绩效管理

教师绩效管理就是对教师绩效的管理。就是学校管理者为了确保教师的工作活动和工作结果与学校教育与管理目标相一致而进行的管理过程。从教育学的角度看，学校作为准公共物品，对小学教师进行绩效管理追求的并不是效益最大化，而且绩效管理的对象是小学教师，有区别于其他社会成员，教师绩效管理更重视通过管理提升教师的自觉意识，从而提高学校的办学质量，适应社会外部的需求，为社会做出贡献。

(二)教师绩效管理的过程

对于绩效管理，人们往往把它视同为绩效考核，认为绩效管理就是绩效考核，两者没有什么区别。其实，绩效考核只是绩效管理的一个组成部分而已。完整的绩效管理包括绩效计划、绩效实施与辅导、绩效考核、绩效反馈和应用这几个环节。

1. 绩效计划

(1)工作岗位分析。工作岗位分析是人力资源管理工作的基础，更是绩效管理工作必需的前期工作。为了有效地进行绩效目标和绩效指标的设置，学校必须首先对教师的工作做出科学、完整的工作岗位分析。即对组织中各个岗位工作目的、任务、隶属关系、流程等方面的信息和有关完成这些任务所需人员特点方面的信息进行收集与分析，也即进行职位分析、工作分析、教师任职资格条件分析。然后，确定岗位的工作职能特性、工作职责和工作目标。每种职位应负责何种职能是由该职位存在目的决定的，这些内容一般在岗位说明书中予以描述。工作岗位分析与设定应当遵从学校的总体目标，并吸收领导和教师共同参加制定。

(2)确定绩效目标。教师绩效计划就是关于工作目标和标准的契约，可以认为是学校管理者和教师之间通过沟通，将教师的工作目标和学校的计划标准达成共识，形成契约的过程。确定教师工作绩效目标，即是确定岗位职责目标，它是后面进行教师考核工作的基本依据。目标管理法要求目标的分解应在保证组织目标实现的前提下层层分解，并在分解过程中上下充分沟通，达成共识。所以应在保证实现学校总目标的前提下，通过与教师的广泛协商和讨论，搞好“三定”(即定编、定岗、定职责)工作，以此明确职务不同、类型不同的教师所应履行的不同职责，设定切实可行的目标，形成较为合理的目标体系框架。

(3)设置关键业绩指标和标准。在这个阶段管理者与教师要完成绩效指标及其标准的设置工作，以便管理者按照此标准对教师进行指导和监督，教师也有明确的自我约束标准。管理者通过前面的岗位分析和目标设置，拟出关键绩效指标。绩效指标一般体现在工作能力、工作态度和工作效果三方面，也就是我们平时所说的德、能、勤、绩。对教师工作所要达到的程度要做出明确界定，定出评价标准。标准应当明确，让教师容易理解和操作。标准应当具有适度性，是教师通过努力可以达到的，不能要求过高。考核指标的权重是为了强调某一指标在全体因素中所处地位及其重要程度，而赋予这一因素的某一特征值，它体现出该项指标在整体评价中的相对重要程度。对于从事不同岗位、不同级别的教师，其各项绩效指标的权重设置各不相同。因此具体指标权重要根据教师的工作重点和工作内容对目标贡献的重要程度进行设计，最终由管理者和教师双方进行沟通后确定。

(4)制订绩效计划。在绩效目标设定及对各个岗位进行相应的工作岗位分析后，管理者就该和教师一起根据本岗位的工作目标和工作职责来制订绩效计划，搞清楚在本绩效计划周期内教师应完成什么工作，做到什么地步，应何时完成，教师有何种权限，衡量工作的标准是什么，教师需要什么支持等。

2. 绩效实施和辅导

绩效计划制订以后，教师就可以按照计划努力工作。在工作过程中，应加强上下级在平等的交往中相互获取信息，增进了解，联络感情，使相互沟通经常化、制度化。这种追踪性沟通，可以使领导及时发现教师的问题，适时地辅导和督促，帮助教师解决在工作中遇到的自己解决不了的困难；可以使领导及时纠正出现的失误及偏差，并随时根据实际情况对绩效计划进行调整；可以使领导对教师在工作中取得的成绩予以肯定和赞扬，增强教师的工作信心，鼓励他们不断努力。

3. 绩效考核

在规定的目标实现期限内，对教师的目标实现情况要进行评价，包括工作结果考核与工作行为评估两个方面。其中，工作结果考核是对教师工作目标实现程度的测量和评价；工作行为考核则是针对教师在绩效周期内表现出来的具体行为和态度进行评估。教师工作，包含着教学、科研、服务三个方面，体现在工作数量和工作质量两个维度。小学教师所从事的是复杂的、创造性的劳动，其劳动的实质和价值，不光在“量”上，更重要是在“质”上。教师劳动的特征和对教师劳动成果评价的标准不一，决定了教师绩效考核必须采取定性与定量考核相结合。教师考核体系的设计，要尊重专业表现，不能依循行政体系或企业体系来处理。考核指标尽可能地量化。对不能量化的指标，在考核时应尽量吸纳相关部门的意见，采用360°考核的方式，力求考核的客观公正性。考核要兼顾学校目标和教师个人职业目标，应突出教师的职业发展导向，充分调动教师的积极性。

4. 绩效反馈

从目标设置理论来说，反馈比无反馈会带来更高的员工绩效。从根本上说，激励人们达到工作目标的最有效管理措施，就是向人们提供他们已达到或未达到预定目标的反馈信息，因此，领导必须向教师反馈考核的结果。领导与教师进行通过一次甚至多次的面谈反馈，使教师了解学校对自己的期望，了解自己的绩效，认识自己有待改进的方面；并且教师也可以提出自己完成绩效目标中遇到的困难，请求上级的指导和帮助。在反馈面谈中，要保持平等地双向沟通，要双方一起商量，就存在的问题找出针对性的解决方案，不能一味地批评。在反馈中，领导要善于赞扬、肯定教师的有效业绩，鼓励教师和下属积极参加绩效反馈活动。

5. 绩效应用

传统的教师评价的目的只是通过对教师的工作业绩进行评估，将评估结果作为确定薪酬、奖惩、晋升或降级的标准。但现代的教师绩效管理目的不限于此，它是要通过绩效考核针对教师的不足进行培训和提高，持续改进绩效和发展教师的素质，不断提高学校核心竞争力。

三、小学教师的专业发展

（一）小学教师专业发展的内涵

小学教师专业发展包括教师职业专业发展和教师个体专业发展两个层面。小学教师职业专业发展是指小学教师这一职业群体的专业化水准的发展。小学教师个体专业发展是指小学教师个体专业化结构的发展和完善，是指小学教师作为专业人员，从专业思想到专业知识、能力、专业心理品质等方面由不成熟到比较成熟的发展过程。它具体包括教育理念的建立、教育教学知识的拓展、能力的发展和专业自我的形成等。

(二)教师个体专业素质构成

教师个体专业素质从大的方面分，包括职业道德素质和业务素质。

(1)教师职业道德的内容包括政治上的、道德上的，对自己、对学生、对同事等诸方面的一些行为规范。政治上要求教师要讲政治，懂政治，具有政治眼光。道德上要求教师具有高尚的人格。

(2)教师业务素质包括以下几点：

①教育理念。教育理念是教育思想的最高层次，是一种理想化、信仰化了的教育观念。它是指教师在对教育工作本质理解基础上形成的关于教育的观念和理性信念。

②学科教学知识。学科教学知识是教师在具体教学情境中，把学科知识、学生知识、课程知识、评价知识、一般教学法知识等“活化”之后，经由自身价值观做出判断、选择、重组而形成的动态知识。

③教学监控能力。指教师为了保证教学的成功，达到预期的教学目标，而在教学的全过程中将教学活动本身作为意识的对象，不断地对其进行积极、主动的计划、检查、评价、反馈、控制和调节的能力。

④专业精神。理想的专业精神包括如下方面：其一是服务性，指乐于从事某项工作，不计物质待遇，而重视对他人及社会团体的贡献；其二是专门性，指从事一项工作应接受专门训练，具有专业技能；其三是长期性，有终身从事这项事业的意愿，且与所属之机构团体有休戚与共的情感；其四是创新性，有革新创造精神，不墨守成规，并有高度使命感；其五是自律性，责己严，待人宽，以身作则，爱护团体荣誉等。

⑤良好的心理品质。教师的良好心理素质包括认知过程中的良好心理品质，也包括情感、意志过程的心理表现，更反映于个性心理特征中。比较理想的教师应有下列的心理特征：要有细致而深刻的观察力，良好持久的记忆力，灵活敏锐的思维力，创造性的想象力；坚强的意志力，包括意志的自觉性，果断性，坚持性和自制力；丰富而又能控制的情绪情感；乐观、开朗的性格。

(三)小学教师专业发展的策略

1. 调动教师的内在发展动力，促进自我发展[①]

教师的内在发展动力是指教师的自我教育和锻炼。主要包括以下方面：

(1)教师观念的变革。要提高教师素质，促进教师切实转变教育教学观念是关键。观念决定行为，有了新的教育观念和教育思想之后，才可能会促使其

① 王立国：《基于教师专业发展的教师素质标准研究》，2007年西北师范大学博士论文。

产生相应的教育行为，才可能促成相应的教育结果。在当前新课改以及信息时代的背景下，教师要转变教育思想，与时俱进，更新教育观念。树立新的职业观、发展观、师生观、教学观、学生观和课程观、评价观、学生学习观，使自己成为创新性、民主性、学习性教师，这样才能推动教师专业化不断向前发展。教师观念的转变是通过自身的学习和认识实现的。

(2)教师成为研究者。英国课程论专家斯腾豪斯明确提出“教师成为研究者”这一概念。他认为“教育科学的理想是，每一个课堂都是实验室，每一名教师都是科学共同体的成员”。在美国，“学者未必良师，良师必为学者”已成为师范教育的新理念。我国要促进教师专业化的发展，就必须促进教师向学者、研究者转变。研究是我们对待未知事物的一种态度，研究是教育应有的态度。对于教师而言，教师劳动的复制性要求教师永远需要研究的态度，对自己的工作具有反思态度和积极探索的能力。

(3)教师要不断进行反思。教师的反思是指教师在教学过程中把自我作为意识的对象，不断地对自我及教学进行积极主动的检查、评价、反馈、控制和调节的能力，包括自我监控能力和教学监控能力。反思是培养教师的教育创新能力的重要环节，是教师进行教育研究的动力和初始点。教师通过对自己的教学活动进行不断的反思，对现实教育教学情境进行研究，才能实现对自我观念、行为、能力、经验的理性分析，才能实现个人观念、能力的重构、生成和提升。

2. 改革师范教育

以教师专业化为导向，优化教师教育课程结构。改革现有小学教师教育课程体系，要既能保证教师教育具有较高的学术性，又有利于进一步强化其师范性。要端正学生的观念，培养学生科学的教育理念，垒实学生的基础知识，注意技能的培养，加大实践课程的比重。使培养出来的教师具有不可替代性。

3. 加强教师在职培养与提高

学校要围绕教师教育教学实践积极探索多样化的培训模式，以确保教师在职培训的质量。

(1)设立专门进修机构，功能要齐全，进修内容必须有实用性，必须是来源于实践中的问题和需要。

(2)开展校本培训。可以通过观摩教学，开设讲座，学习、实践、研究三者相结合，打造教师发展共同体，同伴互助等方式对小学教师进行培养。要注重发挥优秀骨干教师的传、帮、带作用，经常性开展区域性集体备课和听评课活动，针对教学实践中亟待解决的问题，加强研究和指导，促进教师共同发展、共同提高。

(3)加强小学与师范院校的联系。要求大学教师和小学教师能互换环境上课，互相提高。小学与师范院校不仅在理论层次上，更重要的是在实践层次上必须紧密结合，而且要形成长效机制。

(4)建立教师教育一体化模式。教师教育的发展应改革教师教育制度，建立教师教育一体化模式，实现教师教育终身。所谓教师教育一体化，就是以终身教育思想为指导，根据教师专业成长的阶段性特点，对教师的职前培养、在职培训统一规划，建立各阶段相互衔接、贯通，又各有侧重、相互联系的教师教育体系。构建教师教育一体化体系，就是要打破条块分割、各自为政的师范教育管理体制。有利于从小学教师的终身发展、专业发展的角度统一规划小学教师教育，有利于优化小学教师资源，提高小学教师的社会地位及经济地位。

4. 加强政府的政策导向作用

通过政府的立法，完善现有的教师资格制度和教师教育认可制度，把好教师的入口关，提高社会对教师专业的认可度。

在小学教师专业化建设过程中，各级政府要从政策上加强、提高小学教师的社会地位和经济地位，吸引优秀的人才进入教师队伍，同时通过满足教师的物质需求，进一步推动教师的精神需求，促进教师不断提升专业化水平。

第三节　小学领导管理

一、小学领导集体的建设

从某种意义上说，一个校长就是一所学校。但校长不是“神”，光凭校长一个人的智慧和思想还远远不够，更多的要依靠学校领导集体和全体师生共同谋划，共同努力，才能办好一所学校，才能使学校在原有基础上快速发展。

所谓学校领导集体，是由学校里担负责任的管理成员组成的机构，是为达到特定目标、由多种因素组成、具有多种功能的整体，是统帅学校的最高子系统，是整个管理系统的枢纽。小学里担负责任的管理人员主要有学校的正副校长，支部书记以及教导主任和总务主任等。加强领导班子建设有利于全面管理学校工作，有利于提高工作效率，有利于调动教职工的积极性，有利于实现领导成员之间的互补作用、减少工作的片面性和失误。学校领导集体建设主要从以下几个方面入手。

(一)选配结构合理的领导班子[1]

首先，要抓住主要矛盾，选好校长和书记。校长和书记怎么样，在很大程度上决定领导班子的强弱。为此，要根据党政职能分开的原则以及校长和书记各自的职责要求，根据结构决定功能的原理，既要选配担任校长和书记的最佳个体，又要注意相互搭配的人选。

其次，选配领导班子成员时，既要根据能级相称原理合理定岗，做到成员能力与岗位职务要求相适应，又要考虑领导班子的整体结构，注意专业知识结构的合理性，智能素养结构的多样性，性格气质结构的协调性，心理素质结构的相容性，年龄结构的连续性。做到人事两易，量贤使用，合理搭配，才智互补。这样组建起来的领导班子才具有优化整体功能、发挥群体优势的基础。

最后，要科学地处理好领导班子的静态建设与动态建设。既要保持领导班子成员的相对稳定，又要根据情况做相应的调整，使领导班子在动态的稳定中不断地优化。

(二)加强政风和作风建设

1. 切实加强政风建设

坚持执政为民。领导班子成员要牢记全心全意为人民服务的宗旨，进一步完善领导干部联系群众制度、领导干部听课制度，经常深入到教学科研第一线。通过各种反映真实情况的渠道，及时了解教职工的需求，认真听取广大教职工的意见和建议，关心师生员工包括离退休人员的思想、学习、工作和生活，为他们排忧解难。

坚持求真务实。班子和班子成员要严格遵循教育教学规律，一切从实际出发，既不盲目求大求全求新，又不因循守旧，患得患失，错失良机。认真履行职责，脚踏实地，埋头苦干，把心思用在干事创业上，把工作的成果体现在推动学校发展、构建和谐校园上。

2. 切实加强作风建设

坚持从群众中来，到群众中去。决策前要广泛发扬民主，提高群众的参政议政意识，决策后要深入基层，看看决策的落实情况。所有决策意图都应在群众的实践中实施。要经常深入到教学、科研、管理一线，多听不同的意见与建议，不断换位思考，真正了解师生的心声。要加强党风廉政建设，建立健全领导干部报告工作和廉洁从政制度，建立党政领导干部述职述廉制度，健全党内监督和群众监督，增强监督工作的有效性。坚持为民、务实、清廉，切实改进

① 王晋湘：《试论学校领导班子的建设》，载《教育理论与实践》，1995(3)。

领导班子作风，增强领导班子廉政自律的意识。

(三)提升“五个力”

加强学校领导班子建设必须提升如下方面的力度。

1. 提升凝聚力

首先要确定共同目标，尽管思路和方法各不相同，但由于大家的利益一致，所以才会立场坚定，勇往直前。共同的奋斗目标对人的行为具有导向和激励作用，可以凝聚和谐的团队，激发教职工的工作积极性、主动性和创造性。目标的设置要从实际出发并能深入人心，成为领导乃至全体教职员工的共同价值取向。

学校领导班子的凝聚力还来自班子成员的人格魅力。班子成员的人格魅力源自“人”重于“物”的价值观，源自“情感与制度”并重的管理观。班子成员要把精力放在为师生干实事、让师生得实惠上，把精力放在谋求工作实效上、解决紧迫难题上。

2. 提升战斗力

学校领导班子的战斗力决定了整个教师队伍战斗力的水平。学校领导班子成员通过各种自学和进修历练，个个成为“虎狮将帅”，既有作为教师的专业素质，又有作为领导的管理才能；既能独当一面，又能团结共力；既有处理常规的协调行动能力，又有应付突发事件的果断处理能力。

3. 提升学习力

高速发展的社会生产力、日新月异的科学技术以及迅速兴起的知识经济都对人的素质提出了更高的要求，提升领导干部的学习力为了更好地应对时代的挑战。通过学习，日有所进，才能与时俱进。学校领导干部要学习马克思理论，精通教育教学理论，要懂得管理科学和领导科学。只有通过坚持不懈地学习，才有宽广的视野、敏锐的嗅觉、正确的决策。

4. 提升创新力

创新力就是创新意识、创新思维、创新实践并取得创新成效的综合能力。凡成事者是“创”出来的，而非“守”出来。学校的发展就是在原有基础上不断改革创新，与时俱进。好的领导班子一方面要在原有的基础上去粗取精；另一方面又要针对实际情况寻找新的增长点。一套领导班子“称职”与“优秀”的差距就在于是否有创新意识。

5. 提升决策力

每个学校都有自己的办学方向与目标，无论目标大与小，高与低，都必须经历从起点迈向目标这一过程，就像数学上的轨迹。同样的起点和终点，有的轨迹是直线，有的轨迹是曲线，其关键在于领导班子的决策能力，能否决策正确。大到学校蓝图规划，小到年级、班级的计划，长如学校发展方向，短至每一日各种事务的轻重缓急，都需要正确的决策与选择，才能获得成功的捷径和最佳的效益。因此要以科学的教育发展观，提升决策能力。

二、小学校长的职责、地位与权力

(一)校长职责

(1)全面贯彻执行党和国家的教育方针、政策、法规，自觉抵制各种违反教育方针、政策、法规倾向。坚持社会主义办学方向，坚持按教育规律办事，努力培养德、智、体全面发展的社会主义现代化的建设者和接班人，不断提高教育质量。

(2)全面主持学校工作

①领导制订学校的发展规划和学年、学期工作计划，并认真组织实施，检查和总结。

②根据学校规模，编制标准，实际需要和有关规定，设置学校管理的组织机构，选任多层级的干部，建立健全各项规章制度和岗位责任制。

③领导教师队伍建设工作。必须十分重视教师队伍建设，注意培养班主任、中青年教师和业务骨干，组织教师学习政治与业务，使之不断提高政治思想、职业道德、文化业务水平，充分调动他们工作的主动性、积极性和创造性。

④领导和组织德育工作，把德育放在首位，坚持管理育人，教书育人，服务育人，环境育人的工作方针，坚持不懈地加强对学生的思想品德教育。

⑤领导和组织教学工作。坚持学校工作以教学为中心，育人为根本的方针，按照国家统一编制的教学计划、教学大纲，遵循教学规律组织教学，建立和完善教学管理系统，搞好教学常规管理，深入教学第一线，正确指导教师进行教学改革，努力提高教学质量。

⑥领导和组织体育卫生、美育、劳动教育工作。妥善处理“五育”之间的关系，保证学校体育卫生、美育、劳动教育工作生动、活泼，确有成效地开展。

⑦领导总务工作。贯彻勤俭办学原则，坚持总务工作为教学、为师生服务的方向，关心师生生活，保护师生健康，严格管理校产和财物，搞好校园建设，努力开展勤工俭学活动，逐步改善办学条件和教职工福利。

⑧配合党组织，支持和指导学校的团、队工作，关心和支持教育工会和其他群众组织开展活动，注意发挥这些组织的作用。

(3)努力争取社会各方面对学校工作的支持和帮助，代表学校协调、处理公共关系。

(二)校长的地位与权力

1. 校长的地位

校长是学校行政的最高负责人，是学校的法人代表，对外代表学校，对内全面领导教育、教学、科学研究和行政管理工作，包括全面贯彻执行国家的方针、政策，负责制订和组织实施学校的发展规划和年度工作计划，掌管学校的人事工作，加强教职员的思想政治教育和队伍建设，合理安排教职工的工作等。校长对学校工作有决策权和指挥权；以校长为首的校务委员会是审议机构，协助校长进行决策；学校党组织对学校行政工作实行保证监督。

2. 校长的权力

校长的权力是指校长依法支配人、财、物等公共教育资源，管理教育教学事务，确保教育质量与教育效能的一种职权。华中师范大学余白在确切界定校长负责制后，运用逻辑的方法归纳总结出校长应有以下五种权力，这五种权力被大家广泛认可。

(1)机构设置权。校长有权根据学校工作实际需要来设置行政机构和业务机构，如有权决定教育教学业务机构是按年级设置，还是按学科设置。校长有权调整和改革学校机构设置，设立严格的岗位责任制，确定各部门的权力和责任，并对各部门工作进行指导和监督。这里还须明确指出：对于工会、教代会、党支部等依法确定的其他性质的机构，校长应依法设置。

(2)人事管理权。校长的人事管理权包括学校全体教职员工从进到出的全程管理。它主要包括：①全面的教职工聘任权。校长有权对教职工实行定编、定员、定岗、定责、定工作量使学校教职工合理组合、优化队伍，并对被聘任的教职工颁发聘任证书，签订聘任合同。②领导班子组阁权。校长有权决定副校长职位的设立与否及其任命，有权聘任部门负责人、年级组长、教研组长，并报请教育行政主管部门进行资格审批。

(3)经费使用权。这是指校长对学校资金、设备管理使用的权力，主要包括：①校长有权对上级拨款(含学杂费、办公费、建设费)和校办工厂创收等费用，按照财务制度规定安排使用。②有权确定教职工的奖金分配方法。③有权根据学校的实际情况添置、维修、使用、保管校舍校产，有权抵制任何单位和个人随意动用和平调学校设备；不得转让、出售、抵押学校土地和房屋或提供经济担保。

(4)教育教学管理权。公立中小学最主要的任务就是进行教育教学工作，所以校长依法对学校进行管理，行使管理权力是一个很重要的权力。校长的教育教学管理权主要包括：①领导和组织学校的教学、教改工作。②组织学校人员制订、实施学期、学年教育教学计划，指导监督教育教学计划和活动的实施。③按照国家或地方的有关规定，组织学校的相关人员研究确定学校的课程设置、教材选用、授课时数。

(5)校舍校产使用权。校长有权对校舍校产进行使用和监管，根据学校实际情况添置、维修、使用、保管好国家公共财产与集体财产；有权抵制任何单位、个人随意使用或转让、出售和抵押学校设备和土地等。但校长无权对学校土地和房屋进行转让、出售、抵押或提供经济担保。校舍土地所有权又有国家全民所有制和集体所有制之分。

三、小学校长的领导艺术

卡耐基说过，领导艺术(The art of leadership)是指在领导的方式方法上表现出的创造性和有效性。领导艺术一方面是创造，是真善美在领导活动中的自由创造性。“真”是把握规律，在规律中创造升华，升华到艺术境界；“善”就是要符合政治理念；“美”是指领导使人愉悦、舒畅。另一方面是有效性，领导实践活动是检验领导艺术的唯一标准。作为校长，其领导活动不仅是一项职责，也是一门艺术。

校长要以自身的学识、智慧、经验、能力为基础，以实现学校发展目标为目的，结合学校实际，创造性地运用领导策略、技巧，实现学校工作高效运转。为此，校长需要具备如下一些领导艺术。

(一)用人的艺术

用人的方法和艺术在领导工作中占有特别重要的位置。要想用好人，校长首先得有正确的人才观念和对人才的态度，充分认识到人才的重要性。要有爱才之心，求才之渴，容才之量，举才之德。

其次，校长要做到合理选择，知人善任。选拔人才需要通过科学而严密的步骤，坚持德才兼备的原则，做到任人唯贤。选人之后，通过留心观察以及活动中考察，了解其文化水平、经济状况、志向气质、政治思想、道德品质、工作能力、工作态度和工作效果等。知人之后，也要重视用人之道。根据“能级相称原理”，用人要量才使用，用人所长，人尽其才。唐僧之所以能西天取经成功，主要是他能做到知人善任，把孙悟空、沙和尚、猪八戒安排到最适合他们的岗位上去，实现了人尽所长与岗位所需的最佳组合。用人要遵循我国历来所持有的“疑人不用，用人不疑”的古训，对使用的人要放心、放手、放权，充分发挥人才的能动性。用人的同时，也要注意培养人。

（二）用权艺术

用权包括用权和授权两个方面。

一方面，校长有效地领导学校，需要用好权，选择好用权的方式。校长的用权方式不是固定的，需要根据对象、事情、客观环境的不同而选用不同的用权方式、类型和数量，是一种权变式的用权。用权方式可以是命令、说服、参与或授权式。用权数量最好是适中，校长拥有和使用的权力过大，会影响被领导者能动性的发挥；反之，又会影响校长主导作用的发挥。

另一方面，校长有效地管理学校，需要掌握授权艺术。授权过程中，要遵循一些基本原则：①授权留责。校长将一部分权力和连带责任授予下级后，校长仍负领导责任，士卒犯罪，过及主帅。②视能授权。校长向下级授权，授什么权，授多少权，应根据下级能力的高低而定。③明确责权。校长向被授权者授权时，应明确所授工作任务的目标、责任和权力，不能含糊不清、模棱两可。④适度授权。领导者授权时应分清哪些权力可以下授，哪些权力应该保留。⑤监督控制。领导者授权后，对下属的工作要进行合理的也即适度的监督控制，防止放任自流或过细的工作检查两种极端现象。⑥逐级授权。校长只能对自己的直接下级授权，不能越级授权。⑦合理合法。通过合理的程序和合法的途径进行正当的授权。

（三）决策艺术

决策是领导者要做的主要工作，决策一旦失误，对单位就意味着损失。对自己就意味着失职。这就要求领导者要强化决策意识，尽快提高决策水平，尽量减少各种决策性浪费。

决策前注重调查。校长在决策前一定要多做些调查研究，搜集相关的各种信息，不能无准备就进入决策状态。

决策中注意民主和集中。校长在决策中要充分发扬民主，集思广益，让教师参政议政，发挥教师的积极性和创造性。同时，决策的民主化绝不能代替校长个人的独断力，在需要做出决断的时候，要一锤定音，不能犹豫不决。

优选决策方案，尤其碰到一些非常规性决策时，应懂得按照“利利相交取其大、弊弊相交取其小、利弊相交取其利”的原则，适时进行决策，不能未谋乱断，不能错失决策良机。

决策后狠抓落实。决策一旦制定下来，就要认真抓好实施，做到言必行、行必果。决不能朝令夕改。

（四）“弹钢琴”的艺术

弹钢琴是一种艺术，把弹钢琴的艺术应用于领导工作，就是说领导者一方面需要处理好中心工作和一般工作的关系，注意轻重缓急，既要抓住中心环节，又要兼顾其他各项工作；另一方面还要抓住工作中各种因素之间的有机配合，平衡协调，使之成为一个有机的统一整体。校长的工作千头万绪，不可能所有的事情都用同样的精力去抓，要抓住中心工作，做到以中心带动全盘。所以，校长在工作中，要学会确定工作中的主要矛盾和矛盾的主要方面，这样才能抓住中心工作。抓住中心工作后，还要注意工作中各个因素的有机配合，以创造出一个和谐、高效的工作局面。在这过程中，要善于协调好和上级以及下级的关系，针对不同的人采用不同的沟通和协调方法，同时，要善于协调好不同部门之间的关系，使学校成为一个上下关系融洽、各部门之间团结合作的有机整体。

（五）用时的艺术

时间是一种无形的稀缺资源，作为校长，要充分认识时间的重要性，学会管理时间。校长管理时间应包括两个方面：一是要善于把握好自己的时间。做事情要事先做好计划，制定好自己的时间安排表。处理事情要分清轻重缓急，把主要时间花在最重要的事情上，不做自己职责范围外的事情，勇于拒绝不必要办的事情。提高不同时间的利用率，并充分利用零散时间。二是不随便浪费别人的时间。不要动不动就开会，万一要开会，也应开短会，说短话。千万不要让无关人员来“陪会”，“浪费别人的时间等于谋财害命”。要像比尔·盖茨那样：“能站着说的东西就不要坐着说，能站着说完的东西就不要进会议室去说，能写个便条的东西就不要写成文件。”只有这样才能形成好的惜时习惯。

（六）理财的艺术

经费不足是当前小学普遍存在的一个主要问题，它要求校长要提高理财艺术。要懂得怎样去找钱。找钱就是要学会“开源”，也就是要利用各种可行的途径去广开财路，增加收入。比如，要经常开动脑筋到省、市、县有关部门去争取各种资金，千万不要将“开源”的希望寄托在乱收费上。要懂得怎样去管钱。对单位的一些主要经费开支情况，校长一定要定期进行审核。看看有没有违规违纪的情况，有没有不该花的钱，要把钱用在实事上。

（七）说话的艺术

说话是一门艺术，它是反映领导者综合素质的一面镜子，也是下属评价领导者水平的一把尺子。领导者要提高说话艺术，除了要提高语言表达基本功外，关键要提高语言表达艺术。

说话要做到言之有物。所谓言之有物，就是校长在下属面前讲话，不能空话连篇，套话成堆，让大家经常从领导者的讲话中，能获取一些新的有效信息，能听到一些新的见解，能受到一些新的启发。由于校长所处的特殊地位，在正式场合下的每一句讲话都会被看作是对工作的指示和对政策的解释。因此，要注意言语的分量。要掌握词义上的分寸，要正确表达意思，让教职工正确理解。

说话要做到言之有理。校长在下属面前讲话，一是要讲道理。一定要与下属的思想、工作、生活等实际紧密结合起来，力求以理服人。二是要注意条理。讲话不能信口开河、语无伦次，一定要让人感到条理清晰，层次分明。三是要通情达理。不能拿大话来压人，要多讲些大家眼前最关心的问题、大家心里最想的问题，做到言之有味。领导者在下属面前讲话时，语言要带点儿甜味。要有点儿新意，要有点儿幽默感。

(八)激励的艺术

管理重在人本管理，人本管理的核心就是重激励。校长要调动大家的积极性，就要学会如何去激励下属。激励注意适时进行。一个聪明的校长要善于经常适时、适度地表扬下属。激励注意多管齐下。激励的方式方法很多，有目标激励、榜样激励、责任激励、竞赛激励、关怀激励、许诺激励、金钱激励等，但从大的方面来划分主要可分为精神激励和物质激励两大类。校长在进行激励时，要以精神激励为主，以物质激励为辅，只有形成这样的激励机制，才是一种有效的激励机制，才是一种长效的激励机制。

【案例分析 1】　七嘴八舌话评比①

常校长在长期的领导工作中，不知搞过多少次评比工作。深感没有一个恰当的衡量标准，先进虽然选出来了，但选后意见一大堆，有时还闹得教师间不团结。今年年初，他多次发动教师讨论，并让教导处整理出一个评比量化标准。今天又召开讨论会，总结半年的执行情况，以便再进一步完善。

会议一开始，教导处李老师抢先发言："量标细则有一定的可行性。经检查，大多数教师基本能达标，特别是数学组的关老师达标情况最好。评先进就应以是否达标来决定。"关老师则不赞同："量标有一定的客观性，但有不合理的地方。比如，我是教数学的，量标规定课外每周布置多少习题，老师要全批，我是照办了。可郑老师，平均每周布置的课外习题比我少，有时没有全批。但是，他做了很细致的作业分析，又组织学生自我订正。我去听过他的

① 林传鼎、张燮：《学校管理案例分析》，56 页，西安，陕西教育出版社，1988。

课，效果确实比我好。因此，达到量标要求的教学效果不一定好，而没有达到的，效果反而是很好的。”语文组的王老师也接着发言：“量标规定语文教师每学期命题作文八篇，学生自选题作文六篇，必须全批全改。我们组的朱老师经常与学生打成一片，很了解学生。上学期检查，他的命题作文只有五篇，没有达标。据我了解，朱老师有时全批全改，有时是重点批改，有时又是教师批改和学生互改相结合，有一次，重点批改了的几篇作文，学生重改后，朱老师又反复批改。按工作总量算，远远超过了量标规定的要求。此外，他还做了许多量标没有规定的工作。比如，他组织了一个文学作品欣赏小组和一个影评小组，扩大了学生的视野，提高了学生的学习兴趣。显然，仅以每项达标量衡量是不全面的。”接着有几位老师发表了意见，认为量标虽不很合理，但总应该有个规定，才好衡量。有些老师不按量标规定的执行主要还是偷懒。

吴老师不同意，他说：“我表面上看来是达标，实质上，我缺乏郑老师和朱老师的创造性，只是机械地按规定办事……”

常校长在总结时说：“对教师的工作量应当有个衡量标准。但上一段的标准只侧重规定数量，质量要求很少，对效果的考察就更少了。因而上一次的量标确实还不太全面。会后，请教导处根据大家提到的几方面意见再研究，尽量使标准完善。”

解析思路：

1. 从教师管理的视角分析常校长对评比工作的做法。

2. 从教师工作绩效管理的角度，分析教师量化的可行性。

【案例分析 2】 两位校长的工作风格①

钟校长从机关调到学校，他不大懂教育，偏又十分喜欢专断，只能自己发号施令，别人唯命是从。稍不称心，一挑刺，二挖苦，三制裁。有一位语文教师兼六(一)班的班主任，工作扎扎实实，就因很少向他汇报、请示，他就不舒服了。一次他突然发现该班一个女生同一个小青年谈话。他认为抓住了一条“钢鞭”，马上处理。这位老师受了一顿闷气，心里一直不舒服：“人家两个是邻居，谈几句话，叫我怎样处理？”为此，在期末总结会上被点了名。第二学期，这位老师就坚决不当班主任，并递交了请调报告。有一位地理老师，地区教育局要借调他到教研室去编写乡土教材。当着上级的面，钟校长笑脸答应。一个月过后，他把这位教师找来，见面就问：“还去不去？”地理老师回答：“教

① 林传鼎、张燮：《学校管理案例分析》，51页，西安，陕西教育出版社，1988。

材还没有编好。”他怒容满面地说：“我看你对学校没有一点儿感情！你的工资还在这里领，差旅费还在这里报，把课丢下不管。你真的要走，我们也不留你。有了庙还愁没和尚?”地理老师受不了这个窝囊气，当场就同他争吵起来，弄个不欢而散。这个校长什么权都握在手里，教研组领什么办公用具都得他批。奇怪的是：一学期难得见他到教研室去一次。成天坐在办公室里，写条子叫这个办这样，让那个办那样，当然不办是不行的。办公室的窗户正对校门，他不时朝门口望望，所以，哪一位老师提前二十分钟离校他都知道。他在每周例会上的讲话，总要批评几句，哪怕是点鸡毛蒜皮的小事，也左一遍、右一遍地“教育”，搞得老师们心里很不舒服，多数老师都想调走。

鲁校长接管校长后，一上任就找许多教师谈话，召开了七次座谈会，征求教师对办好学校的意见。在此基础上，他召开校务会同大家商量改进工作的具体措施。还经常听教导处、总务处、团队和工会的意见和建议，对正确可行的都认真研究采纳。对教职工思想上工作上的问题，都真诚地帮助，推心置腹地交谈，从不以势压人。领导、教职工、学生各方面的关系协调了。接着，他明确分工，自己干什么，其他同志干什么，分得清清楚楚。除了必要的督促检查外，从不插手各部门的具体事。每周开的例会，他总是表扬，哪怕做出一点小成绩都表扬。这样一来，大家心情舒畅了，想调走的老师也放弃了想法。

解析思路：

1. 从校长的工作作风对教师的影响分析教师想调走或不想调走的原因。
2. 从校长的领导地位和艺术分析两位校长的工作作风。

复习与思考

1. 什么叫人力资源管理？人力资源具有哪些特性？
2. 小学教师管理有哪些内容？
3. 小学教师绩效管理有哪些步骤？
4. 小学校长有哪些权力？校长在运用权力时应该掌握哪些领导艺术？

推荐阅读

1. 申继亮．教师人力资源开发与管理．北京：北京师范大学出版社，2006.
2. 张智光．决策科学与艺术．北京：科学出版社，2006.
3. 朱宗顺．现代学校教育导论．武汉：华中理工大学出版社，2000.
4. 阎德明．现代学校管理学．北京：人民教育出版社，2004.
5. 王荣德．学校管理新策略．北京：科学出版社，2007.

第八章　小学公共关系管理

本章重点

- 了解小学公共关系的含义及其主客体的划分
- 把握小学公共关系管理的过程
- 理解小学公共关系管理的内容

第一节　小学公共关系概述

随着我国教育市场从封闭走向开放，教育体制也发生了很大的变化，不同类型的学校都面临着前所未有的挑战和严峻考验，小学也不例外[①]。与公共关系发达的国家相比较，我国小学公共关系的研究与管理，就目前状态而言仍处于较低的水平。我国小学在实践中如何实施有效公共关系管理，公共关系管理过程包括哪些内容，如何使小学在激烈的竞争中树立良好形象，取得生存与发展，这些正是本章所要论述的问题。

一、公共关系

“公共关系”一词是舶来品，其英文为 Public Relations，缩写为 PR，简称公关。这种“公众关系”既可理解为“与公众的关系”，也可理解为“公众间的关系”。对一个社会组织来说，前者具有单向性，后者则具有无关性，不是很贴切。而“公共关系”能准确地表达“公共关系”与“私人关系”的本质不同，在理解上更容易被人们接受。

(一)公共关系的含义

在日常生活中，人们提起“公共关系”四字时，对其理解主要包括：公共关系就是通过搞好关系，辅助某项事业成功；公共关系就是一个组织为了某种利益而开展的某项活动；公共关系是一个组织的一项重要内容；公共关系是一门

---

① 张春珍：《公立中小学公共关系问题探析》，载《教学与管理》，2011(7)。

内求团结、外谋发展、树立形象、推销自己的艺术；公共关系就是努力干好又要让人知晓的过程。

在研究过程中，各专家、学者对于"公共关系"定义的界定都各不相同，但我们也不难发现其中的一些相同的观点[①]。这些观点主要表现在以下几方面：

(1)公共关系是一个组织与其公众之间的关系。这种关系是一个组织在与公众的相互作用和相互影响中形成的。

(2)公共关系不仅是一种观念、一种状态、一种活动，更是一门学科、一门艺术。作为一种观念、状态，它体现在一个组织的全部活动之中；作为一门学科、艺术，人们已经意识到它的重要作用。

(3)公共关系因其重要作用在现代组织管理中已占有一席之地。目前，一个组织公共关系的主要任务就是，想方设法协调组织与公众的相互关系，使组织适应于公众的要求，公众又有利于组织的成长与发展。

(4)公共关系的特殊手段是信息沟通与传播。信息沟通与传播是公共关系用以协调组织与公众的主要手段。

综上所述，公共关系是指一个组织运用有效的信息沟通与传播手段，使自身适应公众的需要，并使公众也适应组织发展需要的行径。

二、小学公共关系

小学公共关系(Primary School Public Relation)是公共关系的一个重要组成部分。学校在管理过程中一方面向外宣传办学模式及成效，增加公众对组织的了解与支持；另一方面，建立与内部公众的沟通渠道，相互协调，尽量消减组织内外的误解，反映社会对人才培养的要求，形成一致的目标和行为，以维护学校利益，促进学校健康发展。它具有广泛性、双向性、长期性、复杂性等特征。

公共关系是社会关系的一种表现形态，科学形态的公共关系与其他任何关系都不同，有其独特的性质，了解这些特征有助于我们加深对小学公共关系概念的理解。

1. 广泛性

小学公共关系的广泛性包含两层意思：一层是小学公共关系无处不在，贯穿于一所小学的整个生存和发展过程中；另一层指的是其公众的广泛性。因为公共关系的对象可以是与主体发生关系的任何公众，包括校内的师生员工，校

---

① http://baike.baidu.com/view/643418.htm。

外的家长等，也可以是将要或有可能发生关系的其他暂时无关的人们，如学校所在地居民、外来居民等。

2. 双向性

在开展小学公共关系时，是以扩大影响力、反馈信息为主要目的的双向沟通，而不是单向的向公众传达或对公众舆论进行调查、监控，它是学校与公众之间的双向信息系统。学校一方面要吸取人情民意以调整决策，改善自身；另一方面又要对外传播，使公众认识和了解自己，达成有效的双向意见沟通。

3. 长期性

实践证明，公共关系作为一项工作，它的开展离不开大家长时间的共同努力。假如只是把公共关系当作应付上级检查的一种手段，或者是迫于外界压力而采取的一种做法，那是没有领悟其真正含义，也无法奏效。它应该是经常性与计划性的，也就是说公共关系不是水龙头，想开就开，想关就关，它是一种长期性的工作，需要常抓不懈。

4. 复杂性

小学公共关系面对的是一个特殊群体即一群小学生、小学的特殊性质、学校的历史背景、领导层素质的高低、地域经济文化差异、公众意见一致与否、信息传播渠道畅通与否、如何采取多样化、行之有效的办法等，是其复杂性的最突出表现。

三、小学公共关系管理的主客体

小学公共关系的主体是社会组织即小学，客体是学校内外公众，联结主体与客体的中间环节是传播。这三个要素构成了小学公共关系的基本范畴，小学公共关系的理论研究、实际操作都是围绕着这三者的关系层层展开的。

(一)小学公共关系的主体是小学

从公共关系活动的角度分析，公共关系的行为主体是社会组织，一所小学作为一个社会组织其公共关系的行为主体就是该校本身[①]。与其他社会组织相比较，人、财、物、事是学校最为主要的管理对象和资源，在管理中，如何发挥群体作用、系统地开展各种协作，做到人尽其才，物尽其用，树立个体或学校良好形象，是学校所应重点思考的。另外，人们组合成为组织必定是为了完成某种共同目标，但目标的存在方式又各不相同，这就决定了社会组织必然具有多种类型：营利性组织、非营利性组织、公益性组织、互利性组织等。小学

① 阎德明：《现代学校管理学》，205页，北京，人民教育出版社，2004。

作为非营利性组织，它跟其他社会组织又有不同的地方，它更多追求的是社会效益，那就是为国家培养一批批合格的公民打好基础，只有充分考虑各方面因素，明确开展各项活动，才能使学校组织不断发展。

（二）小学公共关系的客体是公众

在社会交往过程中，人与人之间产生各种各样的关系，从某种意义上讲，关系是专对人而言，离开了公共关系就无法构成一定的关系状态或活动。公共关系的管理对象就是人，即公众。要做好公共关系工作，就必须了解和研究公众。在学校公共关系管理中，公众与“大众”、“群众”是有区别的。它不是泛指社会生活中的所有人或大多数人，也不是泛指社会生活中的某一方面、某一领域的一部分人，而应具体地称为“学校的公众”。公众与学校之间必须存在着相互影响和相互作用。常见的公众分类方法如下。

(1)根据公众与学校的所属关系分类，可将公众分为内部公众与外部公众。教职员工是学校内部公众的主体。在学校的外部公众中，学生家长、传媒人员、当地居民、政府工作人员等对学校的发展尤为重要。

(2)根据公众与学校发生关系的时序特征分类，可把公众分为非公众、潜在公众、知晓公众、行动公众。

(3)根据公众对学校的重要性程度分类，可以把公众划分为首要公众、边缘公众和次要公众。

(4)根据公众对学校的态度分类，可将其分为顺意公众、逆意公众和独立公众。对于公共关系工作人员来说，顺意公众是学校的基本依靠对象，逆意公众是学校急需转化对象，独立公众是学校值得争取的对象。

根据公众与学校的所属关系分类，其中，师生员工是学校组织直接面对而最接近的公众，是赖以生存与发展的细胞，是内部公众的主体。而学生家长则是学校组织外部的首要公众。只有尊重和依赖公众，做好沟通和协调，学校才能始终处于良好运营状态。

（三）小学公共关系的手段是传播

传播即媒介，是连接学校和公众的桥梁，是完成沟通工程，也是实现学校公共关系目标的唯一手段。任何一所小学，要建立起良好的内外部环境，都有赖于学校与公众之间信息的双向传播沟通。离开了双向传播沟通，学校公共关系活动就无法进行。

1. 传播的含义

传播是指个人间、群体间或群体与个人之间交换、传递新闻、事实、意见、感情的信息过程。这种传播是双向性的信息交流与分享。公共关系的主体与客体之间正是通过这种双向信息交流而建立起相互信任、相互理解关系的。

2. 传播的要素

传播作为信息交流活动，有其特定的结构，它是由以下要素有机地组成的动态过程：信源、信宿、信息符号、信息通道。传播包含了整个小学公共关系的起因、目的及传播途径、内容等。

3. 传播的种类

公共关系传播可以分为自发传播与自觉传播两种。自发传播是一种无意识的传播。自觉传播则是对媒介进行有效的运用，以提高传播效果。公共关系的传播媒介既有大众媒介(广播、电视、报纸、杂志等)，又有群体媒介(联谊会、新闻发布会、茶话会等)和人际媒介(具体的个人)；既有符号媒介(掌声、姿态、图画等)，也有实体媒介(公共关系礼品、象征物、购物袋等)和人体媒介(社会名流、新闻人物、舆论领袖等)。由于是在有意识、有计划地开展各种信息传播活动，因此这种自觉的传播活动比自发传播要高效得多。

当组织明确了公共关系主体，找准了客体，并有了公共关系活动的设想之后，便要考虑如何运用传播媒介把目标和设想变成行动。学校公共关系的主体与客体之间也正是通过这种双向信息交流而建立起相互信任、相互理解关系的。小学公共关系传播就是通过采用不同形式，对媒介进行有效的运用，广泛了解公众意见，传播信息，以提高传播效果。

从公共关系的多种含义我们得知，它不仅是一种状态、一种职业、一门学科、一种意识、观念与思想，它更是一种过程。在整个过程中，我们根据公共关系主客体的特点，采用有效传播方式，有计划、有目的、有组织地开展，是小学管理的重要内容。

第二节　小学公共关系管理过程

在学校里，如何与公众之间进行双向传播是一个复杂的过程，将这个过程分为几大步骤有计划地实施，这是现代公共关系活动专业化、职能化的特征。小学公共关系过程的四个基本步骤是：调查研究、制定目标、实施传播、结果评估。

一、调查研究

小学公共关系调查研究是指学校的公共关系部门和人员运用科学的方法向

公众了解公共关系状态的活动。目前鉴于学校设置独立公共关系部门难度大的现实，一般情况下都是由学校的校办或政教处来实施。因为他们比较了解学校情况，容易找到问题的根源所在。

（一）调查内容

(1)对学校基本情况的调查。包括学校的历史文化背景；学校教职员工的年龄、性别、学历职称结构、职前职后培训情况、发展愿景；学生来源、综合素质、培养目标；学校资源、目前存在问题、办学特色、发展优势、前景观望等。

(2)对内外公众关系的调查。就内部公众而言，主要包括调查学校领导之间、领导与教师之间、教师与教师之间、教师与学生之间、学生与学生之间的关系等，而外部公众则指调查与学生家长、政府、媒体等的关系。

(3)对学校形象状态的调查。通过与同类学校、与学校自身历史的比较，调查学校的实际形象；通过调查了解学校独有的特殊形象；通过调查研究学校的有效形象及自我期望形象等。

(4)对学校环境的调查。环境有显性环境和隐性环境。显性环境包括当地政策环境、社会环境、自然环境、学校建筑、地理位置等；隐性环境包括当地生源供需环境、人文环境、校风、学风等。

(5)对实施公共关系效果的调查。包括学校对传播效果的影响；信息对传播效果的影响；媒介对传播效果的影响；公众对传播效果的影响；社区、政府对传播效果的影响等。

（二）调查方法

(1)直接调查法：是指学校公共关系人员与公众面对面地沟通，直接了解情况、掌握信息。其具体方法分为个人接触法、深度访问法和公众座谈法[①]。

①个人接触法。个人接触法是指学校公共关系人员与公众直接接触，了解情况的方法。公共关系人员通过日常的工作和组织开展各种活动，并直接参与，在接触过程中，捕捉公共关系时机，了解情况。这种调查方法要求调查者一要亲力亲为，直接参加活动，才能取得第一手材料；二要灵活多样，才能找准时机；三要理清关系，辨明是非，正确对待。

②深度访问法。有时为了了解公众对某一问题的态度和心理倾向性，公共关系人员可以有选择地对一些有代表性的公众对象进行深度访问。这种调查方法要求调查者一要有调查经验，能和被调查者顺利沟通；二要了解有关的情

---

① 吴华钿、林天卫：《教育学教程》，16～17页，广州，广东高等教育出版社，2005。

况，以便挖掘出被调查者的深层信息；三要了解提问的技巧，注意提问的顺序和方法，保证调查的正常进行。

③公众代表座谈法。公共关系人员根据学校面临的问题和要了解的情况，选择有代表性的公众进行座谈。使用此方法时，首先要注意代表的选择，尽量选择那些最有代表性的人来参加；其次要注意会议主题的确定和表述，主题要明确，表述要清楚；最后，座谈会的主持者应审时度势，善于引导，善于提问，使公众代表能够谈出有价值的意见和建议。

(2)间接调查法：是指公共关系人员不直接和公众接触，而是通过某些中间环节进行调查的方法。

①观察法。这是指公共关系人员通过观察和记录被观察者在调查现场的表现，来了解所要调查的情况的一种方法。观察法应该是在被观察对象没有察觉的情况下进行的，调查结果比较客观、真实。

②文献分析法。这是通过搜集与调查对象有关的各方面文献资料并进行全面深入分析的方法。文献资料包括：图书、期刊、报纸、新闻稿、新闻图片、研究报告、会议文献、政府出版物、科技文献、档案资料等。搜集、保存和分析文献资料，是学校公关部门的一项经常性工作。

③抽样调查法。这是依据概率原理从调查对象总体中抽取一部分作为样本进行调查，即从公众中选取一定数目的代表来做调查，以样本调查结果推断总体情况的方法。它的优点是省时、省力、时效性强，但抽样调查方法需要注意抽样的科学性。

④网络调查法。这是以互联网为手段，了解组织需要的内外部信息的方法。该调查方法与传统的调查方法相比，具有更广泛的传播范围和更快捷的传播速度，调查所得信息及时、广泛、深入，它是目前许多大型组织采用的新型调查方法。

⑤问卷法。问卷法是访问法中的一种，就是公共关系人员根据某一调查任务，设计调查问卷，将调查问卷邮寄或直接发给调查对象，请他们填好后寄回或收回，以此分析所要调查的问题的方法。

(3)借助研究的方法：是指运用其他学科的研究方法于学校公共关系调查中。

①公共关系学的方法。小学公共关系作为公共关系的一个分支，其中有很多的共性，在调查过程中可以借用。

②管理学的方法。它是指从管理学的角度分析问题，寻求工作的合理化、科学化、效率化的研究方法。

③教育学的方法。主要是指在教育领域里，对某个问题、事件进行了解，掌握实际材料的一种方法。它对于总结教育经验、制定教育目标起着重要的作用。

（三）调查程序

小学公共关系调查的程序一般分为准备阶段、实施阶段、整理分析阶段、总结阶段。其流程如下：

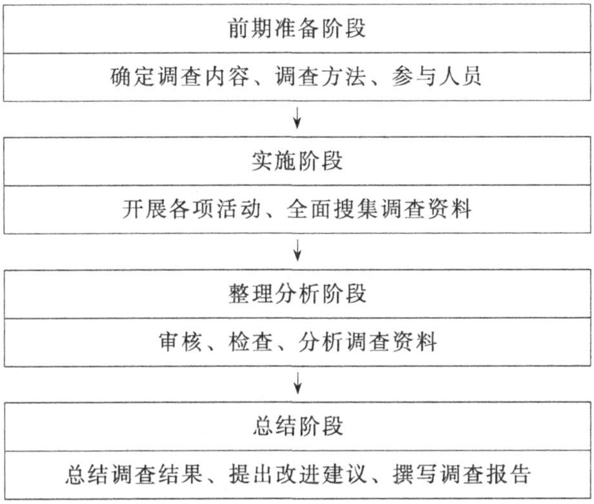

客观现实无时无刻都处于变化状态，调查是否有效，关键在于是否有灵敏、准确、有力的调研和反馈。通过公共关系调查，它有助于学校准确地进行形象定位，有助于学校进行科学的决策，有助于及时加强与公众的联系和沟通，从而提高公共关系的效果。

二、制定目标

公共关系工作的第二步是要把第一步的调查结果作为因素纳入学校政策和设计方案之中，在遵从原则的前提下，根据调查结果、影响内容，加强或改变已经存在的态度，形成新政策、新方案。制定目标为制订方案战略和战术确定重点和方向，为方案的实施者提供指导和动力，它能较详细阐述监督进展和评估影响的标准，是制订公关计划和行动方案的核心内容，也是指导公关活动取得成效的关键所在。

（一）遵从原则

1. 科学性与民主性相融合原则

制定目标时要注意采用科学的理论做指导，使所制定的目标具有科学依据。只有正确理念做支撑，公共关系人员才能掌握真实情况，所定目标才能是正确的。另外，还必须听取教职员工的意见，集思广益，充分调动他们的创造性和积极性，制定出的目标才能够顺利贯彻实施。

2. 总目标与分目标相统一原则

在学校制定总目标时，要充分考虑总目标实现的应然性、可能性，把握学校发展的方向。制定分目标时主要强调的是必须符合学校整体发展的要求，分清轻重缓急，使两者相互依存，协调一致，按“总目标——分目标——总目标”的模式健康发展。

3. 量化指标与质化指标相结合原则

现代领导科学理论认为，只有运用数量方法或数学模型支持的管理方法，才能保证领导意志的落实。量化指标是同一指标的不断积累，具有可测性，容易操作，质化则是一个指标已经变成另外一种指标，量化积累到一定程度就会质化，质化是新的量化的开始。在学校管理中，只有两者有机结合，各项规定和要求才能落到实处。

(二)目标分类

(1)按目标起作用的时间长短分，可分为长远目标、阶段目标、具体目标。其中长远目标一般指五年及其以上时间内要实现的目标；阶段目标一般是指五年以内、一年以上时间内要实现的目标；具体目标则是指一年以内的时间里要实现的具体目标。

(2)按目标起作用的层次分，可分为高层目标、中层目标和基层目标。高层目标主要指学校内部最高层次的具有战略性、综合性、预见性的目标。中层目标是指学校有关部门根据高层目标所制定的具有经营性、协调性的目标。基层目标则是指某个专门机构为完成高层目标、中层目标所制定的最低层次的具有执行性、操作性、基础性的目标。

(3)按目标起作用的性质分，可分为进攻型和防御型公关目标。进攻型目标主要是指学校采取主动出击的方式来树立和维护良好形象的公共关系活动模式。它以积极的自我调整和改造环境条件为特点，以攻为守，抓住一切有利时机和有利条件主动出击，在短时期内造成较大声势和空前影响，创造新局面。防御型目标则是指学校出现潜在危机(或不协调)时，为防止自身公共关系失调而采取的一种公共关系模式。目的是把可能出现的问题和危机控制起来，改造被损害的学校形象，挽救学校的声誉。

(4)按目标起作用的范围分，可分为矫正性、维系性、发展性公关目标。矫正性公关目标是指学校形象发生严重损害时所采取的制定积极有效措施，纠正错误，改善不良形象的公关目标。维系性公共关系是指学校在稳定发展期间，为了巩固良好形象通过不间断的、持续的公关活动，巩固、维持与公众的良好关系和组织形象的目标。发展性公共关系是指学校在飞快发展期间，为了扩大影响力，使良好形象深入人心所制定的目标。

三、实施传播

公共关系的实施传播是指通过一定的传播模式，借助于一定的传播媒介，执行已经制订好的方案，实现预期目标的过程。它是整个公共关系工作的中心环节。在这一过程中，只有公关主题明确，方式准确，形式正确，技巧把握，交流有效，就能达到预期目标。

(一)传播方式

学校可根据计划、目标等内容确定传播方式。目前，常用的方式有人际传播、组织传播、大众传播、网络传播四种。

1. 人际传播

人际传播是指为了满足人的精神和心理需求，寻求有用信息，建立社会协作关系，通过个人与个人之间的直接的面对面的信息沟通和情感交流的活动。人际传播可划分为直接传播和间接传播两种形式。直接传播，指的是无须经过传播媒体而面对面的直接进行信息交流的过程。直接传播主要是通过口头语言、肢体语言等传递进行的信息交流。间接传播是指不再受到距离的限制，可以通过传播媒体进行的远距离交流，从而拓展人际传播的范围。

2. 组织传播

组织传播指的是组织所从事的信息活动。它包括两方面，一是组织内传播；二是组织外传播，这两方面都是组织生存和发展必不可少的保障。组织内传播包括正式渠道和非正式渠道，而组织外传播则更多地采用正式的渠道。在组织内传播的正式渠道中有纵向传播和横向传播，而在组织外传播中的正式手段中则更多地采用横向传播。组织内传播的传播形式包括书面媒体、会议、电话、组织内公共媒体和计算机通信系统等，而组织外传播有广告、年度报告、公共服务、媒体宣传(及其所有公关手段)、社区项目、各种公共促进项目等。

3. 大众传播

大众传播是一种信息传播方式，是利用报纸、杂志、书籍、广播、电影、电视等大众媒介向社会大多数成员传送消息、知识的过程。其特点有：①具有组织性。由采访、评论、广告等许多部门组成。②在传播内容上具有公开性。③具有很强的选择性。一是公众对参与大众传播的时间、内容可以自由选择；

二是公众对传播工具有一定的选择，年龄、性别、职业、文化素养、个人兴趣等可以使公众分为不同的层次而偏爱某种传播工具。④公众具有不知名和参差不齐的特点。⑤在信息流通上具有单向性。⑥具有快速性。不断吸收最新科学技术，提高传播信息的速度，是大众传播的一个发展趋势。

4. 网络传播

网络传播是以计算机通信网络为基础，进行信息传递、交流和利用，从而达到其社会文化传播目的的传播形式。网络传播融合了大众传播和人际传播的信息传播特征，在总体上形成一种散布型网状传播结构，在这种传播结构中，任何一个网结都能够生产、发布信息，所有网结生产、发布的信息都能够以非线性方式流入网络之中。同时，网络传播具有人际传播的交互性，公众可以直接迅速地反馈信息，发表意见。而且，网络传播突破了人际传播一对一或一对多的局限，在总体上，是一种多对多的网状传播模式。一方面，它通过内容安排、结构选择等方式，使公众获得立体认识，更清晰更深刻地了解新闻；另一方面，公众的意见或态度可及时反馈，形成了一种互动关系，从而增强传播效果。

（二）传播技巧

传播的形式多种多样，针对不同的对象，学校内传播与学校外传播两者的传播技巧相差较大。只有尺度把握得当，才能起到事半功倍的作用。

1. 语言传播技巧

(1)主题明确：一次谈话主要围绕一个主题，尽量避免涉及内容过多、过杂、过乱。

(2)重点突出：语言表达时，要大声、大胆、大概地讲出来，并注意对方是否听清楚，重点内容可适当重复，以加强对象的理解和记忆。

(3)控制语速：谈话的速度要根据主题的内容，轻重缓急，适当停顿，给对象思考、提问的机会。

(4)注意反馈：交谈中，注意细心倾听，并观察对象的表情、动作等非语言表现形式，以及时了解对象的理解程度。

2. 非语言传播技巧

(1)肢体语言：即通过动作传情达意。如以注视对方的眼神表示专心倾听；以点头的表情表示对对方的理解和同情；以手势强调某事的重要性等。

(2)仪表形象：即通过适当的穿着服饰、体态、姿势，表示对事物的理解、态度，有助于对方的信任和接近。

(3)同类语言：即通过辅助性发音适度地变化，如语音、语调、节奏、鼻音及喉音等，以引起对方的注意或调节气氛。

(4)时空语及在人际交往中利用自然环境、社会环境、时间、空间和交往气氛所产生的语义来传递信息。

传播是学校得以正常运转的血液，没有传播的学校是难以想象的，在工作中，只有认识到它的重要性，一手抓工作，一手抓关系，两手都要硬，要把自己的思想方法和思维方式定位在高工作、高关系上，促进其良性循环才能有效地保证学校信息的畅通，保证学校正常的工作。

四、结果评估

评估是指对方案的准备、实施和结果进行评价。小学公共关系管理是一个科学、完整的过程，传播信息和采取行动本身并不意味着终结，它们只是达到目的的手段。一个具体的小学公共关系项目及管理的终结性标志是目标的达成，即在方案中详细阐述过的要达到的结果。结果评估是小学公共关系管理流程的最后一步，是对项目有效性的评估。通过结果评估可以衡量公共关系对学校实现使命和目标的贡献，提高学校的竞争力，从而证明公共关系项目及其管理的效力和影响力。

(一)评估标准和依据

学校公关活动效果的标准有两个方面，一是社会效益；二是经济效益。

评估的依据是既定的公关工作目标，即是看通过公关活动使既定的公关工作目标是否得到实现，以及多大程度上得到实现，是否有效地解决了原有的问题。

(二)评估的程序

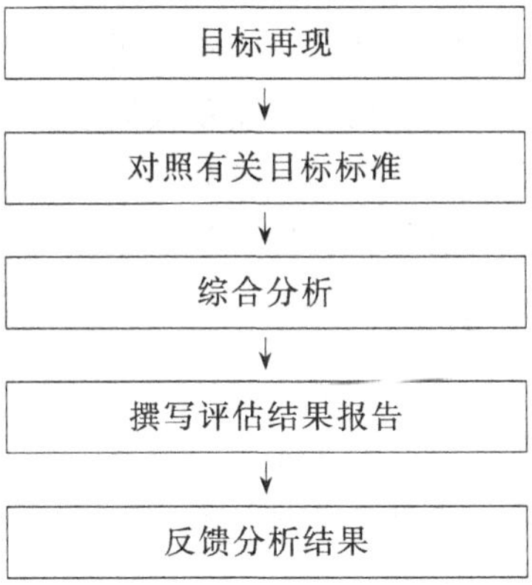

(三)评估方法

(1)自我评估法。学校对自己所开展的公关效果进行评估。如通过计划与实绩对比等。

(2)专家评估法。邀请专家对学校开展的公关活动效果进行评估。如通过专家现场评议或座谈会、专访等。

(3)公众评估法。通过对公众意见的调查来判断公关活动的效果。如通过公众舆论调查、问卷调查、公众座谈等。

(4)外部信息反馈法。通过对学校外部信息的反馈来评估学校公关活动的效果。如通过公众意见簿、采访记录、电话访问登记等。

(5)新闻媒介推断法。通过新闻媒介的报道和传播来评估学校公关活动的效果。如分析新闻报道的数量和质量等。

学校公共关系过程是指在开展公共关系时需要一个从无到有、从慢到快、从初级到高级的渐进的过程。在这个过程中，需要大家相互理解、相互配合、相互促进，共同协调内外部关系，借助传播媒介，监测学校环境，评估时还应注意定性与定量、长远与近期、动态与静态、全面与重点相结合，为决策者提供有用的建议，扩大学校组织的影响力，同时，也不断完善公共关系体系。我们对过程的研究主要是提示“怎样做”，揭示了事物内部各因素相互作用的规律，从而为预测事物的发展及对其进行控制提供有效依据。

第三节　小学公共关系管理内容

任何一个组织，要健康地生存和发展，都必须协调好与相关组织、群体及其人员的关系，讲究学校的宣传和营销策略，讲究必要的学校管理程序和交往礼仪，树立自身良好形象，注重调动一切积极因素为组织的发展目标服务，只有这样，学校才能又快又好地发展。小学公共关系的内容主要包括学校内部公关管理、外部公关管理、学校危机管理和学校形象管理。

一、学校内部公关管理

公共关系是一门内求团结、外求发展的经营管理艺术。在内部管理过程中，首先要处理好的是学校内部公众之间的关系。

(一)处理好领导之间、部门之间的关系

作为领导班子中的成员，对学校公共关系的方向及其成效具有决定性影响，在学校公共关系中，当领导处于主体、核心地位时，而其他公众，如师生员工等则处于客体地位。因此，在参与公关活动中，领导要准确定位，相互谦

让和配合，形成合力，假如自身的团结问题解决了，其他问题也就自然而然地解决了。领导的团结为学校的其他关系和工作提供了有力的保证。部门之间的关系既是指学校领导与各职能部门之间的关系，也是指学校内部各个职能部门之间的相互关系。学校领导要关心部门的利益分配，引导其实现学校的整体目标，努力做好内求团结的工作。关系处理得好，有利于工作朝着学校的既定目标发展，从而形成上下一致的局面。

（二）协调好与教职员工的关系

教职员工是实现学校目标和利益的主要依靠力量，是树立学校良好形象的决定性因素。搞好教职员工的关系，必须做到：尊重、激励、沟通、满足员工参政议政的积极性。应承认和尊重教职员工的个人价值，关心教职员工的切身利益，提高其衣食住行、保健、娱乐等生活质量，为其个人价值的实现提供良好的物质条件。应加强与教职员工的沟通和交流，上情下达，通过会议、情况通报、信息发布、文件传达、布告栏、校报、工作通讯等形式，把学校内部的重要情况，如重大决策、招生工作、经验交流、奖惩情况、教改信息等，告诉师生员工。下情上达，通过教代会、学代会、建议、上访、黑板报、民意测验、意见咨询、家属座谈会等方式，把他们的想法和意见告诉学校领导。这种沟通无论对协调和改善教职员工的关系，还是对帮助学校领导做出决策，都具有很大的作用。应培养教职员工对学校的归属感，创造和谐氛围，形成一种亲和力和向心力，增强教职员工对学校的认同和支持。

（三）处理好与学生的关系

学生，作为学校内部公众中的大多数，是学校公关最主要的对象。我们要做到：第一，因材施教，以科学的发展的眼光评价每一个学生，不同学生都有不同的优点、才能，绝不能以单一的、片面的分数标准去裁量评判学生。第二，以生为本，尊重学生的人格，尊重学生的思想，对学生身上存在的一些缺点和错误，绝不能采取简单粗暴甚至体罚的方法处理，而应循循善诱，及时疏导和施教，促使他们自我教育、自我管理、自我发展。第三，宜师宜友，善于与学生交朋友，多与学生接触，了解学生情况，帮助学生解决实际问题，做学生的知心人，做学生的良师益友。

二、学校外部公关管理

在学校外部，与学校产生关系的主要有学校上级、同级、同行、周边社区以及家长，处理好与其之间的关系是学校得以发展的关键所在。

（一）协调好与政府的关系

政府关系是指学校与政府公众的关系。政府即国家行政机关，是对社会进行统一管理的国家权力的执行机构，在公共关系活动中，政府是一种重要的外部公众。要搞好政府的关系，关键在于妥善处理好国家整体利益和学校自身局部利益的关系。要做到：树立全局观念，克服本位主义，力求为社会多做贡献；遵守政府政策、法令和法规，服从政府有关部门的管理和领导；加强与政府的信息沟通和联系。学校应该采取主动合作的态度，要在宏观上自觉接受政府教育部门的指导与管理，恪守政府的有关政策和法令，配合上级相关部门做好各种活动的参与和组织。

（二）协调好与媒介的关系

学校的媒介关系主要是指学校与新闻传播机构或新闻传播工作者的关系。新闻界在公共关系的信息传播中具有传播信息量大、范围广、速度快、保证度强、费用低、比较容易为学校所接受等特点。要处理好与新闻界的关系，必须做到：尊重新闻界公众的职业道德；保持与其经常性接触；尊重新闻规律；正确对待新闻媒介的批评与赞扬。新闻界的公众包括记者、编辑、节目主持人等，这类公众对于学校来说，具有双重意义：一方面，他们是实现学校公共关系目标的重要媒介；另一方面，他们又是学校必须努力争取的公众，是一种必须厚待的特殊公众。对于这些公众，学校不能只从利用对方出发，而首先应与他们交朋友，了解他们的职业特点，尊重他们的个性和人格，熟悉与他们交往的原则和方法，从为帮助对方完成采访任务来考虑，及时向他们提供报道线索，提供有价值的新闻素材，配合和协助他们完成宣传任务。

（三）协调好与社区的关系

社区关系就是一个学校的区域关系，地方关系，邻里关系。它是指与某个学校主体地域上互邻，利益上相关的一种公众关系。建立良好社区关系的重要意义主要表现在以下两个方面：社区关系直接影响着学校的生存环境，社区关系直接影响着学校的公众形象。对社区的依赖性可以说是学校发展的一条规律，而作为社区中的一员，学校的发展又能促进社区的进步，两者是相互依存的。社区关系中还包括同级同类学校之间的关系，即校际关系。在日常交往中，既要相互竞争又要相互合作、交流，合理利用资源，共谋发展，形成双赢局面。

（四）协调好家长的关系

学生家长是支持学校工作的重要力量，是学校形象的重要评价者和宣传者。对于任何学校来说，家长都是最直接、最敏感，也是最有影响的外部公众，有关对学校的评价，一般总是来源于学生家长的直接感受。在公共关系活动中，学生家长是学校中最重要也是数量最大的外部公众。家长的需求是学校生存与发展的前提。要搞好同家长的关系，必须做到：建立学校与学生家长的协作关系、学校与家庭沟通计划；树立家长至上的理念；自觉维护家长的权益；满足家长的需求；正确处理和妥善对待家长的各种投诉；加强对学生家长的心理研究。只有这样，学校开展的各项教育教学活动才能得到家长的支持，活动才能获得成功。

在学校管理中，领导班子成员对内应该学会宽容、忍让和克制，要善于容忍别人的缺点和错误，关心、尊重和相互理解，注意经常地沟通和交流，坦诚相处，遇到问题更应抓住时机，讲究方式方法，主动交换，消除隔阂，增进团结。对外要做好与特殊公众的关系，建立与非学生家长人群、校友、名流、批评者等的合作关系，增进理解，促进发展。

三、学校危机管理

学校危机管理是指那些在学校日常教育、教学、实习和管理工作中突然发生的，对学校形象和声誉可能产生不利影响的事件所进行的管理。如食物中毒、校舍倒塌、游泳溺水、教学设施疏于检修而导致学生死亡、实习事故、学校与家长的纠纷、学校与社区及新闻媒介的突发矛盾等学校责任及无责任事件。事件发生后，处理得好坏、快慢，会产生截然不同的效果。

(一)学校危机管理的含义

国内有学者认为，危机管理是组织或个人通过危机监测、危机预测、危机处理计划、危机决策和危机处理达到避免、减少危机产生的危害，甚至将危机转化为机会的目的。危机管理是组织为避免或减轻危机情境所带来的严重威胁，而所从事的长期规划及不断学习、适应的动态过程，也可说是一种针对危机情境所做的管理措施及应对策略。

学校的危机管理是指从公共关系角度，对学校运行过程中出现的危害学校、学生、教师等各主体重大利益的突发事件，进行有效的预防、控制和处理，以促进公共认知，提高学校的美誉度和公众的信任感，维护学校的利益，提高社会效益。

(二)学校危机事件的对象及范围

学校危机公关对象主要包括：学校教职员工、家长、各种媒体、政府机关等。学校危机事件主要是教职员工意外事件、学校安全维护事件、学生偏差行为、管教冲突事件、儿童少年保护事项等，发生的地点主要是学校内部及周边地区。

(三)学校公共关系危机的类型

1. 内部危机

在管理中，由于各个层面在教育教学中出现的决策错误，形成了各种各样的危机，造成学校在人力或物力上很大的浪费，也容易引起教职工心理的不平衡和思想的混乱。

学校领导层、管理层的公共关系危机。这类危机主要发生在领导者与被领导者、管理者与被管理者之间，比如，在招生计划、教学管理、学生管理、评先晋职、学习进修、奖金分配、干部提拔、福利待遇、住房分配等问题的处理不当从而引发的危机。

学校后勤保障危机。由于学校后勤工作的疏忽，如食物中毒、建筑物年久失修，器材、用具锈腐缺保养，废弃物未实时妥善处理等，造成学校正常工作程序混乱。

教师施教过程中产生的危机。教学人员在施教过程中由于违反了教育规律和教育法规，对学生造成了身心伤害等事件，产生了直接损害学校及教师形象的危机。

学生参加活动产生的危机。在校内学生为了角逐名次，相互较劲，使同学关系恶化。共同参加体育运动时，发生超过体育竞技比赛之外的争斗，从而导致学生受伤的情况。

2. 外部危机

学校与政府之间的公共关系危机。主要表现为诸如政府的税收、物价、教育等部门在工作中，认为学校的一些制度和行为不符合国家现行的政策法令，要求学校加以纠正，而学校对此处理不当就会发生公共关系危机。

学校与社区之间的公共关系危机。主要是指学校与所在社区公众之间的关系纠纷。如，学校认为社区的一些设施的建立和社区活动的开展，影响了学校的教学环境，社区政府部门对此没有引起足够的重视，由此引发学校与社区之间的一些矛盾纠纷。

学校与家长之间的公共关系危机。主要是在处理学生问题时学校的做法得不到家长的认同、支持而产生的各种纠纷，或者是家长提出建议而得不到学校应有的重视，双方之间产生的矛盾危机。

校园内外所发生的危机往往折射出学校在管理上存在的漏洞。危机对社会造成的影响，对当事人造成的伤害，都是长时间无法消除的，如何防患于未然是需要我们深思的。

（四）学校危机管理的方法

发生学校危机的原因有很多，其中有：物理方面、身心方面、情境方面、道德方面和管理失序方面等。它会造成不同的后果，包括人身的损害、物质的损失、责任的承担、声誉的损害、教育的损害等。只有坚持生命安全第一、快速反应、相互协调、互利互惠、公开透明原则，形成对应危机的方法，才能化干戈为玉帛，化危机为机遇。

1. 危机的防范阶段

组建组织内部危机管理小组。学校公共关系危机爆发前后，学校领导要立即组织有关人员成立专门的危机处理临时机构，强化危机意识，观察发现危机前兆，分析预计危机情境。学校要从危机征兆中透视学校存在的危机，并引起高度重视，预先制订科学而周密的危机应变计划，并进行危机管理的教育训练，为学校的公共关系危机事件的处理提供强有力的组织保证。

迅速隔离危机险境。当出现严重的危及学校财产及师生生命安全的恶性事件时，为了学校及师生的生命财产不受损失或少受损失，要迅速隔离危机现场，为恢复学校良好的教学环境和秩序提供保证。

2. 危机的控制阶段

努力控制危机蔓延。在危机爆发后的一段时间里，危机不会自行消失，相反还可能进一步恶化升级，不良后果将迅速蔓延开来。因此，必须采取果断措施控制危机范围扩大，并且应积极主动地与有关部门配合，向有关部门提供材料，同时通过新闻媒体发布信息，让广大公众了解事实真相，必要时可以公开承认自己的某些过错，以争取公众的同情和谅解。要想取得长远利益，学校在控制危机时就应更多地关注受害者的利益而不仅仅是学校的短期利益。

3. 危机的处理阶段

及时搜集有关信息，保证信息畅通。在危机爆发和延续的过程中，事件处理人员应及时实施全面的观察。观察的内容主要包括危机事件的时间、地点、涉及人员、影响范围、发展情况、危害程度等。

在危机事件得到控制后，迅速对事件进行调查，广泛搜集有关发生事件原因的来自各方面的信息，做好详细记录，为善后处理提供充分的事实依据，如现场录音、摄像、物证、目击证人等。以最快的速度启动危机应变计划。

利用法律手段处理学校公共关系危机。如报警、召开新闻发布会，将最真实的一面告知公众等。一方面，可以维护处理危机事件的正常秩序；另一方面，可以保护学校和公众的合法权益。在当今法制建设不断完善的情况下，这种方法对处理公共关系危机事件特别有效。

4. 危机的总结阶段

针对学校危机出现的情况展开调查，包括事件发生的原因，处理的方法，结果的成败等，进行有效的评价，有利于学校进行整改，排除万难，恢复正常教学秩序。

5. 危机的恢复管理阶段

危机事件的结束是学校恢复管理的过程，但也可能意味新的危机事件即将发生，因此，一方面要恢复秩序，另一方面则要防止不利于学校的新危机的出现。

以上讨论的关于学校公共关系危机的认识及处理，只是处理危机的一般程序和应对措施，在具体操作中还应根据实际情况灵活处理，将危机造成的损失和负面影响减少到最低程度，确保学校持续健康和谐发展。

四、学校形象管理

在现代社会生活中“形象”二字是一个频频被人提及的概念。什么是形象？形象它不会凭空产生，形象源于组织自身文化的彰显及其现有外貌特征。良好的学校形象有赖于学校良好的工作，而良好的学校形象又必须建立在公众认可的基础之上。由此我们可以将学校形象定义为：学校的内外部表征在公众心目中的反映，是公众对学校的总体评价。

1. 如果从学校自身内外部表征分析，良好学校形象的构成要素可概括为“校风学风”和“校容校貌”两个方面

“校风学风”是一所学校在长期办学过程中形成的内在的特征和风格，是学校形象的“软件”部分，主要内容包括：

(1)校风。它主要包括：①学校办学理念。理念是一种具有相对稳定性和延续性的认识、理想和观念体系。学校理念则是关于为什么办学校、如何办学校的思想观念，它反映学校特有的价值观，影响着学校的发展方向、办学目标、学校特色等。不同类型的学校有不同的办学理念，小学的办学理念主要是为社会培养 具有办学特色的合格公民打好基础。②学校的办学目标和办学方针。学校的办学目标指学校培养人才所特有的种类、层次、规格和要求，是学校办学理念的具体体现，是将学校办成什么样子的一种构想和规划。学校的办学方针则是办学目标进入具体实施层面后的显现，是实现办学构想和规划的政策和策略。③学校特色文化。学校特色文化是学校所追求的一种人无我有，人有我优，人优我精的文化，是学校办学理念和办学目标的集中体现。④学校凝聚力。即学校内部形成了为大多数人所认可的正确的价值观念，教职员工和学

生都具有较强的归属感，能够真正把自己当作学校的一员，自觉地实现与学校的心理认同。学校凝聚力反映的是学校内部关系的协调状况，也就是学校成员之间的团结情况，它是学校运行和发展的基础，只有内部关系协调、成员团结一致的学校，才能更好地求得向外拓展。

(2)学风。从一般意义上讲，学风是指学生的学习风气，即学生在长期的学习过程中形成的一种相对稳定的学习风气与学习氛围，是学生总体学习质量和学习面貌的主要标志，是全体学生群体心理和行为在治学上的综合表现。主要包括：①学习目标。学生知道自己究竟需要什么，应该往哪个方向努力。②学习态度。学生的学习态度主要体现于对学习重要性的认同、对学习目标的追求、对学习知识的兴趣和情感的浓厚程度等方面。正确的学习态度是学风建设的前提。③学习纪律。这是促使良好学风形成的外部因素，它强调的是学生学习行为的始终一贯性。严明的学习纪律，有利于学生自觉维护正常的学习环境和学习秩序，对优良学风的形成起到强有力的保证作用。④学习方法。科学的学习方法是形成良好学风的关键。一个人学习方法得当，会少走很多弯路，容易产生较强的成就感，并易形成对学风的趋同意识。⑤学习兴趣。兴趣是对事物带有积极情绪色彩的认识活动倾向。学生的学习相当程度上依赖于对知识的兴趣，只有在充满学习兴趣的气氛中，才能真正形成良好的学风，这是学生学习的内在动力。⑥学习效果。这是判断学风好坏的终极标准，也是学风内涵的最高层次要求，与人才的培养质量直接相连，是衡量人才质量优劣的重要标志，对学风的纠正和重塑起着反馈和调控作用。在不同学风的环境里，学生的思想品德、价值观念、行为方式、意志情感等都会发生变化，并反过来对自己的成长产生深远的影响。

(3)“校容校貌”是一所学校外在的特征和风格，是学校形象的“硬件”部分，主要内容包括学校教职员工和学生的精神面貌。即教职员工和学生能否做到着装整洁，仪表落落大方，教师为人师表，学生日常行为规范、礼貌等。学校的办学环境。即学校的校园环境是否达到绿化和美化的要求，学校建筑物的布局和教学用房的装饰是否合理、美观等。除此之外，还应注意学校环境布置的特色和教育功能，使学生能够在优美的环境中受到良好的教育。学校的标志。即学校的校旗、校徽、校歌、校服的情况，学校是否有自己独特的色彩、独特的标志和独特的用品等。

学校形象的“软件”和“硬件”是互相联系、相辅相成的。校容校貌作为学校外在的特征，风格鲜明、直观，是学校给外界的“第一印象”，能够使公众迅速了解学校的特色，产生直接的感性认识。但是，这种感性认识往往是肤浅的，它对公众的影响仅仅限于知觉的层面，影响力十分有限。校风学风作为内在的特征和风格则比较含蓄，对公众的影响比较缓慢，但在一定意义上，它是外在的特征和风格的依据，决定着其走向，并能深层次地影响公众的情感和态度，影响力十分深远。因此，我们在塑造学校形象时，二者不可偏废，尤其应该把重点放在“软件”建设，即良好的校风学风的塑造上。

2. 如果从公众评价的角度分析，学校形象的构成要素可以概括为知名度和美誉度两个方面

知名度指一所学校为公众所知晓、了解的程度，它是衡量学校形象的量的指标，是评价学校名气大小的客观尺度。知名度反映学校的活动领域和影响范围，它与学校的办学范围有关，更与学校的社会影响力紧密相连。美誉度指一所学校获得公众信任、赞许的程度，它是衡量学校形象的质的指标，是评价学校社会影响好坏程度的指标，反映了社会公众对学校喜爱的程度。学校作为一个办学主体，其任何行为都会产生一定的社会影响，都会带来一定的社会评价。美誉度是学校形象的重要组成部分，人们往往通过一定的社会评价来决定对学校的态度。

知名度和美誉度共同构成学校形象的公众评价指标体系。其中，知名度反映学校影响力的大小，但与学校的美誉度并不一定成正比，也就是说，学校的知名度高但公众对其评价不一定就好，在特殊情况下甚至会出现知名度与美誉度成反比的现象。虽然学校的知名度低对其评价并不一定就差，在一定范围之内学校也可能赢得较高的美誉度。但是，如果有了较高的美誉度，而没有相应的知名度，学校的影响范围有限，其形象也不可能是完美的。因此，加强学校形象管理，必须把提高知名度和美誉度作为共同的追求目标。

【案例分析 1】 当危机来临的时刻

一天下午，某小学 600 多名学生和教师在学校大礼堂为庆祝“六一”，举行文艺演出活动。突然，大礼堂电线短路，引起了明火。此时，校长立即跳到演出台，大声对学生说：同学们请注意！为保障我们的人身安全，现在停止演出，开始进行紧急消防演习。请全体教师和同学按照平时训练的要求，立即按顺序撤出大礼堂，到操场紧急集合。全校学生在老师的组织下迅速撤出礼堂，脱离了火灾威胁。随之，大礼堂的火也很快扑灭了。由于校长的果断处理，使学校避免了一场意外发生的灾难。

解析思路：

1. 案例体现了校长危机管理的哪些意识？

2. 为应对校内危机的发生，学校平时应做哪些消除危机的应对演练？

【案例分析 2】 校门前的饮食摊[①]

某小学地处市中心，周边是高密度的居民生活区。在学生上学放学的唯一通道上，摆满了各种各样的小食摊，给学校造成了极大的安全隐患。

为保证学校的正常秩序和师生安全，学校领导曾多次找到有关部门，要求处理这些问题，但收效甚微。城管、工商、卫生等执法人员一来，商贩们拔腿就跑。执法人员一走，占道经营依然如旧。经几次反复后，学校采取硬性规定，限制学生和老师在摊贩上买东西，并每天派值日领导负责监督，但还是没能制止商贩的占道经营。

于是，学校领导专门召开教职工大会，号召大家都来出主意，想办法，以解决这一难题。会上，有教师提议：应该依靠师生，从自我教育做起。会后，全校开展了大规模的“安全卫生自律活动”：以食品卫生安全知识教育为主题，以环境卫生保护为核心，将翔实、具体的数据、图片等资料通过黑板报、墙报等展现给全体师生。学校多次召开教师会、家长会、主题班会，并成立了环保科研小组，由老师指导学生开展以卫生环保为主题的课题“研究”。参加活动的学生把通过“研究”得到的结果讲给其他同学听，并带领其他同学参观、动手实验，增强他们对卫生环保的认识。

通过开展“安全卫生自律活动”，学生和老师都了解到：校门口小商小贩出售的饮食中大部分卫生极差，细菌严重超标；如果每人每天扔一个塑料食品袋，不出半年，就将把学校淹没在白色垃圾中。在此基础上，学校又进一步开展“勤工俭学爱心帮扶活动”，将卖可乐瓶、废报纸等的收入捐给贫困生。

通过这两个活动的开展，学生们懂得了卫生环保、勤俭节约的道理。结果，没有三令五申，也没有行政领导值班监督，学生开始自觉地抵制学校门口饮食摊上的零食。饮食摊自行解体，通道也变得畅通安全起来。

解析思路：

1. 从小学公共关系管理的内容分析校长关于制止占道经营的做法，为什么由不成功到走向成功？

2. 根据案例试述公共关系在学校管理中的作用。

复习与思考

1. 公共关系的概念是什么？

2. 公共关系与小学公共关系有什么样的区别与联系？

---

① 陈凤春：《学校管理的50个典型案例》，30页，上海，华东师范大学出版社，2009。

3. 小学公共关系管理过程主要包含哪些？

4. 小学危机事件的处理有哪些程序？

5. 如何树立学校良好形象？

推荐阅读

1. 张东娇．公众、事务与形象：学校公共关系管理导论．重庆：重庆大学出版社，2006.

2. 彭和平．公共行政管理．北京：中国人民大学出版社，1995.

3. 阎德明．现代学校管理学．北京：人民教育出版社，2004.

4. 吴华钿，林天卫．教育学教程．广州：广东高等教育出版社，2005.

5. 关鸿羽．现代中小学教育管理理论与实践．北京：教育科学出版社，2003.

第九章　小学全面质量管理

本章重点

- 小学全面质量管理的内容、原则和模式
- 小学全面质量管理的评价原则、过程和影响因素
- 小学全面质量管理的控制类型和程序

第一节　小学全面质量管理概述

一、小学全面质量管理的内容

(一)全面质量管理的概念

全面质量管理(简称 TQM)，原指经济学的概念，是指一个组织以质量为中心，以全员参与为基础，目的在于通过顾客满意和本组织所有成员及社会受益而达到长期成功的管理途径。19 世纪末 20 世纪初美国泰勒提出用科学方法(即以计划性、标准化、统一管理作为三条原则)代替以往的经验法则，从而奠定了科学管理的理论基础，发展到 20 世纪 60 年代被人们称为“全面质量管理”，一般称为 TQM(Total Quality Management)，并被普遍应用于现代企业管理实践活动中。在全面质量管理中，质量这个概念和全部管理目标的实现有关。它有四个特点：一是全面性，它控制产品质量的各个环节、各个阶段；二是全过程的质量管理；三是全员参与的质量管理；四是全社会参与的质量管理。

与全面质量管理同步的概念——ISO9000 标准(ISO)。ISO 是“国际标准化组织”(International Standardization Organization)英文每个字母的缩写，是国际标准化组织颁布的一组质量管理和质量保证标准的总称。我国在 1992 年正式采用了 ISO 标准，大量应用于企业的质量管理。ISO 的本质是：建立一个保证及提高质量的系统的管理体系，明确保证质量应达到的基本要求，通过对一个组织的各个管理环节的有效控制，使出现问题的可能性降到最低程度，保证

产品质量的稳定和提升，以扎实有效的过程管理，确保目标的达成。

(二)全面质量管理

1. 全面质量管理的主要内容

小学全面质量管理有四方面：一是全面的质量管理，控制“产品质量”(小学生成长)的各个环节、各个阶段；二是全过程的质量管理；三是全员参与的质量管理；四是全社会参与的质量管理。在国内基础教育领域小学阶段应用ISO9000，借鉴其基本思想和管理模式，结合教育行业和小学管理的特点，主要内容如下：

(1)建立“教育是服务”的管理机制。教育被视为一种服务，传统的受教育者及其家长、社会成为“消费者”，学校的教职工成为内部“消费者”。学校对内部消费者需求的关注及其和谐成为满足外部消费者需求的保证。在这样的视点下，学校关注满足消费者的利益与需求成为必须，学校对消费者是一种服务关系成为必然。学生是学校的第一类消费者，学校教育的“产品”，是学校生存、信誉的决定性因素。这一管理体制的确立规范了学校、教师的教育服务行为。

(2)突出“以人为本”的现代管理理念，尽一切可能关注人的需求成为学校管理工作的精髓。在全面关注学生与家长的需求，并使其确保得到落实的同时，注重发挥教职工的积极性，鼓励教职工积极参与学校管理，在要求教职工努力达到体系中基本标准的同时，以制度鼓励全员创新、创造性工作，不断超越体系的要求。

(3)坚持全面、全员和全程管理。一是对学校教育、教学、科研、行政和后勤工作全面进行质量设计并全部进行质量控制，紧扣教育教学这一学校的中心工作，将凡是影响质量的因素都纳入强化管理的范畴，基本实现“凡事有准则，凡事有负责，凡事有程序，凡事有监督”。二是把学校各级、各类人员都作为“服务网”、“质量链”中的一环，强调全员参与和团队配合。同时，强化全员的教育与培训，使学校每个部门、每个人员都有强烈的消费者意识、服务意识和质量意识，不断提高服务水平。三是抓好过程管理。紧紧抓住教育、教学的每一环节、过程和阶段的质量管理，以阶段性目标的达成保证高质量结果的实现。注意对管理、教育和教学工作的各个层面，各个环节的“接口”进行设计和质量控制，以保证学校各项工作能紧紧围绕着教育质量目标和谐、高效地开展。

2. 全面质量管理的实现目标

小学教育是向儿童实施德、智、体、美等全面发展的教育，是“实行全民平等的社会公共教育”①，是面对全体儿童实施普通的基础知识和基本技能的教育。小学教育要同学前教育和初中阶段教育相互衔接，应在学前教育的基础上，通过实施教育教学活动，使受教育者生动活泼、主动地发展，为初中阶段教育奠定基础。

全面质量管理的目的是以儿童为核心，以学校为主导、家庭共同参与实施的整体的、系统的教育，该教育面向全体儿童，通过课程建设、师资培训、课堂教学、综合实践活动和家长学校等途径，致力于儿童的心智与体魄的全面发展、和谐发展、持续发展。

3. 全面质量管理的特点和过程

小学全面质量管理是对小学教育质量有关的诸因素进行系统控制与整合管理，对学校各部门各方面工作运作过程以及对全体教职员工实行全员、全程和全面管理，形成“投入”与“产出”的良性循环。教学质量是学校的生命线，重视教学质量管理，要树立“全面质量观”，关注学生在德智体美劳各个学科的均衡发展。小学全面质量管理的特点与过程如下：

特点：全要素管理、全过程管理、全员化管理、主动化管理、绩效化管理。

过程：

(1)制定全面质量标准：标准化工作；

(2)明确质量管理机制：质量管理的组织图；

(3)开展质量教育：全员动员；

(4)提取教育质量信息：信息化工作；

(5)质量信息加工整理：整理、分析和保存。

二、小学全面质量管理的原则

(一)顾客导向，教育就是服务的原则

教育就是服务，以顾客为关注焦点是质量管理体系中最根本的原则，是质量管理模式的出发点和归宿。任何一所小学的教学及管理都要以一类顾客(学生、家长、社会、政府等)为关注点，尽力满足他们当前和长远的需求。学校的顾客从狭义上来理解应该是所有的小学生，如果从更广的范围来看，还包括家长、政府、社区，以至于整个社会。

学校提供的产品——教育服务，应该以满足学生的需求为目标，需求包括

① 上海师范大学教育系：《欧文选集》(第一卷)，329页，北京，商务印书馆，1979。

三个方面：明示的、隐含的和法律法规必须履行的。依据小学生的年龄特点和身心发展，小学生对教育的需求实际上不仅与个人的兴趣、爱好和特长相关，也与时代的发展、与社会的需要紧密相连。对于学校来说，满足学生需求还表现在应该敏锐地发现学生所拥有的潜质，敏感地洞察未来社会发展对人的内在要求，从而能够提供相应的教育服务开发学生潜质，培养学生适应未来社会发展的需要。

(二)以人为本，全员参与的原则

质量管理的有效性是通过组织内各职能部门各层次人员参与产品实现过程来体现的。当每个人的积极性和创造性被充分激发，才干得到充分发挥时，组织才会获得最大收益。对于一所学校来说，在这方面的表现将更为显著，因为教师工作与企业员工的工作相比，其产品质量即教育教学服务质量的高低与自身素质和主观能动性发挥的关联度将更为显著。

小学全面质量管理，要充分调动教师积极性，发挥其主观能动性和创造性。首先要转变教师群体的观念，树立“以小学生为本”的教育教学理念，充分关注学生，为学生发展服务。其次要不断提高教师群体的质量意识，树立以质量求生存、以品质创效益的质量观，把不断改善教育教学服务，不断提高教育教学质量作为全体教师的行为指南，指导自身工作。还有，学校要创立有效的激励机制，管理者要善于运用各种激励因素，比如目标激励、物质奖励、精神激励、自我价值实现等，提高全体教师的积极性和参与度。对于教师中存在的消极因素，管理者要善于及时发现，及时找出原因加以解决。

(三)过程管理的原则

过程在ISO标准中的定义为：一组将输入转化为输出的相互关联或相互作用的活动。如制造一项产品，开展一项服务，乃至一项学生活动、一次家长会等都可以作为一个过程来管理。过程管理鼓励组织识别并理解其所涉及的所有过程，并对过程进行有效的控制。它是重要的方法性原则之一。把教学工作以及构成影响教学工作的资源和活动都作为过程来管理，以便更高效地得到期望的结果。

小学全面质量的过程管理需要考虑各过程的具体要求，需要对资源投入、计划的实施、管理要求、测量及改进方式等作出适当安排。比如：学校的教学活动管理，从教学设备配备、教师配置、教学计划制订开始，到备课、上课到教学活动检查、评价，以及教学活动改进等就构成了一个完整的过程，对过程的各环节作出适当的安排，进行有效的控制，是提高教学质量和教学效率的有效途径。

(四)系统管理原则

管理的系统方法要求学校管理要关注系统的组成要素之间的相互联系和相互影响，通过优化配置，协调促进，最大限度地达成预期的目标。小学全面质量管理是一项系统工程。如果学校教学研究过程产生问题，那么教学过程就不可避免受到影响；如果学校后勤管理过程产生问题，那么同样会对教学过程产生影响。所以要求将相互关联的过程作为系统加以识别、理解和管理，这样有助于组织提高实现其目标的有效性和效率。用系统方法来实施小学全面质量管理，使我们能够认识到影响学校教育教学质量的因素涉及学校管理的所有层面，而并非仅仅是德育管理和教学管理过程。

(五)动态发展，持续改进原则

持续改进总体业绩应当是组织的一个永恒目标。“没有最好，只有更好。”小学全面质量管理的实施犹如逆水行舟，不进则退。顾客的需求是随着时代发展不断变化的。学校校长永远不能满足于现状，只有不断寻求改进机会，持续改进，才能不断满足学生、家长、政府和社会等顾客对学校提出的要求。持续改进是质量管理体系中的基础性原则。

小学全面质量管理中持续改进这一原则在学校管理中的运用不仅需要校领导、教师能够及时对已经发现的问题采取纠正措施，更需要能敏锐发现学校管理中潜在的问题或不合理因素，及时采取相应的措施，预防可能产生的问题。学校从事的是培养人的工作，承担着重大的社会责任，如果总是等问题产生了再想到去解决，无疑已经使学生受到了不利影响。所以，及时发现潜在的问题进行预防，尽量将问题解决在萌芽状态，应该是学校管理持续改进的主旋律。

三、小学全面质量管理的模式

(一)教学全面质量管理的 ISO9000 模式[①]

学校教学质量管理体系的建设包括以下几项工作：

(1)选择教学质量体系要素和标准。学校教学质量管理体系有两种类型，即 ISO9001(质量保证标准)和 ISO9004(质量管理标准)。

(2)制定教学质量方针和目标。质量方针主要包括两个方面内容，一是质量宗旨，包括对质量和质量管理的态度，对家长、学生和社会的质量承诺，实现质量承诺和目标的主要措施和方法；二是质量方向，包括质量目标和实现质量目标及质量改进应遵循的原则和途径。

① 赵中建等：《学校管理体系及 ISO9000 标准》，32 页，上海，华东师范大学出版社，2003。

(3)编制教学质量管理体系文件。按照ISO9000要求，学校教学质量管理体系文件通常包括四类：质量手册、程序文件、作业文件和质量记录。

(二)小学全面质量管理的“三全”模式

1.“三全”质量管理的理念

“九层之台，始于垒土”。[①] 小学教育是各级各类教育的基础。小学全面质量应该为德、智、体、美等全面发展的“全人”教育。

(1)关注每一个孩子的全面发展，培养优秀的品格。小学全面质量管理应该培养自信、认真、踏实、诚实、守信、独立、宽容、坚强、感恩、节俭、仁爱、乐观、惜时、谦虚、有创造力、孝敬父母、有责任感、遵纪守法和热爱学习的品格。

(2)构建生命课堂，追求人的本真发展。小学全面质量管理应该落实在课堂上，实现“知识与技能，过程与方法、情感态度与价值观”三维目标。生命的含义是生物体所具有的活动能力。生命课堂理解为在以人为本思想指导下，追求以人的发展为本的一种教育理念，生命课堂是以学生为主体，课堂为阵地，开展人与人之间的一种充满生命活力的思想、文化和情感交流活动。

(3)强化生本课堂，实施幸福教育。生本课堂强调学生的课堂主体，把课堂还给学生。小学全面质量管理实现了教育观念的更新，教学模式的转变，用真情，用关爱，用欣赏构建学校的“幸福课堂”，让学生感受畅想的幸福，自主的幸福，成功的幸福和发展的幸福。

2.“三全”质量管理的过程

小学全面质量管理要牢固树立教学为主的思想，要全面安排和协调学校的各项工作。

(1)学校管理内容：

有明确的职责范围——我管理我负责；

有健全的指挥系统——指挥统一、果断；信息畅通；

有合理的管理制度——静态管理(规章制度)与动态管理(适时调整)；

有科学的管理方法——法律的、行政的、思想的等；

有先进的管理手段——计算机管理等。

(2)学校规章制度要注重“四性”教育。

首先，要具备科学性。学校的规章制度必须切合学校工作的特点和教师的实际，经得起时间的考验。如对教师的评价方案，定性与定量各有长短，过程

① 《老子》第六十四章。

与结果必须兼顾，隐性劳动与显性劳动都应考虑。其次，要体现公正性。学校规章制度要能够代表学校的整体利益，能够代表学校绝大多数人的基本要求，而不是保护一部分人，损害一部分人。再次，要注重激励性。学校制度应以肯定为主，否定为辅；以奖励为主，惩罚为辅。最后，要有正确的导向性。教育工作的成效需要较长时间才能显现出来，规章制度的制定一定要充分反映这个特点，产生良好的导向作用。

3. 由全员参与的“三全”质量管理

产品质量的好坏，是企业许多环节和工作的综合反映。康德说：“人是教育的产物”①，每个人都重视产品质量，都从自己的工作中去发现与产品质量有关的因素，并加以改进，产品质量就会不断提高。小学全面质量管理需要怎样的责任制？

(1)分工合理——分工而不分家。

(2)职责明确——职责范围的事要完全负责。

(3)考核认真——评价正确，要从实际出发。

(4)赏罚分明——论功行赏。

第二节　小学全面质量管理的评价

一、小学全面质量管理评价的原则

小学全面质量管理评价，旨在优化学校各系统、各层次和各因素，建立完整、严密的“素质领先、质量立校”的管理、教育、教学、科研和服务体系，使全体教职工工作目标具体化，工作岗位责任化，工作步调一体化，促进学校“以管理求质量，以质量创效益，以效益打品牌，以品牌图发展”良性循环的形成。小学全面质量管理(TQM)评价的要义是注重管理的有效性(质量第一)、民主性(全员参与)、科学性(定性和定量结合)。建立高质量的小学教育质量评价体系，需要树立“以学生发展为本”的教育质量评价观。

(一)小学全面质量管理评价的整体性原则

1. 以“顾客为关注焦点”与“促进每一位学生发展”相结合

学校要以“顾客需求”为出发点，为顾客服务，以顾客满意为目标，紧紧围

① [苏]阿尔森古留加，贾泽林等译：《康德传》，86页，北京，商务印书馆，1989。

绕学校的顾客群体来开展学校管理，以学校最主要的顾客——小学生为关注的中心。基本观念的转变使学生真正成为教育教学的主体，成为学习的主人。正如杜威所说的，“我们所需要的是儿童以整个的身体和整个的心灵来到学校，并以更圆满发展的心灵和甚至更健全的身体离开学校”，[①] 小学生学什么取决于自身发展的需要；小学生如何学取决于学习过程是否为学生所喜爱，是否令学生满意；小学生学得怎样取决于学生、家长等对学习结果的评价，是否达到或超过了他们的预期。

2. 紧扣“以校为本”的原则展开评价

学校质量管理模式本身就是从学校实际出发，运用现代质量管理的理念和框架建构符合学校发展实际情况和现代质量管理理论要求的管理体系。它并不是简单地对 ISO 标准质量管理体系有关要求的照搬照抄，并不是简单的移植，它是在学校层面对质量管理体系的再开发，能够体现出学校的个性特色，符合学校的实际情况。它对于发挥学校办学的自主能动性，实施以校为本的管理无疑会产生积极的推动作用。

3. 从实际出发，提高评价的实效性

由于多种原因，当前我国学校管理的现状反映出管理的主观性、随意性问题还较明显。有一些小学校长、中层领导甚至普通教师在开展和参与学校管理过程中都或多或少存在主观武断、跟着感觉走的现象，开展工作可遵循的规章不全，有些规章制度没有相应的实施机制，一旦碰到问题，只好凭经验办事，由此使学校管理不得不停留在“人治”状态。管理的实效性如果完全依赖于个人，是难以有长远保障的，也是难免要出现问题的。学校引入 ISO 标准质量管理体系，形成完整的管理制度和相应的实施机制，能够从根本上克服学校管理中的主观性、随意性问题，使学校管理走上科学化、规范化轨道，促进学校的可持续发展。

(二)小学全面质量管理评价的目标性原则

1. 建立以学生表现为评价内容、“输入—过程—输出”指标一致的评价体系

小学教育质量评价的着眼点不是甄别学生品质、习惯的好坏，而是放在学生通过接受教育之后哪些方面有所进步、哪些方面还有待改正的问题上，并针对此提出修正措施，制订改善方案，帮助学生逐步走向完善。指标一致评价策略能呈现学生行为变化的轨迹，揭示学生发展过程的真实性，使学校、教师、

① 杜威：《杜威教育论著选》，56～57 页，上海，华东师范大学出版社，1981。

学生更准确地得到学习与生活过程的优劣信息，使他们明确应保持的方面和努力的重点，进而有针对性地对错误行为进行矫正，提高教育教学的实效性。

2. 走向增值性评价，以学生“增值”幅度作为教育质量评价标准

增值性评价是发展性评价的一种形式，它强调“变化”、重视“过程”、兼顾“鉴定”与“改进”、体现了学校教育质量的“动态性”。它关注学校教育作用于学生的增值发展，更能体现出一所学校在一段时间内的进步程度。所以，在对小学教育质量进行评价时，要避免将学生的成绩作为评价学校和教师的唯一标准，而是要对学校实施增值性评价，引导学生多元发展，简单来说就是看进步，不搞横向比较。

3. 在统一性原则下，制定差异性的评价目标

教育评价首先要坚持统一性原则。统一性是指学校对学生的培养应遵守国家大政方针。同时，学校教育质量评价又不能脱离教育实践，必须体现评价目标的差异性。由于各校小学生入学成绩、先天因素、个性特长、兴趣爱好和发展需求等方面存在差异，教育质量评价应体现对这种前提性差异的关照。因此，在制定评价目标时应允许不同学校学生发展领域有差异，允许学生之间各领域发展速度不同，允许学生整体目标程度不统一。但是，对“差异性”标准的理解要避免两个误区：一是将差异性理解为降低对学生的要求，学生希望如何就如何，放弃教育工作者指导和管理的责任；二是将差异性理解为每个学生、学生每个方面同总体质量目标不一。

（三）小学全面质量管理评价的生本原则

1. 注重评价内容的多元化

在质量评价过程中要注重学生综合素质考查，不仅关注孩子的学业成绩，而且关注学生创新精神和实践能力发展以及良好的心理素质、学习兴趣与积极情感体验等方面的发展；尊重个体差异，注重对个体发展独特性的认可，给予积极评价，发挥学生多方面潜能，帮助学生悦纳自己、拥有自信；以质评为基础，应用可操作的评价方法，不仅考查“认识”或“概念”等认知层面，同时还关注对“表现”等行为层次的考查，如行为观察、情景测验等。

2. 注重评价过程的动态化

评价时不仅关注结果，更要注重孩子成长发展的过程，有机地将终结性评价与形成性评价结合起来；给予多次评价机会，促进评价对象的转变与发展；鼓励将评价贯穿于日常的教育教学行为中，使评价实施日常化、通俗化。如口头评价、作业评价、成长记录等。

3. 注重评价主体的互动化

强调评价过程中主体间的双向选择、沟通和协商，关注评价结果的认同问题，即如何使评价对象最大限度地接受评价结果；改变单一评价现状，加强自评、互评，使评价成为教师、管理者、学生、家长共同积极参与的交互活动。

二、小学全面质量管理评价的过程

(一)小学全面质量管理评价的准备

对于建立的具有法规性的小学质量管理评价体系，学校应保持其相对的稳定性，并保证实施，以确保学校的一切教育、教学与生活管理活动，依体系确定的运行轨道和程序有效运行。

1. 小学全面质量管理评价要始终把顾客作为关注的焦点

为确保学校关注顾客要求，要切实抓好三件事：一是系统地管好与顾客的关系。按照已建的质量管理体系，确保沟通渠道管理与畅通，及时准确地了解学生、家长对本校教育服务质量的要求及其满意度，把握各级教育行政部门与社会对学校提出的新的要求与期望。二是确保向教职工及时沟通顾客的需求和愿望，并为实现这种需求与愿望而努力运作。三是检测顾客的满意程度，并根据检测结果采取相应的活动或措施，以增强顾客的满意度。

2. 不断提升管理评价理论水平和领导评价素质

TQM 体系和质量管理的原则为领导者提供了全新的管理理念，校长就应在管理活动中不断增强运用和发挥管理原则的自觉性，不断提升自身的管理理论和持续提升自己的领导素质，并以此带动校级与中层管理者不断增强领导素质的自觉性。

3. 小学全面质量管理评价，要坚持建立在道德基础上的以人为本

小学全面质量管理评价首先要在所有的管理层次上建立价值共享、公平公正和道德伦理观念，重视人才，尊重每个人，树立职业道德观念，创造并保持良好的人际关系与内部环境，将教职工活动统一到实现学校质量方针和质量目标的方向上来，使教职员工能充分参与实现质量目标。其次，就应坚信每位正常成长的孩子都有要求进步的愿望，都蕴藏着巨大的发展潜能，都有自己的智能优势，坚持“德教为先”，平等地对待每一位学生，使“面向全体”的“为了一切学生发展”的教育成为现实。

4. 小学全面质量管理评价应强化内部沟通，协调各种关系

良好的沟通，可以促进学校内部各职能和层次间的信息交流，从而增进相互理解和提高质量管理体系的有效性。学校应通过已建立的行政管理机制，已

确认的内部沟通过程与沟通渠道(如行政例会、教职工会议、校园网络等)，实行自上而下和自下而上与左右协调的信息交流。

5. 小学全面质量管理评价要确保所需资源提供的真实性

资源是学校实现质量方针与质量目标的必要条件，学校领导应为教职员工提供所需的资源和培训。通过合适资源的提供，为员工创造出适宜的工作条件和环境，通过培训，不断提高教职工的政治素养与业务水平。

(二)建立全面质量管理常态评价的实施机制

以常规管理达标评定为基础，建立小学全面质量管理评价的常态机制，构建基于课程实施水平评价、日常评价和专项评估的办法，建立全面质量评估体系。

1. 基础性发展目标的评价

基础性发展目标的评价，要根据不同的评价内容和指标实施多元评价，还要渗透或包含在学科学习目标的评价中进行。道德品质和公民素养方面要重点结合品德与生活、品德与社会学科教学以及团队活动、校本课程实施中进行评价；学习能力和交流与合作能力方面要结合所有学科教学进行评价；运动与健康方面主要结合体育与健康学科教学进行评价；审美与表现方面重点结合音乐、美术学科教学进行评价。

2. 学科发展目标的评价

第一，知识与技能的评价。要遵循各学科课程标准的基本要求，以该学段、学年以及每个单元的知识与技能目标为基准，通过作业、纸笔测验、考试和完成一些开放性的表现性任务等形式进行评价。评价结果以“等级＋评语”的形式呈现。小学低年级(1～2年级)实行模糊评价，或描述性等级。

第二，过程与方法、情感态度与价值观的评价。对过程与方法、情感态度、价值观的评价必须与基础性发展目标和学科教育目标相结合，在日常教学活动中，采用观察、轶事记录、访谈、学生自评和学生互评等质性的评价方式对其进行评价。各学科应根据本学科特点，结合基础性发展目标在学科中的体现，制定具体的评价内容及指标体系。

3. 评价主体的确立

评价主体包括学生本人自评、互评、教师评价和家长评价四个方面。

学生自评和互评：一是由学生本人对自己的综合素质及行为写出自我评语；二是对自己或同学综合素质几个方面以及过程和方法、情感态度和价值观的一些方面分别评出分项等级。

教师评价：一是由班主任给每个学生综合素质的几个方面评出分项等级，

写出综合性评语，重点对学生的综合素质进行整体描述，突出学生的特点和发展潜能；二是各学科教师根据本学科所制定的基础性发展目标及学科发展目标评价体系，对每个学生基础性发展目标达成及学生学业水平进行评价，给出相应的等级，并对学生学科的发展态势进行描述，写出激励性的评语。

家长评价：一是对自己学生的综合素质写出鉴定性评语；二是对自己学生综合素质的各方面以及过程和方法、情感态度和价值观的一些方面分别评出分项等级。

4. 评价结果的呈现

评价结果包括等级或评语。评语包括：自我评语、家长评语和教师(班主任)评语。等级包括：分项等级。根据评价内容所列的要素和关键表现，通过整体判断对几个方面以及过程与方法、情感态度与价值观的一些方面分别给予一个等级；练习、作业、期末考试获得的等级。分主体等级。由四个评价主体给出的评价等级。综合等级。把分项等级和分主体等级综合，作为综合素质或学业水平评价的最后等级。以上等级均为四等，以 A(优秀)、B(良好)、C(合格)、D(不合格)呈现。

(三)实施小学全面质量管理的发展性评价

“依赖考试作为评估学生学习的主要手段，从根本上说是浪费的，而且经常既不可靠又不可信赖”。[①] 鲍斯丁尔对此的解释是：如果目标是最大程度地开发学生的生产力，那在单元结束时评估学生的进步就为时过晚了。学生将知识和技能应用于实际社会的挑战的成绩最能显示学习的结果。如果学生要成为其教育过程的主体，必须教会他们评估自己的工作和进步，以学生发展为本，培养学生自信，帮助其开发潜能。实践中，应用各种手段来改进学生评价的质量。[②]

(1)评价目标——立足“生本”，培养自信。把培养孩子的自信作为一个重要发展指标，让评价的触角伸向学生发展的任何时空，让学生成为评价的主体，让每个学生都有自我展示的可能，也让每个学生都坚信：我不比别人差。老师不仅在语言上充分肯定，鼓励学生又时刻给孩子送去一个微笑的眼神、一个大拇指、掌声等。

(2)评价方向——关注差异，开发潜能。事实上没有所谓“差生”的存在，每个学生都是独特的，也是出色的。教师寻找和发现学生身上的闪光点，善于

① 丁晓昌：《重视内涵建设提高教学质量》，载《光明日报》，2007-11-23。

② 潘阿芳：《小学教学实施全面质量管理的尝试与思考》，载《上海教育科研》，2007(7)。

发现学生的潜能，这正是新课程学生评价倡导的改革方向，只有真正关注学生个体发展的差异性和个体发展的不均衡性，才能促进学生全面发展，全体发展。

(3)评价策略——即时即效，多元多能。期中、期终考核形式多元化：书面考核与多元能力考核相结合；考核评价有个人自评，有伙伴互评，还有跨班互评；探索考核指标模糊化：有等级考、无等级考。设计创新和综合素质评价，真正发挥"减负增效"的功能。

(4)评价效益——展现自我，快乐成长。实施师生员工全员参与的质量管理，教育全过程的质量管理，适应孩子健康、快乐和幸福成长。

三、影响小学全面质量管理的评价因素

小学全面质量管理科学评价体系的建立受各种因素影响。

1. 办学目标

小学的规模大小、历史长短、区域位置和知名度有所不同，但在学校教育价值取向方面是一致的，应当满足每一个学生自主而又和谐发展的需要，只有这样，学校才能以开放的心态和开放的形式去实现教育所追求的价值。

2. 学校目标

(1)培养出一支高素养的小学教师队伍。

(2)培养出一个具有领导力、凝聚力、执行力的领导班子和干部队伍。

(3)绝大部分学生成为健康、勤奋、守纪、活跃的阳光少年，使社会、家长、学生满意。

(4)学校教育教学管理制度化，做到系统，合理规范。

(5)教学质量平稳，关注创新能力和未来发展。

(6)素质教育深入每一个层面。

3. 学校办学宗旨

帮助学生学会学习、学会做人、学会做事、学会发展，将学生培养成为健康、勤奋、守纪、快乐、活跃的阳光少年。

4. 小学全面质量评价因素须澄清的两对关系

(1)学校教育质量与学校教育质量评价之间的关系。学校教育质量包括教育管理与教育实施的动态质量以及范围层面(如家庭、学校、社会)，主体层面(如学生、教师、管理者)，文化层面(如物质、制度、精神)的静态质量。教育质量实质是通过教育活动使受教育者获得发展，从而使其各方面素质达到教育目标的程度。两者对学校教育质量概念的理解代表了学校教育质量评价的两种

价值取向，即“外适性质量观”与“个适性质量观”。“外适性质量观”指教育满足顾客需要的程度，常以外在的标准来评价学校质量。“个适性质量观”指教育促进学生自我实现的程度，以学生个体的认知、情感、兴趣、特长等方面的发展作为判断教育质量的标准。而学校教育质量评价是在学校资源一定的情况下，对学校促进学生发展的程度的测量，并对其价值进行判断的过程。

(2)办学水平与教育质量之间的关系。办学水平与学校教育质量概念不同。办学水平指设置、维持、使用和管理一所学校，使之胜任教育教学任务、达到国家要求的程度，一般包括学校教育观念水平、学校整体教育教学水平、学校管理水平、学校条件装备水平等方面，教育质量侧重于学生全面发展的程度；办学水平包括教育质量，教育质量是办学水平评价的一个方面。当下许多地区教育质量评价侧重学校办学水平的评价，而非严格意义上的教育质量评价。

第三节　小学全面质量管理的控制

一、小学全面质量管理控制概述

(一)全面质量控制的含义

1. 全面质量管理(TQM)的新发展

全面质量控制(Total Quality Control，TQC)，逐渐演化为全面质量管理(TQM)，在企业管理中是指一个组织以质量为中心，以全员参与为基础，目的在于通过让顾客满意和本组织所有成员及社会受益而达到长期成功的管理的途径，是企业界广泛应用的一种管理思想、管理方式。它有两个方面的含义：一是全面控制，即以优质为中心，实行全员工、全过程和全方位控制；二是全面质量，包括产品质量和工作质量。国家标准中的质量是“产品、过程或服务满足规定或潜在要求(或需要)的特征和特性的总和”，即“质量”由两个层次构成：一是产品必须满足规定或潜在的需要；二是产品特征和特性的总和。第一层次反映了产品的客观标准。第二层次反映了产品的内在要素。只有内在要素达到要求，又为用户所需要的产品才算得上质量好的产品。在市场经济快速发展的今天，“质量第一”、“以质量求生存”已是一条不破的真理。TQC即是一种能够保证产品质量的完善的科学管理体系，是现代企业系统中不可分割的组成部分，是企业管理的重要环节。

2. 小学全面质量控制的内涵

一是质量控制。质量控制是最早的质量观念，是指在质量活动结束后找出或去除未达标的产品成分或最终产品。它的特点是由专业人员进行“事后控制”，会造成相当数量的浪费。学校通过考试、测验把“证明”为不合格的学生“淘汰出局”，是教育质量控制最普遍、最传统的方法。而小学全面质量管理的控制，将落实“全面发展”和“全人教育”多元测量、评价的科学方法，注重创新人才思维和创新能力的培养。

二是质量保证。质量保证是指在质量活动之前及过程中一直遵守事先规定的工作标准、工作程序而生产无缺陷产品的方法。它的特点是预防为主、系统管理、标准管理、靠事实管理，强调“一开始就把事情做对”。小学全面质量管理中，教师遵照预先制定的教学管理规程开展教学，就是典型的质量保证方法。

(二)我国教育督导制度对教育质量的监控①

1978年，国家教育督导机构成立，建立教育督导制度，如《义务教育法》、《教育督导暂行规定》。1993年机构改革，中央编制委员会批准建立国家教委教育督导团。《中华人民共和国教育法》第二十四条规定：国家实行教育督导制度和学校及其他教育机构教育评估制度。1999年6月，《中共中央国务院关于深化教育改革全面推进素质的决定》提出：“全面推进素质教育是党和政府的重要职责……建立自上而下的素质教育评估检查体系，逐级考核省、市、县、乡各级党委和政府及其主要领导干部抓素质教育工作情况。”2000年，中编办下发了《关于原国家教委教育督导团更名的批复》(中编办字[2000]2号)，将原国家教委教育督导团更名为“国家教育督导团”。其主要职责是：研究制定教育督导与评估的方针、政策、规章制度和指标体系；对地方人民政府贯彻执行国家有关教育方针政策的情况进行指导、监督、检查和评估，保障素质教育的实施和教育质量目标的实现。

教育督导制度恢复重建以来，各地十分重视教育督导法规、督导机构和督导队伍建设。自1986年以来，建立了国家、省、地、县四级教育督导机构，网络逐步建立。全国31个省(自治区、直辖市)全部成立了人民政府教育督导团(室)。全国共有专(兼)职教育督导人员46245人，其中专职督导人员19984人(含专职督学9033人)，兼职督学26261人(含教育部聘请的总督学顾问、国家督学及各级督导机构从民主党派、无党派人士中聘请的特约教育督导员5116人)。

① 《教育参考信息》，2007年3月第1期(总第22期)。

(三)中国教育科学研究院基础教育质量监控与保障体系的研究

基础教育质量监控与保障内容侧重于学生质量与综合素质。基础教育质量监控的对象锁定为义务教育阶段的学生学业成绩和综合表现。监测内容为基本知识与技能、认知能力、理解能力、分析问题能力和创新能力等。主要测试科目为语文、数学、英语等，主要考查学生学业成绩的提高与综合表现的进步和变化，学生是否树立了自主学习的终身学习新理念，学生学习态度情感和学习方式是否发生了本质变化，学生学习能力、高级思维能力与创新能力等综合素质是否有了明显变化，学生学业成绩与作品创作是否有了明显提高。

中国教育科学研究院提出了建构基础教育质量监控与保障体系的基本思路与模式。认为构建我国基础教育质量监控与保障体系应当由“评估、认证、监督、监测”四个要素组成，只有对我国基础教育质量施以评估、认证、监督、监测保障措施，并且使四个要素有机结合、相互作用，才能真正保障基础教育质量的不断提高和持续发展。

二、小学全面质量管理控制的类型

(一)监控类型

单项监控：通常是对某一年级的某一学科的教学质量进行监察和调控，具体做法是对学习该门学科的学生进行抽样测试或对该门学科的课堂教学进行随堂听课、观察教学目标的落实情况，单项监控也常作问卷调查。例如：对学生学业负担的调查。

多项监控：是对同一年级的几门学科，按照课程标准要求，在同一时间对一门以上学科进行监控和调控。例如：开展对小学一年级语文、数学和以后的三年级语文、数学、英语的抽样测试，对这些刚进行新课改的学科落实课程标准的情况进行调研分析，既为今后新课程评价制度改革的进一步完善做资料准备，又为基层单位更好地贯彻现行的课程标准，提供建设性意见。

综合监控：这种监控的内容不仅包括学科的教学质量，还包括对学生的学习背景作调查，通常采用投入——过程——结果的归因模式、全面监控一个区域或一所学校的教育质量。例如：对一定区域的各校三年级学生作抽样的综合监控，进行语文(含笔试、口试)、数学(含笔试、综合实施活动)、英语(含笔试、口试、听力)的测试，对学生的学习背景作问卷调查，包括学生问卷、校长问卷、班主任问卷等。

个体监控：对教育者或受教育者的个体进行监控。例如：对教师的教育教学工作进行检查，对学生的学习成绩进行测试。这种监控的作用在于使被监控对象提高水平，达到预期的目标。

群体监控：监控的对象是一个群体，在监控的各种活动中，都采用不记名的形式，既减轻监控群体中的个体的心理负担，又较易获取真实的信息，这种监控的目的是为一个地区或一所学校的教育决策、教育管理和教育改革服务。

（二）教育质量监控与评价的方案

建立小学教育质量和学生课业负担监控制度，发挥基础教育质量监测中心的作用，为教育决策和素质教育提供可靠依据，引导学校深入实施素质教育，全面提高教育教学质量，建立规范教育办学行为和学生课业负担监测通报制度，及时发现和纠正各种违法违规的办学行为。

质量监控与评价内容有学生成长、教师进步、学校发展三个方面。

学生成长——其主要监控评价点分为学生综合素质和学生学业成绩两个方面。学生学业成绩下设若干个二级目标和三级目标。

教师进步——其主要监控点分为综合素质、履行职责、教学绩效三个方面，每个方面下设若干个二级目标和三级目标。

学校发展——其主要监控评价点分为学校教学日常管理、课堂教学、校本教研和质量管理四个方面。每个方面下设若干个二级目标和三级目标。

（三）教育质量监控与评价的方式

教学信息监控——通过日常的教学检查，教学过程的常态监测，期初、期中和期末的定期检查，教师教学信息反馈和学生学习信息反馈等渠道，及时了解和掌握教学中的动态问题，并及时进行反馈、矫正和调控。

教学督导评价——对所有教学活动、各个教学环节、各种教学管理制度、教学改革方案等进行随机性的督导评价。

专项监控评价——对学校课堂教学、校本课程开发、校本教研开展、教学常规管理、德育工作开展、综合实践活动、校内文体活动、教学质量监控与评价、综合素质评定等方面的工作进行专项目标监控评价。

（四）教育质量监控与评价的方法

实地观察。根据教学质量评价指标的要求，通过听课、参观、情境测试、常态下随机测试等手段，有目的、有计划地对学生的思想和学业发展水平，教师的教育教学能力和专业成长状况，以及学校的教育教学管理水平进行监控与评价。

访谈。访问者根据设计好的访谈问题或提纲，通过与受访者的交流互动、专题研讨，集体座谈、个别谈话等方法，有目的、有计划地了解学生思想和学业发展水平，教师教育教学能力和专业成长状况，以及学校教育教学管理工作中非文字表述性的内容。

问卷调查。通过书面的形式，有目的、有计划地了解学生思想和学业发展水平，教师教育教学能力和专业成长状况，以及学校教育教学管理工作的相关内容。

文献分析。通过系统收集、分析学校以及教师中与教学质量相关的各种文件、论文、研究成果、学校教学管理、学生学业成绩记录、教学数据统计报表、质量分析报告、专著、经验材料等，全面、客观的评价学校的教学管理水平、教师的教育教学水平，作为分析研究教学质量的辅助材料，以求更准确地把握教学质量的发展趋势。

学生学业成绩测评。在正常的学校教育条件下，按照课程标准的要求，采用多种形式对学生在知识与技能、过程与方法、情感、态度与价值观方面所应达到的程度和水平进行测试和评价。学生学业成绩是衡量学生全面发展状况的重要指标，也是衡量教师教学能力和学校教学质量的重要指标。学生学业成绩测评按其功能可分为发展性测评、水平性测评和选拔性测评。

三、小学全面质量管理控制的程序

“在教学质量活动中，教师的教是为学生的学服务的”。[①] 小学全面质量管理的实施能确保小学在受控条件下提供优质的教育服务。

(一)对影响教育的所有因素实施全面控制

小学教育是以学期、学年、学段为其自然进程的。教育的目的实现与质量的控制也是按照这一自然进程而分期进行的。一是控制教师的流动。教育的连续性，要求教师在同一个学段中最好保持相对的稳定，特别是班主任与基础学科教师，应尽可能实行学段循环。二是让每位员工明确各自的工作。学校员工都应于新一学段开始前，熟悉自己在新一轮学段中的职责、权限和相互关系，明确新学段的质量目标与质量要求，意识到自己在整个学段工作中的地位与作用。三是加强对课程的管理。课程，是实现教育目标，提供教育服务的纽带，是规范学校教学行为的根本依据和重要手段。因此，学校应在明确课程管理的性质、宗旨与目的，并建立学校课程管理机制的基础上，根据教育行政部门的规定，结合本校实际，编制课程设置方案，利用校内外资源，优化学科课程，规范选修课程，拓展活动课程，开发校本教材，按规定程序审批后，组织实施与评价。四是置控制于过程的始终。对于教育、教学与生活管理的提供，都应

① 曾文捷：《试析教学领域的文化错位》，载《教育发展研究》，2010(4)。

运用PDCA循环的方法，对每个过程的策划、实施、检查与改进实施有效控制。教育、教学与生活管理的过程是呈规律性的。应在把握过程规律，遵循教育原则的基础上，运用有效的教育策略与学习方式，优化过程，以取得最佳效益。

(二)对不能由后续质量评估或测评的过程予以确认和控制

在教育、教学与生活管理的动态过程中，由于存在着不确定因素(如患有先天性心脏病而尚未检查出的学生，在开展体育活动或实施劳动教育过程中可能出现的不安全问题；组织学生深入社会进行社会调查或从事研究性学习过程中，由于社会的复杂性可能导致事与愿违的后果等)，往往会导致非预期结果；由于现行教育测量技术，还不能对教育提供的每一个过程的质量，做到精确测量，待非预期结果的"不合格"现象出现时，已难以再行补救；由于有些教育问题，只有待学生走上工作岗位，在实际工作中才能出现；由于教育是为未来社会培养未来人的事业，对未来的估计与未来现实之间往往会存在一定的差距，因而必然会存在不能由后续的监视或测量来验证是否达到规定要求的过程。为保证这类过程的输出能够持续满足要求，必须采用适宜的确认手段，识别这些过程。通过持续的教育反思与经验总结，教育科研与毕业生的跟踪调查，不断提高教职工素养与提升教育现代化平台，编制出特定的工作规程与评审批准程序，确保这样的过程也能得以有效控制。

(三)对学生获得的发展状态与水平予以标识

教育的根本目的是促进学生的发展。学生是否获得了应有的发展，是衡量教育是否达到了质量要求与满足了顾客期望的根本标志。在某一确定的学段中，学生的发展是循序渐进、分期实现的。为准确掌握学生发展的实际状态，反映学生成长的过程与轨迹，为后续的教与学，为必要时对其发展过程予以追溯提供依据，须对学生在发展过程中的状态与某一学段结束时的发展水平予以标识。学生从某一学段的入学到毕业离校，其发展过程大体上可分为入学、在校学习期间与毕业三个阶段。在这个发展过程中的状态，一般用等级(如优、良、及格与不及格)，或分数、实录(如身高、视力、体重等)、描述性评语及其它们的组合等形式，加上时限(如某某学年度第几学期)、属性(如期中、期末、调研、会考等)予以标识。毕业时的发展水平，一般则以颁发的毕业证书的形式予以标识。

(四)严格学籍管理与成长记录袋防护

学籍管理，是指根据有关教育政策法规，对学生的入学资格，在校学生状态及毕业资格进行考核、记载、控制与处理的活动。严格学籍管理，不仅是建立和保障良好教学秩序，提高教育质量，促进学生主动获得全面发展的需要，也是向顾客，向升入的高一级学校，向转入的同类同级学校，提供教育的符合性依据的需要。

学生成长记录袋也就是学生档案袋，主要是指收集、记录学生自己、教师或同伴做出评价的有关材料，如优秀作业、活动记录、发表作品、记录自己学习活动的照片、磁带、项目作业、实验报告等。一些相关的证据与材料，以此来评价学生学习和进步的状况。成长记录袋可以说是记录了学生在一个时期一系列的成长“故事”，是评价学生进步过程、努力程度、反思能力及其最终发展水平的理想方式。建立成长记录袋，必须以激励为目的，促进学生的自主发展。

【案例分析1】 小学教育质量综合评价方案及细则①

一、指导思想

根据教育部《关于积极推进中小学评价与考试制度改革的通知》精神，引导校长和教师树立正确的教育观、质量观、教师观、学生观，深入践行“名在减负、名在特长、名在名师、名在文化”的办学理念，切实规范办学行为，扎实推进素质教育，全面提高教育质量，努力实现全区小学教育高位均衡发展。

二、评价内容

分办学行为、德育工作、师资队伍、学业水平、学生特长、办学特色六大项，总分为100分。

三、评价标准

1. 办学行为(10分)

(1)开齐规定课程，开足规定课时，不随意增减课程课时。课表、课外活动安排表上墙上网，没有弄虚作假现象。(2分)

(2)严格执行全区统一制定的学生作息时间，非经区局批准不得随意调整，确保学生每天在校集中教学时间不超过6小时。(2分)

(3)有切实的课外作业总量监控机制，一二年级不留书面家庭作业，中高年级每天家庭作业总量不超过1小时。节假日、双休日没有违规补课的现象，没有举办奥数班。(2分)

(4)规范考试科目和次数，学校组织的考试每学期不超过一次，科目不超过3门。(2分)

(5)认真开展阳光体育活动，确保学生每天不少于1小时体育活动时间。

① http：//www.5ykj.com/Article/cygwgzzd/79676.htm。

学生体质健康整体水平达到《国家学生体质健康标准》，近视率、肥胖率明显降低。(2分)

2. 德育工作(10分)

(1)把社会主义的核心价值体系融入学校教育全过程，重视整合德育资源和开发优质德育课程，德育内容丰富。(2分)

(2)将德育渗透到学校工作的各个环节，教书育人、管理育人、服务育人。德育队伍健全，职责明确。(2分)

(3)德育活动形式多样，校园育人氛围浓郁。(2分)

(4)班主任工作扎实有力，心理健康教育有效开展。学校、社区、家庭沟通良好，形成合力。(2分)

(5)学生熟悉《小学生守则》和《中小学生日常行为规范》，行为习惯良好，精神风貌积极向上，无随地吐痰、乱扔乱抛、乱涂乱画、大声喧哗等现象。(2分)

3. 师资队伍(20分)

(1)学校有师资队伍建设五年规划，教师有个人专业发展规划，目标任务明确，措施实在达成度高。具有相应教师资格证书的比例达100%，40周岁以下的教师全部达专科以上学历。(4分)

(2)扎实开展校本培训和校本教研，坚持周六上午教师集中业务学习制度，认真落实集体备课基本要求。深入开展教师学习教育活动，教师参加全区集中考试合格率达100%。积极组织在职教师新课程培训和转岗培训，大力实施“青蓝结对”和“名教师名校长”工程，创造条件设立首席教师和名师工作室。(4分)

(3)加强师德行风建设，热情关爱每一位学生，尊重学生人格，无体罚、变相体罚或“心罚”学生的现象。遵纪守法，无违法犯罪；廉洁从教，不搞有偿家教。(2分)

(4)全面开展“有效课堂教学人人达标”活动，每年参加区级以上教育主管部门组织的各类优质课竞赛有一定人次获奖，优课率达50%以上并逐年增加。(5分)

(5)大力开展教科研活动，结合自身教育教学实际，围绕“以生为本，减负增效”开展课题研究，每年有一定数量的教育教学论文发表或获奖，不断取得阶段性成果并正常结题。(5分)

4. 学业水平(30分)

牢固确立"让每一个学生成人，让众多的学生成才；让每一个学生合格，让更多的学生优秀"的办学理念，区直小学、中心小学全科及格率达98%，优秀率达50%以上；村小学全科及格率达95%，优秀率达35%以上。学业水平评估由六年级语数外质量调研(15分)、二至五年级语数外随机抽测(10分)和全区小学生常技科检测(5分)三个部分组成。

5. 学生特长(20分)

所有的学生都会演奏一种乐器，掌握两项以上运动技能，在美术、民间传统文艺特色项目方面有自己的长项。全区小学生素质检测和学生参加区级以上教育主管部门组织的各类竞赛获奖情况，各占10分。

6. 办学特色(10分)

(1)各学校有80%以上学生参与的特色项目，且50%以上的学生能随时展示才艺。(3分)

(2)努力构建健康和谐向上的校园文化环境，全面加强"三风"建设，设计出校旗、校徽，确定好校训、校歌、校树、校花，编印校报、校刊，建好校史陈列室，雕塑、标语牌、画廊、展厅制作与布置精巧和谐。(3分)

(3)学校工作成绩显著，获区级以上表彰奖励。(4分)

四、考评办法

(1)分级考评。区局负责对区直小学和中心小学进行考评，中心小学负责对村小学进行考评。按"一校制"管理要求，村小教学质量纳入中心小学考评。

(2)分层考评。根据各学校办学规模、师资水平和教学质量等实际情况，对全区23所中心小学以上学校分基础性、发展性、示范性等三个层次进行考评，体现分类要求、分层推进的原则，使所有的学校都有比学赶超的动力。

(3)分块考评。局相关职能科室对小学教育质量评价的六大项，分别确定具体的赋分标准，实行分块考核赋分、综合确定档次。其中办学行为和德育工作由督导室、普教科负责，师资队伍由组织人事科、教研室负责，学业水平由教研室负责，学生特长和办学特色由普教科、体育科负责，最后由普教科汇总报局务会研究决定。

五、考评奖惩

区局根据综合考评结果，每年表彰三分之一左右的区直小学、中心小学，并与校长绩效考核挂钩；对发生师生违法犯罪、重大安全责任事故、违背省"五严"规定被上级教育行政部门通报批评或产生其他重大负面影响的学校，均实行"一票否决"；对办学水平较差或退步较大的学校列为重点管理单位，认真剖析原因并制订切实可行的方案予以整改，以促进全区小学教育均衡发展。

解析思路：

请对照本章内容，对该市小学教育质量综合评价方案及细则进行分析评价。

【案例分析2】　北京市东城区出台义务教育质量监控与评价方案①

监测指标分三级。一级指标包括思想品德、学业成就、身心健康和个性特长四个方面。

“思想品德”的二级指标包括思想品德、社会实践、品德学科三个方面。其中，“思想品德”的三级指标包括热爱祖国、勤奋自强、诚实守信、文明守纪、关心集体五个方面；社会实践包括学军学农、公益活动表现两个方面；品德课程的三级指标包括学习态度、学习能力、学习成绩三个方面。

“学业成就”的二级指标包括学习表现、学习能力、学科成绩三个方面。其中，学习表现包括学习态度、学习习惯两个方面；学习能力包括动手能力、自学能力两个方面；学科成绩包括语文、数学、外语和其他(除品德、体育、艺术类)四个方面。

“身心健康”的二级指标包括体育学科、体质健康、心理健康三个方面。其中，体育学科包括学习态度、学习能力、学科成绩三个方面；体质健康包括卫生习惯、发育水平、体质达标三个方面；心理健康包括乐观自信、自我调节、与人交往三个方面。

“个性特长”的二级指标包括艺术学科、兴趣小组、2＋1项目三个方面。其中，艺术学科包括学习表现、学习能力、学习成绩三个方面；兴趣小组包括参加情况、获奖情况两个方面；2＋1项目包括体育项目、艺术项目两个方面。

各三级指标(兴趣小组中的获奖情况，2＋1项目中的体育项目、艺术项目除外)的评价结果来自于班主任和任课教师根据教育教学工作的规范要求，进行的平时记录和终结性的测评。三级指标的评价结果综合成二级指标评价结果，二级指标评价结果综合成一级指标评价结果。各级指标的评价结果均用“优”、“良”、“合格”、“需努力”记载。

解析思路：

针对该市小学教育质量监控方案，体会全面质量管理的意义。

① http：//58.118.0.130/teacher，2009-3-4 。

复习与思考

1. 小学全面质量管理的内容、原则和模式。

2. 结合一所小学的具体情况，谈谈小学全面质量管理的评价原则、过程和影响因素。

3. 如何加强小学全面质量管理的控制。

4. 阅读下列文字，思考小学全面质量管理实施对人的成长教育的至关重要性。

小学阶段无法改变整个世界，但可能会塑造孩子的一生！多年前，当几十位诺贝尔奖得主聚会之时，记者问一位荣获诺贝尔奖的科学家："请问您在哪所学校学到了您认为最重要的东西？"这位科学家平静地说："在小学。""在小学学到了什么？""学到热爱读书、适应交际、做错事要道歉，学会了自信……"这位科学家出乎所有人意料的回答，说明了儿时养成良好学习、品格、习惯对人一生具有决定性意义。

推荐阅读

1. 程凤春．教学全面质量管理：理念与操作策略．北京：科学教育出版社，2004.

2. 赵中建．学校管理体系及 ISO9000 标准，上海：华东师范大学出版社，2003.

3. 潘阿芳．小学教学实施全面质量管理的尝试与思考，上海教育科研，2007(7).

4. 张东娇．教育管理学．北京：高等教育出版社，2011.

5. 张新平．教育管理导论．上海：上海教育出版社，2006.

第十章　小学校本财政管理

本章重点

- 教育财政的本质、特点与功能
- 小学校本财政管理的内涵及意义
- 中外小学校本财政管理的比较
- 小学教育经费的收入、支出、监督与评估

第一节　小学校本财政概述

校本管理是20世纪80年代以来，在分权化、市场化理念的推动下，许多发达国家掀起的一项学校改革与重构运动。如今，校本管理运动已波及全球，成为学校管理的重要发展趋势。小学校本管理是该运动的重要组成部分，旨在使小学更具灵活性与适应性，提升学校教学质量，促进校际之间的良性竞争，迎接知识经济、信息经济的挑战而打下坚实的基础。小学校本管理的内容，包括小学校本课程管理、小学校本人力资源管理、小学校本财政管理三部分。其中小学校本财政管理是解决学校资源的优化配置、提高资源的使用效率的问题，是校本管理的基础，是制约学校教育生存和发展的重要因素，是保证其他校本管理环节顺利开展的关键。这一节将从校本财政的上位概念、宏观层面的教育财政的本质、特点、功能入手，进而阐述微观层面校本财政内涵与实施校本财政管理的意义。

一、教育财政的本质与特点

(一)教育财政的本质[①]

教育财政的本质实际上就是社会公共权力机构为满足公共教育需要，以国家为主体，以社会剩余产品为对象，在筹集、配置、调节、监督教育物质资源

① 肖昊：《论教育财政的三级本质》，载《当代经济》，2011(2)。

的公共活动中所形成的人与物的关系、人与人的关系、教育财政能力与教育财政方式的关系。这三种关系分别反映教育财政的生产力、生产关系以及生产力与生产关系之间的关系，他们对立统一的矛盾运动推动着教育财政形态由低级向高级的发展。

1. 教育财政活动中形成的人与物的关系

教育财政活动中所形成的人与物的关系集中表现为教育财政主体与公共教育经费的关系。这种关系发生在教育财政初次分配的过程中。教育财政主体运用一定手段筹集和分配公共教育经费的能力，就是教育财政能力。教育财政主体、公共教育经费和公共教育经费筹集手段是教育财政能力的三个要素。

在教育经费的筹集方面，教育财政能力与生产力、生产关系和上层建筑有密切联系。生产力决定社会总产品的产出量，进而决定社会总产品可用于教育的总量，决定公共教育经费的社会承受力，并在物的因素上最终决定教育财政主体筹集公共教育经费的能力。教育财政能力在公共教育经费筹集手段不变条件下会随着公共教育经费的增加而提高。适应生产力发展要求的教育财政能力就是社会所必需的教育财政能力，适应生产力发展要求的公共教育经费就是社会所必需的公共教育经费量。因此，公共教育经费的适量筹集体现教育财政能力发展的必然要求，成为教育财政分配的第一永恒主题和基本规律。小学教育属于义务教育的一部分，其教育年限以法律形式加以规定。因此，小学教育所必需的公共教育经费量是小学教育阶段适龄人口与小学教育生产要素生均价格的乘积。

2. 教育财政活动中形成的人与人的关系

教育财政主体要进行公共教育经费及其税负的分配，就要同受教育者、教育者或教育机构和纳税人发生关系。于是，教育财政分配所产生的人与人的关系就表现为教育财政主体与受教育者、教育者和纳税人的关系。这种关系发生在教育财政初次分配和再次分配的过程中。教育财政主体对公共教育经费及其税负进行分配的制度安排和行为规范，就是教育财政方式。它主要包括教育财政体制、教育财政机制和教育财政政策与法规等。教育财政体制、教育财政政策与法规是教育财政分配的制度基础。它们决定了人们在教育财政分配中的地位、利益关系和行为方式，从而决定了教育财政分配所产生的人与人关系的性质。教育财政机制是教育财政体制、教育财政政策与法规的实践方式。它具有对教育发展的推动作用、对人们利益关系的调节与整合作用、对经济和社会发展的促进作用。教育财政分配所产生的人与人的关系归根结底是人们之间的利益关系。人们之间利益关系的平等交换就是社会公平。作为社会公平的重要内容、道德要求和社会进步标志的教育财政分配公平是教育财政方式应有的价值取向。因此，教育财政分配公平是教育财政分配的第三永恒主题和基本规律。教育财政分配公平是教育财政分配所体现的各受教育者之间、各教育者之间和各纳税人之间利益关系的平等交换，其实质是体现利益均衡化。

3. 教育财政活动中形成的教育财政能力与教育财政方式的关系

教育财政分配以教育财政能力为物质内容，以教育财政方式为社会形式。在现实生活中，教育财政能力反映生产力，教育财政方式反映生产关系。生产力与生产关系的对立统一关系和矛盾运动在教育财政分配中表现为教育财政能力与教育财政方式的对立统一关系和矛盾运动。在教育财政能力与教育财政方式的矛盾运动中，教育财政能力是矛盾的主要方面，它起着决定作用。一定的教育财政方式是适应一定的教育财政能力发展要求而产生的，并对教育财政能力具有反作用。教育财政能力总会随着生产力发展而发展，生产关系也总要随着适应生产力发展新要求而变革，教育财政方式如果不能随着生产关系的变革而变革，就会阻碍教育财政能力的发展。于是，适应教育财政能力发展的新要求而变革教育财政方式，就成为教育财政分配的第四个永恒主题和基本规律。

(二)教育财政的特点

1. 教育财政的一般特点

(1)公共性。教育财政的公共性是以国家为主体，提供的教育服务的公共性决定的。虽多数学者认同教育为混合产品，同时具有公共产品和私人产品的特征，教育消费具有竞争性，但教育同时也具有极强的正外部性。而外部性和公共性之间有很强的关联性，大部分具有外部性的物品同时具有公共性，教育便是如此。从经济学上来说，产品的提供主体的确定取决于产品的外部性，教育的正外部性决定了如果由私人提供会引起市场失灵而导致供给不足。当然，在实践中，政府是否提供教育服务，还取决于政府在教育事业发展中的功能和价值定位。国际上通行的做法是视义务教育为纯公共物品、是人的一项基本权利，基本上由政府负责提供；将一部分非义务教育视为准公共物品，在政府提供的同时也引入市场机制共同提供；另一部分非义务教育则属于私人物品，完全由市场提供。这样，实际上教育财政的公共性集中在国家政府所提供的义务教育以及部分非义务教育服务两个领域，承担这两个领域的公共财政责任。公共性是教育财政的特点，而实现教育公共性的方式却可以是多种多样的，国外的私立学校蓬勃发展，我国民办教育的方兴未艾便是教育公共性方式多样化探索的结果，它弥补了完全由教育财政提供公共教育的不足。

(2)非营利性。非营利性的特点是指教育财政不以营利为目的。教育财政的目的在于通过教育财政资源的筹集和分配，促进人的全面发展，并由此推动社会经济、政治、文化的全面发展和进步。虽然教育财政投入对社会、对个人产生巨大的经济收益，教育财政也追求高效率、高效益的投入与产出，但一味地谋取教育的经济利益，满足教育的私人利益只会导致教育财政误入歧途，教育财政的真正价值在于创造公共的、抽象的文化价值。因此，从教育财政的本质上讲，它具有非营利性。

(3)无偿性。无偿性这一特点是指教育财政资金的筹措和拨付一般均不需偿还。教育财政收支是改变其原来所有权的价值单方面转移。教育财政经费筹措方面，主要来源于税收，税收具有无偿性，即通过国家强制力向各种社会组织、个人征收的各种税费均不需要偿还。另外通过国债、贷款等其他需要偿还的筹资形式而筹集的教育财政经费，虽表面看来需要偿还，但实际上最终仍依靠教育税收或国家划拨的教育财政资金等无偿性的收入来支付，具有无偿性特点。教育财政经费拨付方面，国家各级政府对各层级的教育机构和个人所拨付的教育经费也不需要他们偿还，是一种无偿的分配。

(4)强制性。教育财政分配的强制性是指国家权力机构利用国家机器，以法律、法规等形式加以规定并强行实施，强制地占有社会的一部分资源，并强制分配给各级各类教育机构以及接受教育者。主要包括两个方面：一是指教育财政分配的强制从根本上讲是一种经济强制，法律强制只是其表现形式。这种强制性是以经济资源为物化形式，反映的是教育财政过程中人与人之间的关系，即教育财政关系。二是指教育财政关系是以法律、法规等形式加以规定后来强行保障其施行，规范各教育财政主体的行为，目的在于保障教育财政目标的达成。

2. 教育财政的专门特点

(1)共同报偿性。共同报偿性是指教育财政投入的效果需以整个社会的政治、经济、文化的进步以及全国公民的整体素质的提高共同衡量。教育财政的共同报偿性包括两个方面：一是教育财政是以整体社会的进步报偿教育财政投入，而不是以单一指标加以判断，也不是各个指标的简单加总；二是教育财政是以全体公民素质的提高报偿教育财政投入，而不是某一个体的某一方面的进步予以计算。另外，由于教育的正外部性，它并非等于全体接受教育者素质提高的加总。正因为教育财政的共同报偿性特点，也使得教育财政投入与产出效果的评估变得异常的复杂和困难。

(2)战略性。教育不仅是推动社会经济、政治、文化发展和进步的重要力量，而且还肩负提高全民族素质、培养各类专门人才、提升自主创新能力的重要使命，涉及千家万户，与人民群众的切身利益息息相关。国务院强调："教育投入是支撑国家长远发展的基础性、战略性投资，是教育事业发展的物质基础。"[①]教育经费的筹集、分配、调节、监督等教育财政的各个环节均具有战略性。教育财政的战略性特点要求：从时间上看，教育财政必须做好短期、中期、长期战略规划；从教育类别和性质上看，教育财政必须从战略性高度合理分配义务教育与非义务教育之间、学历教育与非学历教育、公办教育与民办教育之间的教育资源。唯有从战略性的高度，高屋建瓴地协调处理好教育财政与我国社会各项事业的发展，才能充分地发挥教育财政的功能。

(3)持续性。对于人类个体来说，终身学习已经成为人们的共识，对于人类的教育事业来说，它是一项持续千秋万代的永恒事业，只要有人类，教育便不会消亡。教育事业的发展需要教育资源的支持，教育的持续性也就决定了教育财政的持续性，而且从教育投入量看，显现持续增长的趋势。1993年《中国教育改革和发展纲要》以及1994年国务院《关于中国教育改革和发展纲要的实施意见》对各级政府教育投入提出了"三个增长"的量化指标，即"中央和地方政府教育拨款的增长要高于财政经常性收入的增长，并使在校学生人数平均的教育费用逐步增长，切实保证教师工资和生均公用经费逐年有所增长"。[②] 尽管"三个增长"在实践中仍存在着一定的差距，但却反映了中共中央与国务院对教育财政持续性的特点的把握与理解。

二、教育财政的功能

(一)调节分配功能

萧宗六教授认为，教育财政的供需调节功能，是指通过一定的财政手段(如教育财政政策和教育财政计划等)可以对一个国家或某一地区的教育与该国该地区其他领域的收支，国家、集体与个人之间的利益分配、地区单位间的利益转移以及教育总供给与总需求之间进行有效调节，从而使教育投资更趋合理，使教育及社会发展更加协调。这种供需调节功能是资源配置功能的延伸和深化。[③] 如果说教育资源的配置是总的指导方针和指南，那么教育财政的调节分配功能则是在面对纷繁复杂、日新月异的教育财政环境变化而做出相应调

---

① 国务院《关于进一步加大财政教育投入的意见》(国发[2011]22号)，见中央政府门户网站，http://www.gov.cn/zwgk/2011-07/01/content_1897763.htm，2011-07-01。

② 中共中央、国务院《中国教育改革和发展纲要》(中发[1993]3号)，见中国教育部门户网站，http://www.moe.gov.cn/publicfiles/business/htmlfiles/moe/s3735/200407/2484.html，1993-02-13。

③ 萧宗六、贺乐凡：《中国教育行政学》，208页，北京，人民教育出版社，1996。

整，它与教育财政监督管理功能互相配合，及时发现问题，纠正偏差，及时处理好教育财政的供给与需求的关系，促进教育事业的协调发展。

（二）监督管理功能

教育财政的监督管理功能指的是各级各类教育财政监督主体对教育财政执行主体的教育财政活动过程进行全面、系统、连续、有效的监控与督查。监督管理功能贯穿于整个教育财政过程，教育财政监督寓于教育财政管理的内在特性，着眼教育财政管理的事前、事中、事后全过程。具体包括教育财政预算管理监督、收入监督、支出监督、国有权益监督、会计监督、内部监督等内容；运用监控、检查、稽核、督促、纠偏、制裁、反映等教育财政手段。及时地发现教育经费筹集、分配的问题，为教育财政的调节提供科学依据，对各层级教育机构及个人产生制约和激励作用。最终达到维护教育事业的全局利益和公共需要、防范教育财政风险、保障教育财政政策的贯彻落实、促进教育财税规章制度的健全和完善、整顿和规范教育经济秩序、促进廉政建设的教育财政目标。

三、小学校本财政管理的内涵及意义

小学校本财政管理是基础教育财政改革的重要组成部分，“校本财政是当前世界基础教育财政改革的一个重要发展趋势”。[①] 因此，要深刻把握小学校本财政管理的实质，首先就必须把握其内涵，挖掘其意义，才能创造性地运用于我国小学教育改革之中，为全面提升小学教育质量提供借鉴。

（一）小学校本财政管理的内涵

关于校本财政管理，不同的学者提出了自己的看法，如 Odden & Picus (2000)认为，校本财政管理即是依据学生数、学生需求和学校其他客观需求，将所分配到的学校总额预算授权学校成员自主决策。[②] 台湾学者郑建良(2006)则指出：校本财政管理系指政府发展一套公式或是计算过程，将经费合理地分配给各学校，对于分配给学校的经费并不指定用途，学校必须透过审慎的评估、规划，依需要自行决定经费的运用。[③] 另外台湾学者施宏彦将校本财政管理定义为：主管教育行政机关将资源配置的权力与责任下放给学校，由学生家

① 杜育红：《澳大利亚维多利亚州校本财政改革述评》，载《清华大学教育研究》，2003(4)。

② Odden, A. R. & Picus, L. O. (2000). School finance: a policy perspective. New York: McGraw－Hill Inc.

③ 郑建良：《国民中学学校本位财务管理制度之研究——教育充足性观点》，高雄师范大学教育学系博士论文，2006。

长、学校成员以及小区人士，共同参与计划的拟订及作决定的过程。[①] 综合诸学者的观点，小学校本财政管理是指教育行政机关将下达的教育资源配置的权力与责任下放给小学，由学校成员、学生家长以及社区相关人员共同参与财政资源运作，以满足学校发展、提升学校效能的管理活动。

(二)小学校本财政管理的意义

(1)贴近学生的特殊需求。小学校本财政管理的基本假设是：各种计划与管理的决策必须与将来要执行此决策的层级越接近越好。由于学校是最接近学生的单位，他们远比教育行政管理部门了解学生的真正需求。因此，通过优化学校资源的配置，保证学校教育方案和课程的实施，充分发挥学校人力资源的潜能，最能契合学生成长的需要。

(2)优化资源配置，提高经费的使用效率。拥有了经费使用的自主权，学校决策层就可以根据学校自身的特点科学合理地编制校本财政预算，依其预先决定支出项目的优先级来运用。同时因学校被赋予相当大的经费使用弹性，在实施过程中可根据动态适应的原理，及时进行调整，减少不必要的资源浪费，极大地提高资源的使用效率。

(3)提高学校管理参与者的积极性。小学校本财政管理机制能提升教职工的士气，增强学校成员、学生家长、社区相关人员参与学校管理的责任意识和主人翁精神，增加他们的学校荣誉感和归属感。

(4)促使学校真正担负起提高教育质量的责任。小学校本财政管理仅是一种手段、过程，其最终目的是提高学生教育质量。因此，建立科学合理的绩效评估机制是实施校本财政管理的基础，在此基础上校本财政管理才能做到有的放矢，才能充分发挥其作用，参与决策的相关主体才能共同担当起为提高学生培养质量的责任。

第二节　小学校本财政管理模式的中外比较

一、国外小学校本财政管理模式

自 20 世纪 60 年代起，世界发达国家对校本财政管理模式进行了有益的探索，其中澳大利亚、英国、美国、加拿大等国家校本财政管理模式已逐步完

① 施宏彦：《国民小学学校本位财务管理之研究》，3 页，台湾嘉南大学，2006。

善，下面重点介绍这几个国家公立小学校本财政管理模式。

1. 澳大利亚

20世纪60年代之前澳大利亚教育系统高度集权，管理体制僵化，缺少灵活性与激励结构，教育质量严重下滑。为了改变这种现状，从20世纪60年代开始，政府开始逐渐下放权力，以维多利亚州为代表，学生被赋予自主择校的权利，社区、家长、老师以及地方行政官员都可通过学校议会全面参与当地学校的运作，学校设置了新的校本财政结构。政府开发了一套以学生为核心，以在校生数为决定经费最重要的因素，同时关注弱势群体、注重教育公平，而且指标客观、简单，易操作的校本财政拨款公式如表10-1所示。

表10-1 澳大利亚维多利亚校本财政拨款公式的因素、维度与指标①

因 素	维 度	指 标
因素1：学生基本需求拨款 1(a)基本需求 1(b)年级补助	1(a)总在校学生数	1(a)小学生权重为1，中学生为1.43
	1(b)年级差异	1(b)1～4、5～8、9～12年级赋予不同权重
因素2：课程补助	2(a)特定目的的课程	2(a)相关的学生数
	2(b)外语课程	2(b)相关的学生数
	2(c)原住民课程	2(c)相关的学生数
	2(d)教师职业发展	2(d)相关的教师数
	2(e)学校内部的重构	2(e)相关的教师数
因素3：学生特殊教育需求	3(a)社会经济地位较差的弱势群体	3(a)学校在社会经济弱势群体方面的得分
	3(b)语言不流利	3(a)母语非英语学生数
	3(c)学业成绩较差	3(c)“危险”学生的比例
	3(d)残疾学生	3(d)正式评定为残疾的学生数

① Kenneth N. Ross and Rosalind Levacic, Need-based Resource United Nations Educational Scientific and Cultural Organization, Allocation in Education-Via Formula Funding of Schools France. p. 148.

续表

因　素	维　度	指　标
因素 4：学校的特质	4(a)学校规模	4(a)小学小于 200 人，中学少于 500 人
	4(b)校址(是否偏僻)	4(b)距离 20000 人城镇的距离与其他学校的距离
	4(c)学校清洁费用	4(c)学校内部的面积
	4(d)学校维护费用	4(d)建筑的等级(面积 50%；材料 25%，使用情况 25%)

经过 30 多年的努力，到 1995 年中期，几乎所有维多利亚州的学校都已纳入到了"未来计划"之中，学校拥有几乎 100%的校本财政自主权。

2. 英国

英国"学校管理的本地化"(Local Management of School)运动始于 1988 年英格兰《教育改革法案》，是此教育改革的核心部分，旨在赋予所有学校更广泛的管理责任与预算权力。其"改革的目标是既给管理者提高教育质量的压力，也给了他们对压力做出反应的自由"①，建立了一个国家学校体系，使其与地方学校体系进行竞争，以便让家长有更多的选择机会。这类学校简称 GM 学校(Grant-maintained)，由一个特别学校拨款委员会(Funding Agency for Schools，FAS)为其提供经费，赋予 GM 学校 100%的预算权力。1994 年这一目标再一次被强调："公式拨款的目的是建立更为平等的资源配置方式，使资源配置不再按照历史惯性，而是按照以目标为基础的可测量的需求来配置。在每一个地区内，具有相同特点与相同学生数目的学校应该获得相同水平的资源。"②校本财政拨款公式的因素、维度与指标与澳大利亚维多利亚州的拨款公式大体相同(如表 10-1 所示)。

从 1988 年到 1998 年，在保守党执政期间，中央政府要求地方教育当局必须将至少 85%的预算权下放到学校。1997 年，在小学、中学、特殊学校中，学校独立预算分别占学校总支出的 77%、81%、66%。

1998 年工党执政后，政府要求使用新的地方学校预算(Local School Budg-

① Department for Education and Welsh Office. 1992. Choice and Diversity：a New Framework for Schools. Cm2012. London：HMSO.

② Department for Education. 1994a. Local Management of Schools，Circular 2/94. London：HMSO.

et，LSB)替代普通学校预算 GSB。在地方学校预算制度下，除了非学校教育经费外，所有的经费都归入 LSB 中。实际上，工党政府要求地方教育当局将100%的预算权力交给学校。在新的学校预算制度下，学校有权按照学校的实际情况决定经费的使用，学校甚至可以保存其所有的收入。

3. 美国

1983 年，美国高质量教育委员会发表了《国家处于危险之中——教育改革势在必行》的改革报告，揭开了美国重建教育运动的序幕。以校本管理为核心的学校重建运动，虽然小学校本财政管理模式存在一定的差异，但其核心理念无非两个：一是“行政管理权非中心化”，即学校管理人员、教师、学生家长以及社区相关人员有权参与学校决策；二是“学校为本的管理”，授予每所学校的家长、教师和校长确定教学目标，形成自己的课程特色，并相应地分配其预算，对学校财政经费有相当大的自主权，同时拥有聘用和解雇人员的权力。到了 1999 年，全美已有 33 个州的数千个学区在实验某种形式的校本管理、校本财政管理。美国校本管理理念下的校本财政的多样化探索，为世界各国、各地区小学教育管理机制改革提供了良好的借鉴。

4. 加拿大

加拿大于 20 世纪 90 年代以来开始实施校本管理改革，称之为“校本决策”。较有代表性的是艾伯特省、亚伯达省的公立学校学区，其改革的重点是：学校成立了校本委员会，资源分配非中心化，学校的资金总量按照学校的类型与学生需要的层次以及学校提供的服务来确定，资金的分配纳入学校为本的预算之中，学校拥有资金总额分配的权力。同时建立相应的监督机制，如定期抽查各年级学生的学业成绩，并与基准成绩进行比较；每年对学生、教师、校长、学区人员和家长做一次民意调查，并将调查结果公布于众；学校的经费收支盈亏情况。“校本决策”改革增加了家长、社区和企业参与决策的程度，通过校本财政管理以及与之相配套的监督机制，优化了资源的配置，促进了校际之间的良性竞争，最终提升学校的教育质量。

二、我国小学校本财政管理模式

自改革开放以来，我国小学教育管理改革此起彼伏，以权力下放、准市场化为手段，促进小学教育的发展，提高小学教育质量一直也是我国改革的总方向。2003 年我国颁布实施了《中华人民共和国民办教育促进法》，促进了民办小学的迅速发展，我国已经形成了公立小学、公私联办小学、民办小学多元化办学的格局，其中公私联办小学又可分为“公办民助”、“民办公助”、“一校两制”三种类型，小学校本财政管理模式因小学办学性质的不同而相异。

(一)公立小学——“集权式财务管理”模式

2012 年 7 月 5 日教育部公布的《小学财务制度(征求意见稿)》对小学校本财政做出了如下规定：①

小学财务管理体制方面，实施“中小学校财务管理实行校长负责制，学校的财务活动在校长的领导下，由学校财务机构统一管理”。

小学预算权方面，“由学校根据年度事业发展目标和计划以及预算编制的规定，由学校提出预算建议方案，经主管部门审核汇总后报财政部门。中小学校根据财政部门下达的预算控制数编制预算，由主管部门审核汇总报财政部门，经法定程序审核批复后执行”。“中小学校应当严格执行批准的预算，财政补助收入和财政专户管理资金的预算一般不予调整”。

经费支出权方面，“中小学应当严格执行国家有关财务规章制度规定的开支范围及开支标准”；“基本支出、项目支出不得混用”；“公用支出不得用于教职工福利等人员支出”；“项目支出应当按照规定专款专用，不得挤占和挪用”；“应当严格执行国库集中支付和政府采购等制度规定”。

资产处置权方面，“资产处置收入应当按照政府非税收入管理的规定，实行‘收支两条线’管理”。

“四不得，一严禁”：义务教育阶段学校“不得从事经营活动”、“不提取修购基金”、“不得进行对外投资”、“不得提供担保”，“严禁义务教育阶段学校举借债”。

这一新制度与 1997 年旧《中小学校财务制度》相比，学校财政自主程度更低。可以看出，我国的公立小学除了拥有预算建议权之外，几乎没有其他的校本财政权利，经费的收支严格按照财政部门的规定“科目”列支，财政资源运用标准化、一律化，由教育、财政、审计等部门监督执行。

(二)公私联办小学——“不完全的行政控制型”模式

我国公私联办小学包括“公办民助”、“民办公助”、“一校两制”三种类型，从学校经营的角度讲，有“公民联合、优势互补”的转制经营模式、“校产国有、个人承办”的特许经营模式。2012 年教育部出台了《关于鼓励和引导民间资金进入教育领域促进民办教育健康发展的实施意见》规定，学校应当设立学校理事会、董事会或者其他形式的决策机构，由举办者或者其代表、校长、教职工

① 教育部、财政部：《中小学校财务制度(征求意见稿)》，见中国教育部门户网站，http://www.moe.gov.cn/publicfiles/business/htmlfiles/moe/s6197/201207/138867.html，2012-07-05。

代表等人员组成；理事会、董事会行使“筹集办学经费，审核预算、决算”的权利；民办学校校长负责“实施发展规划，拟订年度工作计划、财务预算和学校规章制度”。对于学校财务管理方面，规定“健全民办学校资产和财务管理制度。依法落实学校法人财产权，学校存续期间，任何组织和个人不得侵占学校法人财产。民办学校应将举办者投入的资产、办学积累的资产、政府资助形成的资产分类登记建账，将学费收入、政府资助等公共性资金存入学校银行专款账户，主管部门要对学校公共性资金的银行专款账户进行监管，确保办学经费不被挪作他用。完善财务管理和会计制度，加强财务监督和资产监管，实行财务公开。民办学校应当在每个会计年度结束时依照规定出具财务会计报告，委托会计师事务所依法进行审计，审计结果报审批机关备案，并向社会公布”。[①]

现阶段，国家对这类学校校本财政管理的宗旨是：以公共财政投入为限，管理、监督该部分经费的运作，做到专款专用，而出资人投入部分，则由出资人自主管理。但在实际操作层面，教育行政管理部门仍未摆脱“外控式管理”理念，管理权限超位比较突出，管得过细、管得过死制约着公私联办小学校本财政管理功能的发挥。

(三)民办小学——“规制下的自主经营型”模式

我国的民办小学类似于国外的私立小学，按学校经营模式分，有“个人筹资、以学养学”的滚动经营模式、“集团投资、以产养学”的连锁经营模式、“股份融资、专家治理”的教育股份制经营模式。[②] 民办小学治理结构与公私联合小学相似，由于民办小学办学经费完全来自于举办者，因此学校拥有校本财政管理自主权。2003 年我国施行的《中华人民共和国民办教育促进法》以及 2004 国务院公布的《中华人民共和国民办教育促进法实施条例》也对民办小学校本财政管理做出了如下规定：“民办学校对举办者投入民办学校的资产、国有资产、受赠的财产以及办学积累，享有法人财产权”，民办学校享有法人财产权，是法人具有独立的法律人格的基础和前提条件，是法人独立地享受民事权利和承担民事义务的物质基础。意味着民办学校法人名义下的财产是法人自身所有的，形成法人所有权，由法人按自身的目的和计划进行占有、使用、收益和处理，任何出资者都无权干预，这也是民办小学拥有完全校本财政管理权利的法

① 教育部《关于鼓励和引导民间资金进入教育领域促进民办教育健康发展的实施意见》(教发[2012]10 号)，见中国教育部门户网站，http：//www.moe.gov.cn/publicfiles/business/htmlfiles/moe/s3014/201206/xxgk_138412.html，2012-06-18。

② 王宗敏：《中国民办教育研究》，55～68 页，天津，天津科学技术出版社，1996。

律依据。

但由于小学的义务教育性质，以上法律法规除了确立民办小学的法人财产权之外，也对这类学校校本财政管理做出具体的规约：如“民办学校应当依法建立财务、会计制度和资产管理制度，并按照国家有关规定设置会计账簿”；“民办学校对接受学历教育的受教育者收取费用的项目和标准由学校制定，报有关部门批准并公示；对其他受教育者收取费用的项目和标准由学校制定，报有关部门备案并公示”；“民办学校资产的使用和财务管理受审批机关和其他有关部门的监督”。[①]《国家中长期教育改革和发展规划纲要(2010－2020年)》除了重申教育公益性原则，切实落实民办学校法人财产权之外，还强调“依法建立民办学校财务、会计和资产管理制度”、“建立民办学校办学风险防范机制和信息公开制度”。如何摆脱“一放就乱，一管就死”悖论，也是当前我国民办小学教育机制设计面临的一个难题。

三、小学校本财政管理模式比较

(一)共性

(1)终极目标相同。校本财政管理最终目的都是优化教育资源的配置，提高资源的有效利用率，最终达到提高教育质量、促进学生全面发展的目标。

(2)实施手段相同。世界各国的校本财政管理都是通过权力下放，引入市场竞争机制，以市场化或准市场化为导向的路径选择以达到改革目的。

(二)差异性

(1)实施理念不同。发达国家校本财政管理是基于以下假设：学校层级与学生联系最为密切，最能以学生发展需求确定教育资源优化配置；学生教育的直接相关者有参与决策过程的权利和义务，也是校本财政的有效监督者。以此假设为导向，西方校本管理的理念是多元的，包括内控式管理、结果导向管理、人本管理、民主管理、参与式管理、分权化管理、权变管理等理念的综合运用。而我国则在标准结构、集权、执行系统、结构控制等理念的指导下，实行外控式管理、过程导向管理、标准化管理、统一管理，强调外部指导、监督，事无巨细地严格控制以避免出现问题和承担责任。

(2)管理体制不同。由于实施理念的不同，导致了管理体制也不尽相同，表10-2列出了国内外校本财政管理模式、决策参与形式、外部规章约束程度、

---

① 资料来源：全国人大常委会《中华人民共和国民办教育促进法》(2002年12月28日中华人民共和国主席令第80号公布)，见中国教育部门户网站，http：//www.moe.gov.cn/publicfiles/business/htmlfiles/moe/moe_619/200407/1317.html，2003-09-01施行。

信息公开程度、家长择校权利的不同之处。

表 10-2　国内外校本管理机制的比较

小学类别 / 程度	国外小学		国办小学		
	公立	私立	公立	公私联合	民办
校本财政管理模式	行政控制型、专业控制型、社区控制型、平衡控制型、特许学校平衡控制型	自主经营管理	集权式行政控制型	不完全行政控制型	规制下的自主经营型
决策参与形式	校长决策；教师决策；家长、社区成员决策；家长和教师共同决策；学校管理者、教师、家长、社区共同决策	学校管理者、教师、家长、社区	校长负责制	校董事会及校长负责制	校董事会及校长负责制
外部规章约束程度	中低	低	高	中高	中
校本财政信息公开程度	中高	高	低	中低	中低
家长择校权利	自由选择	自由选择	普通学校就近入学、重点学校高额择校费入学	高额择校费	自由选择与流动人口子女无奈选择并存

(3)实施效果不同。尽管校本财政管理对学生整体素质的提高较难测量与评估，但发达国家 30 多年的校本财政管理实践表明，其实施效果至少在以下几个方面得到社会的普通认可：一是增加学校的相关利益方，如学校管理者、教师、家长、社区有关人员的责任感；二是在经费使用上，可提升经费的使用效率与行政运作的弹性；三是目标明确，提升学校的效能；四是校本财政有效地促进教育公平。在我国，校本财政管理实施效果却差强人意。首先，各层级教育行政管理部门仍未从“一管就死，一放就乱”的怪圈中摆脱出来，因民主参与决策、权力制衡机制、信息公开机制尚未真正建立健全，害怕承担放权的负面后果；其次，校长负责制在有助于提高学校财政资源效率的同时，也往往演化为校长集权制，压抑学校成员的积极性；再次，家长、社区相关人员、教师等相关利益方几乎没有参与校本财政决策的权利，也无从承担监督的作用；最

后，小学教育“马太效应”明显，不仅不能促进教育公平，反而加剧了城乡之间、地区之间的教育不均衡。

第三节　小学校本财政管理

世界各国普遍把小学教育纳入义务教育体系之中，并把享受公平的、质量均等的小学教育作为每位适龄儿童的基本权利，各级政府有责任、有义务保障此项基本权利的实现。从广义上讲，小学校本财政管理包括小学教育经费获取、使用以及监督与评估，而狭义的小学校本财政管理指的是小学教育经费于学校层面的使用。根据小学校本财政管理理念，小学教育经费的筹措责任主要由各级政府承担；学校主要责任在于公平、高效地使用好教育经费；而教育经费的评估和监督责任则落在与学生关系密切的家长、社区相关人员、各级政府教育监督部门身上。

一、小学教育经费获取机制

从纵向上看，小学教育经费的获取机制实质上就是中央政府、省级政府、地方政府之间财权与事权利益分配的结果。从横向上看，则是教育事业与其他公共事业利益分配的结果。于各级政府之间，建构科学、合理的小学教育经费分担机制是小学校本财政管理的前提，这方面，美国小学教育经费的获取机制具有较高的借鉴意义。①

（一）美国学区小学教育筹资机制

(1)学区教育自治管理机制。上级政府对于学区教育管理委员会和学校董事会成员没有任免权，委员会成员要接受居民的选举、监督和罢免。公民则基于利益和福利的评判做出选择，学区教育领导主要对学区民众，而不是对上级政府负责。在这种宏观制度安排下，地方政府有权力，也有动力根据各自管辖区内的居民消费偏好去提供公共物品，对选民的教育权益负责。

(2)学区教育财政信息公开。学校董事会在处理教育经费问题时，一般会召开代表各阶层教育利益的专门会议，如双语会议、中学择校会议、天才儿童会议等，并通过学校邀请每一位家长出席。

(3)学区教育预算听证制度。教育预算公听会一般将通知每个利益相关的

① 商丽浩：《审视美国学区教育筹资制度》，载《比较教育研究》，2004(5)。

公民。因而有关预算听证会的成员并不局限于少数家长代表、专家以及行政官员，而是通过学校邀请每一位家长或学生监护人参加关于年度教育经费预算的公听会，公众有权针对教育预算问题提出质询。听证会是公众更好地理解政府的公开场所，也是允许公众表达其对预算问题观点的途径。

(4)学区教育经费公平与效率兼顾的分配。较为平均地配置教育成本和利益，不仅保障儿童平等的教育权益，通过对教育弱势群体的补贴，校本财政不仅对于学区内各学校教育经费的公平配置不会造成冲击，而且提高了经费使用效率。

(二)上级政府小学教育经费转移支付机制

美国财政的联邦制影响着美国小学教育财政责任在政府之间的分担：其一，表现为当某一税种在整个税收结构上地位变动时，各级政府的筹资能力变化，各级政府的责任也相应调整。其二，上级政府不能要求下级政府无限制的承担教育责任，相反，当下级政府不具备相应的财政能力时，上级政府必须积极寻找潜在资源。在财政联邦制下，学区和上级政府分别各自承担着小学教育经费筹资的任务，其筹资责任随着教育目标提高和经济发展而调适。这种制度在某种程度上保障了学区内的筹资机制不会因事权和财权冲突而变形，有利于学区自筹公共教育经费机制的稳健发展。

这些具体的制度构成政府和社会之间就公共教育经费问题的协调、互动的渠道，体现出法治、民主和公民社会三种力量对学区政府的约束。这些制度运行使不同选民的利益得以充分表达，教育当局必须慎重地对待区域内的教育问题，推销其教育计划，为美国地方小学校本财政良好运行的提供保障。

二、小学教育经费支出的原则

狭义的小学校本财政管理是指学校自主地、有效地、公平地利用和分配教育经费的活动，是广义小学校本财政管理的核心。在校本财政管理理念的指导下，小学教育经费支出必须遵循以下原则。

(1)学生为本。小学校本财政管理必须紧紧围绕着以学生素质的提高、学生的全面发展为终极目标，在这个终极目标的指导下实现校本财政资源的高效、优化配置。

(2)公开性。实施小学校本财政管理的一个重要基础是学校校本财政信息的公开，让相关的利益方，如家长、教师、社区相关人员、政府部门等充分了解学校经费的支出和资金的运作状况，并履行监督的职责。

(3)公平性。小学教育经费的支出应充分体现公平性原则，对处于家庭经济困难、学习困难的学生给予更多的资助，以弥补弱势学生因先赋资本不足造成的教育不公平问题。

(4)高效性。学校的资源配置决策应该反映成本效益原则，对各年级以及各种不同类型学生所需资源实施差异性配置，以促进课堂和教学的有效性。

(5)自主性。学校财政资源的有效配置决策应该由学校层级独立自主做出，而非在上级教育行政管理的强制下机械式地执行命令。

(6)责任性。学校对校本财政资源负有全部的责任，对提高资源的使用效率、提高学校的效能、提升学生的培养质量负责，将资源的使用与学校产出挂钩。

(7)战略性。教育是功及千秋万代的事业，教育经费投入的收益并非一朝一夕能完全体现。因此，小学校本财政管理不是一种短期行为，在实施校本财政管理过程中应进行短期、中期、长期的战略性规划，并在实施过程中根据学校内外环境的动态变化而相应做出调整。

以上的各项支出原则具有内在的逻辑联系，其中公平性、高效性是校本财政追求的具体目标；而信息的公开性是实现公平与效率的基础；学校的独立性、战略性与责任性则是实现目标的手段；学生的素质全面提高是小学经费支出的终极目标。

三、小学教育经费使用的评估与监督

在实施校本财政管理的过程中，学校校本财政决策层与经费提供方、学生家长、社区之间实际上是一种委托—代理关系，根据委托—代理理论，委托方与代理方之间存在着信息的不对称，由此可能引发逆向选择和道德风险。因此，经费使用的评估与监督便是解决信息不对称的不可或缺的重要手段。

(一)小学教育经费使用的评估

随着西方国家校本管理运动的不断深入，20 世纪 80 年代校本财政管理运动进入了校本财政管理效果评估为重点的研究阶段。而确立评估原则、构建评估指标体系是重中之重。

1. 评估原则

(1)经济性(Economy)。经济性是指在学校实施校本财政管理的过程中，对教育经费使用必须做到经济、节约，杜绝资金的浪费。由于小学教育经费具有稀缺性，因此，经济性便成了开展经费使用评估工作的主要初始动力之一，主要目的是解决学校决策层经费支出活动中资金严重浪费和资金分配不均等问题，在经费支出方面，建立更为有效的支出决策机制和支出优先排序机制。评估经济性的关键在于成本的衡量。

(2)效率性(Efficiency)。效率性是指小学教育经费的投入和产出的关系，衡量小学经费各支出项目和整体支出是否以最小的投入得到预期的产出水平或以既定的投入水平得到最大的产出效果。

(3)有效性(Effectiveness)。有效性是指小学教育经费的支出在多大程度上达到教育目标和其他预期结果。有效性原则更注重的是经费支出真正对学生培养所产生的效果，但由于学生教育效果的评估困难，因此有效性也是小学经费支出评估的难点。

(4)公平性(Equity)。公平性是指小学教育经费支出必须体现公平、公平性贯穿经费支出的整个过程，通过经费支出的经济杠杆，调节、平抑学生教育前、教育中的不公平现象，经费支出向弱势学生倾斜、向促进教育公平的支出项目倾斜，通过保证起点公平、过程公平，最终实现结果的公平。

2. 评估体系建构

小学教育经费支出的评估体系由评估原则衍生，包括以下几个方面的内容，如图 10-1 所示。

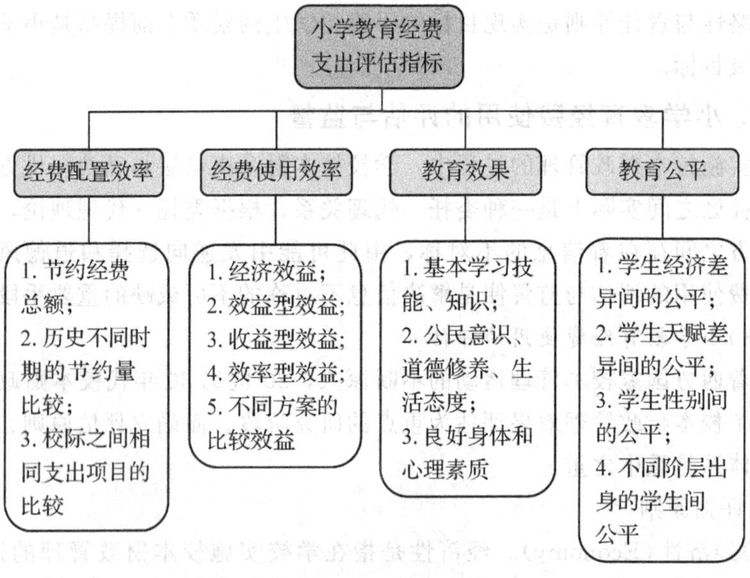

图 10-1　小学教育经费支出评估体系

(1)经费配置效率。可以从节约经费总额、历史不同时期的节约量的比较，校际之间相同支出项目的比较等方面进行评估。

(2)经费使用效率。主要包括：①效益型效益，以经费使用成果或净收益减去经费或费用成本求出，反映了净收益的绝对量；②收益型效益，是净收益与耗费经费之比，反映了单位投入的收益；③效率型效益，是收益与耗费或产出与投入之比，反映的是教育经费的效率；④不同方案的比较效益，是不同方案的耗费和收益之间的差距，反映了耗费的节约或收益的增加。

(3)教育效果。对于小学教育效果的评估向来是世界教育界的难题，1974年联合国教科文组织对义务教育所下的定义："向每个人提供的并为一切人所共有的最低限度的知识、观点、社会准则和经验。它的目的是使每一个人能够发挥自己的潜力、创造性和批判精神，以实现自己的抱负和幸福，并成为一个有益的公民和生产者，对所属的社会发展贡献力量。"[①]我国2006年颁布的《义务教育法》的规定："义务教育必须贯彻国家的教育方针，实施素质教育，提高教育质量，使适龄儿童、少年在品德、智力、体质等方面得到全面发展，为培养有理想、有道德、有文化、有纪律的社会主义建设者和接班人奠定基础。"[②]综合这些界定，可以将小学教育效果限定为：①基本学习技能、知识；②公民意识、道德修养、生活态度；③良好身体和心理素质。

(4)教育公平。小学教育经费支出中如何促进：①学生经济差异间的公平；②学生天赋差异间的公平；③学生性别间的公平；④不同阶层出身的学生间公平。

(二)小学教育经费使用的监督

监督是小学校本财政管理的另一个重要环节，由于经费使用的自主权下放到学校一级，经费使用的监督重心就落在学校决策层在经费预算、执行、决算以及教育目标的实现整个过程。

1. 监督主体

小学校本财政管理监督主体涵盖了相关利益方，包括内部监督主体和外部监督主体两大类。其中内部监督主体主要有学校管理人员、教师、学生家长，甚至包括学生，他们之间形成一种权力的制衡关系，促进学校决策层科学、合理使用教育经费。外部监督主体包括司法、立法、检察等相关部门以及学校的上级教育、财政等行政部门，社区成员，教育行业协会，新闻媒体等。内外各

① 彭泽平、李茂琦：《对当前我国义务教育培养目标定位的思考》，载《西南师范大学学报》，2003.29(1)。

② 资料来源：《中华人民共和国义务教育法》(1986年4月12日第六届全国人民代表大会第四次会议通过，2006年6月29日第十届全国人民代表大会常务委员会第二十二次会议修订)，见中国教育部门户网站，http：//www.moe.gov.cn/publicfiles/business/htmlfiles/moe/moe _ 619/200606/15687.html，2006-06-29。

监督主体从不同的角度、全方位地对小学教育经费使用实施监督职能，能有效保障校本财政经费的经济、有效、公平、高效的运作。

2. 监督机制

(1)信息的公开性。信息的公开性、透明性是实现有效监督的基础，也是防范代理方逆向选择和道德风险的基本前提，这使各相关利益群体能够清晰地了解学校整个资源的配置过程，并有权利对学校经费支出提出质疑，及时地敦促学校决策层进行调整和修改。

(2)“用脚投票”。作为小学教育直接顾客的学生家长，有自由择校的权利，当对学校的经费使用、校本财政管理、学校教育的培养质量不满时，他们可以通过“用脚投票”的方式为自己的孩子另择他校就读，这实际上就是引进了一种促进校际之间良性竞争的机制，对学校决策层的经费使用起着关键的监督作用，迫使学校真正担负优化配置资源和提升学校效能的责任。

(3)全方位监督。校本财政管理的监督机制改变传统较为单一的由上至下的行政监督方式，建构起全方位的监督体系，从监督主体上看，包括以上提及的学生家长、社区成员、学校管理人员、教师以及政府相关部门、行业协会等利益方的内部、外部监督；从监督内容上看，涵盖了预算监督、纳税监督、财务监督、审计监督等内容；从监督过程来看，贯穿了教育经费使用的事前、事中、事后监督整个过程。而且全方位的监督并不是为了监督而监督，监督只是实现小学校本财政管理目标的手段，它旨在预防、纠正经费过程中出现的偏差，其最终目的是为达成教育目标服务。

【案例分析 1】 美国《芝加哥学校改革法》①

1989 年芝加哥有 595 所学校，在籍中小学生 406832 人。但芝加哥教育管理体系中官僚主义严重，教育委员会 3000 多名教育行政官员均由上级任命，父母组织参加学校决策的现象并不存在，中小学校的校长和教师组织管理学校的权力极为有限。基于父母中的激进积极分子、社区领导和地方官员对芝加哥学校中学生低成就的愤怒与关心，在他们的共同努力下，芝加哥于 1985 年颁布《芝加哥学校改革法》(*The Chicago School Reform Law*)。教育改革的核心是在芝加哥的每一所学校成立一个地方学校理事会(Local School Councils, LSCs)，每所公立学校主要由地方学校理事会管理。每个 LSCs 由校长及其他 11 名成员构成：6 名学生家长、2 名教师、2 名社会代表、1 名学生。除校长外，所有理事会成员均由选举产生，任期两年，均接受有关学校管理方面的培

① 谌启标、柳国辉：《美国中小学的“校本管理”改革探略》，载《比较教育研究》，1999(4)。

训，以适应他们角色的需要。LSCs拥有学校决策权力意义非常重大，一般而言，学校预算、发展规划、考试方案及课程材料选择，甚至新教师聘用，都由LSCs批准通过。更引人注目的是，芝加哥州的50个地方学校董事会根据校长合同，被授权可以任免校长。据美国《教育周刊》统计，1990年芝加哥276所学校的校长中有49名被理事会解聘，30名校长转而从事教师工作。

解析思路：

1. 案例中芝加哥公立学校采取的是哪种校本财政管理模式，其特点是什么？

2. 这种校本财政管理模式的有效实施，需要克服哪些障碍？

【案例分析2】　滨州地区学校财务管理演变①

1985年以前，滨州地区学校特别是农村学校财务管理比较混乱，大部分村办学校基本上没有设立正规的财务收支账簿，有的学校只记一本流水账，有的学校连流水账也没有，只有条子(单据)一把。根据全区中小学财务管理中存在的混乱现象，1985年，地区教育局下发《关于加强中小学财务管理的通知》，就规范学校财务核算及管理提出了具体要求，使学校财务工作做到了有章可循。是年起，区每年都将全区教育经费收支执行情况进行整理，编印年度教育经费统计分析资料。1986年，地区教育局、财政局又根据全区教育系统预算外资金、教育费附加账簿设置不统一、科目设置不一致的状况，下发《关于统一设置教育费附加、预算外资金收支账簿并建立定期报告制度的通知》，设计、印制了统一的教育费附加、预算外资金收支明细账及相应报表，规定了教育费附加、预算外资金收支明细科目和科目核算内容，使全区教育系统的所有学校实现了教育费附加和预算外资金收支核算统一账簿、统一记账科目、统一记账方法、统一核算要求、统一报表，至此，全区学校财务管理开始逐步走向正规。1987年，地区教育局计划财务科配备微机，开始在财务决算报表、工资发放中使用计算机。

1991年，地区教育局在无棣、博兴两县进行乡镇以下的教育财务管理体制改革试点，将农村中小学财务由本校管理向由乡镇教委或两中心校(乡镇中心小学、乡镇中心初中)管理过渡，试点后逐步在全区推开，有效地控制了农村学校的乱支乱用、以拨代支、以领代报、账目不清、数字不实的局面。地区教育局对地直学校的年度预算经费安排采取按综合定额和学生人数安排正常经费的办法，专项经费逐项核定，并实行项目管理，调动了学校理财的积极性，节约了资金，改善了办学条件，促进了事业的发展。1991年，为了提高财会

① 滨州市教育局：《滨州地区教育志1978—2000》，136～137页，山东，济南出版社，2003。

管理人员的业务能力和管理水平，进行了财会管理人员的培训。地区教育局、财政局联合举办两期全区教育系统会计人员“会计证”资格培训班，培训《会计基础知识》、《中小学实用会计》、《财会法规》和《计算技术》四门课程，每期三个月，共培训286人。1998年，地区教委举办全区教育系统中小学会计制度培训班两期，全面系统地培训《中小学校会计制度(试行)》。1999年起，全区所有中小学全面执行新颁布的《中小学校会计制度》。同年11月，地区教委、财政局下发《转发〈山东省中小学财务管理办法(修订)〉的通知》，要求在全区范围内全面实行乡镇教育财务统管，即学校收费、乡镇教委统一管理、学校使用。是年，全区102个乡镇全部实行了乡镇教育财务统管，被省教委、省财政厅表彰为“山东省教育财务管理先进集体”。1999年10月至2000年年底，全区教育系统共举办8期会计电算化培训班，101个乡镇教委和所有国办学校的财务人员接受了培训，上述单位全部配备微机和统一购置浪潮“国强”财务核算软件，会计核算实现了微机化。地直教育系统通过了“计算机替代手工账”验收，成为地直第一个甩掉手工账的系统。

解析思路：

1. 滨州地区的中小学财务管理的演变蕴含着哪些管理理念的演变?
2. 滨州地区的中小学财务管理与校本财政管理存在着哪些差别?

复习与思考

1. 教育财政的本质是什么?
2. 教育财政的功能包括哪几个方面?
3. 校本财政的概念是什么?
4. 国外校本财政管理模式有哪些? 与我国的有何异同?
5. 小学校本财政管理中经费的获取机制是怎样的?
6. 我国要真正实施校本财政管理需要克服哪些障碍?

推荐阅读

1. 萧宗六，贺乐凡．中国教育行政学．北京：人民教育出版社，1996.
2. 施宏彦．国民小学学校本位财务管理之研究．台北：台湾嘉南大学，2006.
3. 王宗敏．中国民办教育研究．天津：天津科学技术出版社，1996.
4. 商丽浩．审视美国学区教育筹资制度．比较教育研究，2004(05)．
5. 肖昊．论教育财政的三级本质．当代经济，2011(02)．

第十一章　小学校本文化管理

本章重点

- 小学校本文化的内涵与意义
- 小学校本文化管理的意义
- 小学校本文化的具体内容
- 小学校本文化的实践途径

第一节　小学校本文化管理概述

美国哈佛大学迪尔和肯尼迪认为："每个组织都有一种文化，不管组织的力量是强还是弱，文化在整个组织中有着深刻的影响，它实际上影响着组织中的每一件事。"文化作为一种组织管理手段，愈来愈受到管理者的重视与青睐。近年来，一些学者在探究学校管理方法的过程中，将组织文化与学校管理相互结合，提出了校本文化的概念。孙延坤和李长波(2007)认为校本文化具有外在意义和内在意义。一方面，校本文化能够强化学校与社会的联系，促进学校竞争力的提升；另一方面，校本文化可以推动学校工作的改革，充分调动广大教职工工作积极性。另外，华中理工大学教授涂又光在阐述校本文化作用的时候提出了"泡茶理论"。这一理论着重强调了学校的文化氛围对学生的深刻影响，主张每所学校都应该形成良好的文化氛围，培育雄厚的文化底蕴，并将文化内涵内化于学生，促使学生成才。①作为我国基础教育的重要组成部分，小学教育对小学生的知识掌握与人格塑造具有重要的意义。推动小学教育改革，优化小学管理是促进教育发展的重要手段。作为一个具有教育功能的组织，小学的目标比较复杂，其采取的管理措施也不同于其他一般的组织。在完善小学组织的建设中，将校本文化的概念引入到学校管理，能有效调动管理中的积极因素。

① 孙延坤、李长波：《学校文化浅析》，载《文教资料》，2007(6)。

一、小学校本文化的内涵

文化来源于拉丁文 cultura，原意是指农耕及对植物的培养；自 15 世纪以后逐渐延伸使用，把对人的品德和能力的培养也看成为文化。[①]《辞海》认为文化从广义上说是人类社会历史实践过程中所创造的物质财富和精神财富的总和，从狭义上说是社会意识形态，以及与之相适应的制度和组织机构。而"文化"作为学术用语，最早见于英国人泰勒 1873 年所著的《原始文化》一书中对文化所做的系统阐释：文化或文明，就其广泛的民族学意义来说，是包括全部的知识、信仰、艺术、道德、法律、习俗以及作为社会成员的人所掌握和接受的任何其他的才能和习惯的复合体。随着组织管理的发展，人们逐渐认识到组织文化在管理中的意义。为此，人们开始提出了组织文化的概念。这一概念最早出现在 1977 年彼得格瑞《关于组织文化研究》一文之中。他将组织文化界定为在一定的组织环境下，某个团体成员共同认同的意义系统。伴随着组织文化概念的提出，不少学者也开始以文化为视角，对企业的管理与组织进行研究。日裔美国学者大内在《Z 理论》一书中关注到了组织文化中的人际关系。该书倡导领导者去关注与重视员工的咨询，从而促使他们提高生产力与效益。在该书中，作者比较了日本企业与美国企业在管理上的差异，从而探究日本企业获得市场竞争优势的根源。通过比较，作者发现日本企业强大的市场竞争力源于其信任、敏感与亲密的企业文化，并在此基础上提出企业应该建立以坦诚、开放、沟通为基本原则的"民主管理"企业制度。另外，彼得斯和沃特曼的《追求卓越》揭示了组织中起核心作用的不是激励机制和控制系统，而是公司的价值观与共同理念。他们以 IBM、通用电气、惠普、通用汽车、3M、麦当劳、宝洁、沃尔一马特、爱克森、波音等世界五百强公司为研究对象，探究企业的管理特点。通过调查与分析，作者们发现这些公司的文化具有崇尚行动、贴近顾客、自主创新、以人助产、价值驱动、不离本行、精兵简政和宽严并济八个特点。

伴随着组织文化理论的不断发展，校本文化也开始受到人们的关注，并在教学管理实践中得到应用。但是，由于理解不同，人们对校本文化的定义也有所不同。亨利认为校本文化是学校所有成员共享的理想、信念、价值观与态度。郝克曼则拓展了校本文化涵盖的范围，强调家长也应该成为校本文化的主体，其在学校的教学与管理中发挥着重要作用。因此，他将校本文化定义为老

① 许波、钟暗华：《论心理学与文化的关系》，载《西北师大学报》，2007(3)。

师、学生和家长所共同具有的信念。而我国学者陈孝彬在《教育管理学》一书中将校本文化定义为“校本文化是一所学校在自己的长期生活中所积淀的、为全校成员所共同赞同和遵循的价值观念和行为方式的总和”。俞国良、王卫东和刘黎明(1999)认为“校本文化是学校所特有的文化现象，是以师生价值观(学生为主体，教师为主导)为核心以及承载这些价值观的活动形式和物质形态”。

根据前人的定义，并结合小学的教育特点，本文将小学校本文化定义为：小学校本文化是在办学发展过程中形成，并为师生所共同接受的价值信念、行为方式和管理制度。首先，校本文化是在办学过程中形成与发展的。作为教育重要组成部分，小学教育承担着培养个体掌握认知技能和学习文化知识的重要任务。这一任务决定了小学校本文化必须坚持以教育作为小学校本文化建设的目标。其次，校本文化的主体是教师和学生。教育是一个互动的复杂过程，小学教育质量不仅会受到教师教学水平的制约而且也会受到学生参与度的影响。这就决定了小学校本文化是一种学生与家长共教共享的文化。最后，校本文化包括信念、行为方式和管理制度。学校在发展过程中会形成为师生所接受的信念、行为和制度。这些内容因学校发展历史与情况差异而有所不同，成为一个学校区别于另一个学校的重要因素。

小学校本文化具有三个特点：

(1)稳定性。小学校本文化是一种稳定的文化形态，是一个系统的整体。这种特点使得每个学校具有区别于其他学校的特点。有时候，这种文化稳定性成为了小学保持持久竞争力的重要根源。北京第二实验小学是一所历史悠久的小学。该校在一百多年的发展过程中形成了以“酷爱读书、勇于探索、崇尚文明、追求健美”为核心的校本文化。这一文化特点在学校发展过程中得到保持，并对学校、学生和教师产生深刻积极的影响。

(2)工具性。校本文化作为组织文化的一种重要形式，对优化学校管理促进教学效率的提升具有重要的意义。校本文化包括静态的物质文化、动态的操作行为文化、以文字表述为主要的制度文化、以价值观念为核心的精神文化、以教材为载体的课程文化。[①] 学校领导与教师可以优化各种形式的文化资源，推动整个学校教学质量的显著提高。例如，作为校本文化的一种重要表征，制度文化关系到小学的管理效率、教师的工作积极性以及小学生的合法权利。小学可以通过打造科学高效的制度文化，为各项教学活动的开展提供有效的体制支撑，使各项管理措施与办学目标相契合。

---

① 侯岩：《学校文化研究概论》，河南，河南人民出版社，2008。

(3)历史性。小学校本文化是在一定的历史中形成与发展的，是办学经验的积淀。这种历史性能够为学校的发展提供强大的精神动力和集体凝聚力。但是，这种历史性也导致校本文化在很多时候滞后于教育的发展。当前，科学技术迅速发展，人们的思想观念也日新月异。这些巨大的变化都要求人们根据时代的需要与要求，不断提出新的目标与手段。这凸显了时代性与历史性的矛盾，给小学管理与教学变革带来了一定的阻力。为此，人们应该正确对待校本文化，坚持与时俱进的理念，及时改变校本文化中不符合时代要求的内容，加入体现时代精神的元素与内容，使校本文化保持永久的活力。相反，不加选择地继承传统的文化将给学校的改革带来巨大的阻力，并最终影响学校的发展。

二、小学校本文化的功能

美国政治家莫伊尼汉说：“保守地说，真理的中心在于对一个社会的成功起决定作用的是文化而不是政治。”荣格也认为：“文化的最后形态是人格。”这凸显了文化在个体与组织发展中的重要性。这种重要意义体现在小学管理中表现为校本文化促进学校管理的优化、教学效率的提高和教师的自我发展。它是学校发展的重要推动力量，为师生的工作与学习提供了强大的思想动力。

1. 教育功能

《国家中长期教育改革和发展规划纲要》要求“全面提高普及水平，全面提高教育质量，基本实现区域内均衡发展，确保适龄儿童少年接受良好义务教育”。这要求学校为儿童提供良好的教育，促进儿童的全面发展。与这一工作任务相对应，小学校本文化的一个重要功能便是教育功能。小学校本文化中的有形文化，如教育设备、管理制度、教学场所等均为学生打造了陶冶情操与知识学习的场所。小学生可以充分利用这些资源实现知识水平的提高与认识能力的上升。比如，小学英语教师在教学中可以利用多媒体技术，为小学生播放一些学生容易理解的英语歌曲。这可以有效培育小学生学习英语的兴趣，并在这一过程中习得更多的英语词汇，提升自身的英语水平。除了有形的校本文化外，无形的校本文化，如价值观念、文化传统与人际关系等也推动了学生的进步与发展。例如，乐于助人与遵纪守法是学校师生所认同的价值观念。这种无形的文化能够规范小学生的学习与生活行为，使其养成遵守法律、帮助他人和乐于奉献的好习惯。

2. 规范功能

小学校本文化有时会转变成强大的心理制约力量，规范教师与学生的行为，使集体中的个体能够遵守学校的相关规定，保证各项教学活动井然有序地进行。作为校本文化的重要组成部分，学校规章制度以明文的形式要求师生应该做什么、不应该做什么，从而对每个个体的行为进行管理与约束。小学教师不仅需要遵守相关的法律规定，而且还需要遵守本学校的教师行为守则。这些守则是法律法规与学校实际相互结合的产物，可以更好地对教师行为进行指导与规范，避免违反教育目的的情况发生。小学教师行为规范规定“坚持以教学为主，热情指导学生开展有益身心的文体、科技和社会活动，使学生在德、智、体和个性品质方面得到全面发展”。这一规定规范了教师的教学行为，避免他们在开展教学过程中只是注重培养学生的应试技能，忽视其素质的全面提高。这对提升教学质量、引导学生发展具有积极的意义。另外，校本文化还通过集体价值观、思想观念等内隐形式对教师与学生的行为进行约束。这种内隐的文化形式通过群体压力、标准要求以及观念认同等方式对集体中每个成员行为进行约束，增强了行为的有序性和规范性。有些小学在发展中形成了关爱学生的良好传统，并凝练成一种文化。这些学校的教师在工作中就会自觉或者不自觉受到这种良好文化的影响，从而认真严谨做好教学工作。这些文化传统与规范，对于学生的培育与教育具有积极的意义。

3. 认同功能

随着社会不断地开放与发展，社会文化与价值观日益多元化，这种社会环境必然对小学的师生产生影响，使他们具有不同认知与情感特点。这影响了学校团体凝聚力的形成与提高。校本文化为学校师生共同认同与遵守的行为规范与思想观念，体现了群体的共性。心理学表明在具有强烈认同感的组织中，成员能够相互协作，为了组织目标的实现而不断努力。由校本文化带来的认同功能能够为学校中的个体提供强大的集体认同感，形成强大的向心力。这对维护学校团结与人力资源的整合具有重要的意义。具有不同价值观与思想观念的个体能够围绕校本文化形成一个紧密的团体，在教育工作中发挥自己的力量，从而推动学校整体效应的提高。

4. 指引功能

校本文化是学校的灵魂。作为学校师生所共同认同的行为方式与思想观念，校本文化必然对师生的价值观念、行为方式、认知特点和目标理想发挥指引性的作用，使其朝向某个目标而努力。校本文化的指引能够使教师与学生明确目标，增强其行为的方向性与有效性。例如，学校将“促进学生全面发展”作为学校的一个办学理念，能够促使教师在教学与评价上更为看重学生的全面素质，而不会仅仅关注学生的学习成绩。又如，学校将“保护资源”的思想融入教学观念之中，可引导师生行为，促使他们在生活中注重节约资源，实现人与自然的和谐发展。

三、小学校本文化管理的意义

小学校本文化以集体成员共同认同的观念与行为，对每个个体行为进行规范与指引，并提升了学校的团体凝聚力。可见，其与管理的完善和学校工作效率具有密切关系。学校可以通过校本文化管理，对个体行为与观念进行指导，从而促进学校的全面发展。

1. 提供强大的思想动力

校本文化能够对群体中个体形成产生指引作用，促使其朝着某个目标进行努力。但是，我国正处于社会转型期，一些不良的思想观念例如拜金主义、利己主义会对师生的思想与行为造成误导。一些小学教师有时候会为了经济利益而侵犯学生的合法权益。这违反了小学教育的目标，也影响了教育改革活动的开展。这就要求小学加强校本文化的管理，为师生的学习与发展提供强大的思想动力。一方面，校本文化管理通过先进的教育理念，为教师的教育活动提供思想与理论上的指导。先进的教育理念符合学生的身心发展，能够起到事半功倍的效果。为此，学校可以根据自身实际引入先进的教育理念，将其作为学校办学的指导思想之一，对教师的行为进行引导。例如，“发现学习”理念由美国教育家布鲁纳提出，主张关注和培养学生自我学习的能力，倡导将课堂还给学生。学校将“发现学习”的思想作为办学理念之一，可以促使教师在教学活动中更加重视小学生学习的积极性与主动性，从而实现学生从“要我学”到“我要学”的积极转变。另一方面，校本文化管理通过确定正确的价值观，能够明确学校与教师的发展方向与努力目标。例如，学校可以在教师中确立“关心一切学生”的集体价值观。这种价值观的确立能够促使教师公平对待每个学生，践行教育公平的理念。这有助于学困生得到更多的关注与帮助。

2. 优化学校的制度管理

“无规矩不成方圆”，每个组织的成功运行都离不开一个可行的科学的制度。作为校本文化的有机组成部分，管理制度的好坏关系到教师的工作积极性和学生的学习效率。学校制度的建设是否合理，学校具体规章制度是否完善，将从根本上关系到学校的变革及其进程，关系到学校文化的塑造和生成。当前小学制度管理的不足主要表现在制度缺失与制度执行不力两个方面。一些学校并没有根据相关的法律法规，结合自身的办学实际，形成相应的制度。规章制度的缺失导致教师在工作过程中有时会无章可依，失去了工作的方向与依据。另外，一些小学虽然形成了制度，但没有很好地执行。在很多时候，规章制度成为了一纸空文。在一些小学，制度建设成为了宣传口号和形象工程。制定的制度并没能对组织成员的行为进行严格正确的规范，保证学校的正确发展方向。这迫切要求学校对管理制度进行完善，并强有力地执行。校本文化的优化管理，包含着对制度的完善与发展。在管理过程中，学校可以根据相关要求对制度进行明确，使其符合学校的办学理念。另外，校本文化的发展还能够在小学中形成良好的氛围，促使人们消除不正确的观念，保证各项规章制度得到执行。例如，学校通过优化校本文化的管理，使遵纪守法的理念成为师生所共同认同的观念。这能够提高师生遵守学校规章制度的自觉性，从而保证相关规章制度的顺利执行。

3. 带动组织文化发展

组织文化不仅仅是一种管理理念，受到一线的管理者的重视，其也是一个重要的研究课题，为组织研究者所关注。作为组织文化与小学教育相互结合的产物，小学校本文化的建设能够为研究者提供研究更为丰富的实践经验。人们可以通过小学校本文化的建设更为全面地了解相应组织管理理念。校本文化的管理过程，也是组织文化理念与学校管理相互结合的过程。实践是检验真理的唯一标准，根据校本文化建设的结果，人们可以有效检验所应用的组织理念与方法是否有效、是否科学。另外，小学校本文化的管理实践也会产生新的先进的思想与理念。这些能够进一步丰富组织文化的内容，并为其他组织开展文化建设提供借鉴与启示。人们可以将在实践中获得的经验迁移到其他组织管理中，促进组织管理的优化。这对组织管理理论，尤其是组织文化理论的发展具有积极的意义。

第二节　小学校本文化管理的内容

校本文化包括两个层次：内隐文化与外显文化。内隐文化是小学校本文化的核心，起着决定性的作用。它的主要表征为精神文化。外显文化是小学校本文化的表层部分，包含了学校的物质文化、行为文化和制度文化。它们是小学校本文化的外在表现形式，是教学活动与学校管理得以开展的物质基础，也是小学校本文化的载体，能够映射人们的价值观与态度理念。

一、校本精神文化

精神文化是物质文化的核心载体，是在物质文化基础上衍生出的独具特征的人类共有的意识形态和文化观念集合，包括文化精神、文化道德价值观念、文化理想、行为准则等。学校精神文化是一所学校的整体精神面貌，是学校群体在长期的教育教学实践中积淀起来的、共同的心理和行为中体现出来的理念、价值体系、群体心理特征及精神价值传统。它构成了学校文化的内核，决定着学校的思维方式和工作态度，决定着学校的校风、学风和教风，归根结底决定并制约着学校文化系统的取向和性质。学校精神文化不是一个静态的知识和物质堆积的实体，而是包括物质和知识在内的、人的理想、意识、价值、态度、情感等所延伸、升腾、焕发出来的精神实在。①精神文化是所有文化形态中最具有活力的成分，能够为师生的学习与生活提供强大的动力。小学精神文化具体包含了学校的教育理念、教师价值观与学生价值观。

1. 学校教育理念

教育理念是关于教育发展的一种精神性的范型，其反映教育的本质特点，并回答了为什么要办教育。教学理念为每个教师的教学行为提供了方向性的引导，促使其为了某一教育目标而努力。因此，每一教育行为都是根据教育理念开展与进行的，教育理念的正确性直接关系到教育效果的好坏。比方说，以应试教育的理念为主体的精神文化会导致学校在办学过程中只重视学生应试技能的习得，在评价学生的过程中也只关注学生的分数。这将导致学生成为“考试机器”，难以实现全面发展。相反，学校如果坚持素质教育的教育理念，便会在教学中重视学生能力发展的全面性和系统性，在评价学生的过程之中，教师也会更加注重学生综合素质的培养与提高。可见，教育理念会对学校的办学活动形成引导，并对学生的学习与发展发挥巨大的作用。

2. 教师价值观

价值观是指一个人对周围的客观事物(包括人、事、物)的意义、重要性的总评价和总看法，它是一种高层次的思想观念，是内化于人们意识之中的一般行为判断标准，是无形的，决定着一切具体的外在行为准则之间逻辑上的一致性。每个人的行为都会为自身的价值观所驱动，良好的价值观能够为个体的生活与学习提供正确的标准与进步的强大动力。

教师的价值观是其开展教学活动的依据与标准。正确科学的价值观能够促使教师积极教育与帮助学生，使其各方面的能力都得到良好的提高。作为影响教师最重要因素的价值观直接决定着学校的发展方向与办学措施。正确的价值观能够使教师以积极的心态投入教学工作，并在工作中坚持以学生的全面发展

① 王培锋、张茂聪：《论学校精神文化建设》，载《中国成人教育》，2007(4)。

为导向，抵制一些错误思想的干扰。例如，一些校外辅导机构为了经济利益，会让小学教师鼓励学生参加一些对发展无益的辅导班。以学生为本的教师会坚持以学生发展为立足点，坚决抵制此类行为。

正确的教师价值观应该符合科学性和以学生为本两个方面的要求。符合科学性即教师的价值观应该是科学合理，符合教学规律的。此类价值观能够增强教学活动的有效性与规范性，保证学生能够接受良好的教育。为此，小学教师在工作之余应该及时了解最近教育理念的研究动态和学科发展的最新进展。通过这些，教师能够掌握科学的教学思想武器，从而保证价值观符合科学的要求。另外，教师的价值观还应该以学生为本。小学教育的主体是学生，其一切活动也应该围绕学生身心发展而开展。作为学校精神文化的重要组成部分，教师的价值观应该符合学生的利益，同学生的发展要求相契合。这就要求教师在考虑事情与开展活动的时候，应该以学生的利益为立足点，切实保障学生的良好权益，并以学生是否有收益作为价值判断标准的依据。

3. 学生价值观

如果说教师价值观涉及了“如何教”，那么学生的价值观则关系到“如何学”。学生的价值观则是校本精神文化的另一组成部分，是小学生对自我、他人与社会的认知和判断，并依据此作为道德标准与判断行为是非的依据。价值观与学生的教育与发展密切相关。正确的价值观能够指导小学生更好树立正确的理想与制定合理的目标，并为此进行不懈的努力。相反，错误的价值观则会导致小学生形成错误的是非准则，失去正确的发展方向。比方说，崇尚享乐主义的小学生在生活中会追求安乐的生活，没有在学习上花工夫，其最终的结果是学生没能在教师与父母的指导下良好地成长。为此，学校应该将学生的价值观作为校本文化的一项重要工作，指导学生树立正确的价值观，成为有理想、有道德、有文化、有纪律的四有新人。教师可以引导学生阅读名著与童话故事，学习著作中主人翁的精神与思想。例如，小学生通过了解保尔·柯察金的故事，可以学习他顽强的精神和执著的信念，并将其融入到自身的价值观之中。除此之外，教师还可以利用观察学习的理论，为学生树立学习的榜样，从而帮助其形成正确的价值观。心理学研究表明，人们在了解和认识世界的过程中，会通过观察他人的表现来模仿某项行为。这种学习模式在小学生中更为普遍。他们对成人提供的榜样具有强烈的学习动机，并能够将这些行为内化。为此，教师在教学管理中可以表扬某些努力学习的同学，并将他们刻苦钻研的事例讲给其他同学听。其他学生在了解这些事例后，能够将刻苦学习融入自身的价值观之中，并将其作为学习与进步的推动力量。

二、校本制度文化

学校制度的建设是否合理，学校规章制度是否完善，将从根本上关系到学校变革程度与学生发展水平。良好的制度文化能够激发教师的教学热情与学生的学习积极性，保证各项教学活动合理有序地进行。因此，过分的标准化还带来了人们思想的固化，并最终影响教学改革的开展。科学合理的小学校本制度文化应该具有服务教育、人本关怀、导向与激励等特点。

1. 服务教育

小学的办学目的是促进学生的全面发展，为接受中学教育与高等教育奠定良好基础，推动我国教育事业的发展。与之相对应的校本制度文化应该坚持以学生为中心理念，切实将各项管理制度与学生的发展紧密相互结合，引导学生更好地成长和成才。服务教育应该是小学校本制度文化的首要要求。小学管理制度应该本着“为了一切学生”和“为了学生一切”的要求，积极改进与完善，从而促进学生的全面进步。服务教育意味着小学的各项制度应该围绕着教育这个中心命题来开展，避免各项管理措施偏离教育这个大目标。学校规章制度的制定、职工在职培训的安排、教学设备的引进、校园资金的使用等都应该着眼于学生的发展与办学质量的提高。违反这一目标的行为应该给予消除，保证学校的资源能够在以学生发展为目标的导向下得到优化。另外，服务教育还意味着制度的安排与完善应该致力于学生权利的保障。学校在制定各项规章制度的时候，要充分考虑学生的利益，避免教师侵犯学生权益。例如，学校在制定教师行为规范的时候，应该将“不体罚学生”作为一项重要的行为准则，并要求教师在教学中严格执行。这能够避免损害学生身心健康的情况发生，保证学生能够有一个良好的校园学习环境。又如，学校需要严格执行校园安全管理规范。每个小学教职员工在校园管理中，都要根据相关法规的精神和要求，保证学生安全，避免因管理不善而导致学生安全事故的发生。

2. 人本关怀

受社会功利主义的影响，一些小学在建设校本制度文化的过程中，为了教学业绩，给予了教师过多的教学任务。一些学校为了提升学校成绩，有时候为教师制定了不切实际的工作目标，并将其目标实现与其工资待遇相互联系。一些小学则不允许教师请假，减少他们休假的时间。这些措施增加了教师的工作压力，降低了他们的归属感。学校应该在建设校本文化制度过程中重视人本关怀。一方面，学校在制定制度过程中要切实重视教师职工的利益与感受，保证工作适量适度。为此，学校在制定具体的规章制度过程中，可以将制度的草案交给教师讨论，了解他们对制度的看法。针对一些不合理的条文与方案，学校应该给予重视，并做相应的修改，最终确定正式的内容。另一方面，学校在执行制度的过程中需要将原则性与灵活性有机结合起来，既体现制度的基本原则，又要考虑教师的实际情况。这一执行方式既维护了制度的权威，又体现了人本的精神，从而实现学校执行力与凝聚力的同时提高。

3. 导向

校本制度文化应该具有一定的导向功能，通过赞成什么和反对什么，对教师的行为进行引导。学校制度通过对某些行为给予鼓励与鉴赏，为教师的努力与行为提供努力方向，形成正确的引导。例如，“文明班”的评比活动能够强化学生的集体意识，并带动各个班集体在纪律、学习和服务等方面的进步。学校可以对获得“文明班”的班主任进行奖励。这可以促使班主任重视“文明班”的建设工作，积极采取措施加强班风建设。另外，学校制度还通过明确禁止的行为，对教师产生警戒作用，避免相关的情况发生。一些小学明确禁止教师参与涉及本校学生的商业行为。这一规定能够对教师进行引导，避免其为了商业利益而伤害了学生的合法权益。信阳市的小学则要求教师“办公期间杜绝玩游戏，严禁吸烟、喝酒、下棋、打牌、做与工作无关或影响他人办公的事”，并且“不经教导处批准，不得随意调换课程、随意授课、改变授课计划”。这些规定能够保证小学教师集中精力完成各项教学任务，并严格按照学校要求开展教学活动。这对保证教学质量和形成良好的校风具有积极的意义。

4. 激励

同其他组织制度文化相一致，小学校本制度文化也应该具有激励集体成员的作用。良好的激励制度能够提高教师的工作积极性，实现教学效率的提高。为此，学校应该通过完善管理制度，更好发挥其激励功能。激励功能的实现需要重视公平性。心理学研究表明，同结果公平相比，人们更加看重程序公平。程序公平是在事件的处理与决策的过程与程序中，对事件利益相关方与当事者都是公平的，这个过程中不存在因为人为偏移与“走后门”而造成处理与决策的不合理。学校在评价与激励过程中要重视程序公平性，保证各项激励工作都按照相关的规定公正公开地开展。在这一过程中，学校尤其是公立学校要避免领导的过多干预。在一些小学，激励措施反映的是领导的意志，公平性受到严重的削弱。这容易导致教师工作积极性下降，甚至使其产生习得性无助感。为此，在开展激励措施过程中，学校要严格按照相关激励制度开展，而领导要保持高度的自觉性，不要过分地干预考核与激励工作，从而确保考核和激励机制能够公平、公正和公开地运行。上海徐汇区虹桥路小学在制定教师的制度中，广泛听取各方面意见，最终形成激励制度。学校成立以校长为组长的分配制度改革工作领导小组，本着尊重劳动、尊重知识、尊重人才、尊重创造的方针，在充分听取广大教工意见的基础上，拟出具体激励实施方案。这些方案需要得到教师职工大会的讨论与表决，并需要提交教育局人事科的审核。这一过程保证激励制度制定的公平性与公开性，为激励工作的开展提供制度上的保障。

学校除了重视教师的物质激励外，还应该重视精神激励。精神激励能够为教师的工作提供强大的精神动力，增强责任感与义务感，使其自觉认真完成教学任务。上海市七宝明强小学重视教师的精神激励工作，开展了“希望之星”评比活动。学校根据具有良好的师德修养、专业素质扎实，教学效果良好、能坚持正常的教育教学工作、具有团队精神等要求对教师进行评比。获奖的教师可以成为校骨干教师后备人选。学校通过对教师进行的这一精神激励，促使他们提高自我修养与教学水平。

三、校本行为文化

小学校本行为文化是指小学师生所共同认可的行为方式和行为习惯，包括师生所认同的管理方式与教学方式。行为文化的形成与发展有一个渐进的过程，它需要学校制度的规范，以及管理模式的长期熏陶。在管理方式上，小学应该采取民主型的管理模式，促进教师之间良好的积极互动。学校要坚持协作团结的理念，倡导教师之间积极的交流教学与管理的经验。这种良好积极的活动能够带动整个学校教学水平的提高，并促进知识共享型小学的构建。学校可以定期举行学科的研讨会。在教学研究会上，每个教师可以将自己的教学经验同大家分享，同时也可以就教学中的困惑向其他老师请教。通过研讨会这一载体，教师之间实现了经验的共享，并推动学校整体教学质量的提高。

学生行为文化的形成，要通过制度文化的规范来引导。对学生的管理，学校要根据相关规章制度以及小学生发展的特点，对其行为进行有效引导，从而促进其健康和谐地发展。在管理中，学校要根据学生的实际情况，制定小学生行为守则。不少小学根据国家正式颁发的《小学生守则》制定了《小学生日常行为规范》，强化了对学生良好学习与生活习惯的训练。“上课专心听讲，勤于思考”“生活节俭，不互相攀比，不乱花钱”“遵守交通法规，不闯红灯，不违章骑车”这些规范的制定与实行能够对小学生的行为起到约束作用，有利于他们良好品质与行为的形成。另外，在学生管理过程中应该坚持教育为主、惩罚为辅的原则。教师在管理学生时，要杜绝体罚学生，避免对其身体健康造成伤害。体罚行为不仅影响了小学生的身心健康，而且也违反了《未成年人保护法》、《义务教育法》等相关法律的规定。除了体罚，小学教师在惩罚学生的过程中还需要避免行为和语言过分伤害学生的自尊心，更不能利用惩罚学生的机会来发泄自己的愤怒，导致“踢猫效应”的发生。学校在完善学生管理的过程中，需要加强与完善学生干部队伍的建设。学生干部来自学生，“零距离”接触学生，对学生的具体情况有比较全面的把握。他们的参与能够极大缓解教师的管理压力，提升学生管理的质量。另外，将表现优异的学生选作学生干部，还可以在班级中形成良好的榜样效应，促成良好班级氛围的形成。

教学方式是校本行为文化的重要组成内容，与学校的教学质量和学生的发展程度紧密相关。教师在教学中应采用科学的教学方式。科学的教学方式需要学校坚持正确的办学理念。学校在办学上应该提倡素质教育，着眼于学生的全面发展。素质教育与应试教育相对应，是指一种以提高受教育者诸方面素质为目标的教育模式，它重视人的思想道德素质、能力、个性发展、身体健康和心理健康教育。开展素质教育，推动学生的全面发展已经成为绝大多数小学师生的共识，几乎没有小学教师会否认素质教育的积极意义。但是，在具体的实施过程中，一些学校并没有真实践行素质教育的理念，其认可与实行的仍是应试教育的教学模式，在培养学生的过程中仍采用“填鸭式”教学模式，并完全依据学业成绩来评价学生。一些小学甚至将学生的考试成绩名次作为他们的学号。这些行为方式损害了小学生学习的积极性。这需要学校根据素质教学的理念，统一全校成员的认识，提高教学方式的科学性、有效性和兴趣性。“知之者不如好之者，好之者不如乐之者”，小学教师需要采用正确的教学方式，积极培养学生的兴趣，使其产生强烈的学习动机。另外，教师应该树立终身学习的态度，不断提高自我的素质，使自身的专业能力能够满足教学目标与学生发展的需要。教师的言行对学生将会产生显著影响。教师需要通过学习提高自己的思想认识水平，使行为符合社会的主流价值观的要求，积极影响与引导学生。最后，教师还应该通过参加在职培训、继续学历教育等在职教学的方式，及时了解学科与专业的前沿知识，并将这些内容同课程教学活动有机结合起来，促进学生认知与知识水平的提高与发展。为此，学校可以定期邀请相关领域的专家为教师开展讲座，让其了解最新的教学资讯。通过对这些内容的把握，教师可以以先进教育理念作为指导，更好开展各项教学活动。

四、校本物质文化

物质文化，是指为了满足人类生存和发展需要所创造的物质产品及其所表现的文化，包括饮食、服饰、建筑、交通、生产工具以及乡村、城市等，是文化要素或者文化景观的物质表现方面。学校物质文化是指学校内看得见、摸得着的物化文化形式，是学校文化的外壳，奠定着学校文化存在和发展的物质基础，同时它又是学校精神文化的载体，体现着一定的价值目标、审美意向等，是富有内涵的人文环境。[①]小学的物质文化包括了教学楼、绿化环境、教学设备、周围的环境以及相关人文景观。物质条件是小学开展教育的基础与前提。营造良好的小学周边环境、引进先进的教学设备以及建设好绿化环境能够为小学生的发展与学习创造良好的条件与氛围，为其参与各项学习活动提供便利。

学校的物质建设需要坚持"以人为本"，坚持人本性。以"人"为本，而不是以"物"或"管理方便"为本，是教育发展追求的永恒价值。为此，物质建设应该符合学生的发展需求。学校可以根据学生的发展需求，完善绿化环境建设和保证学习工具的质量。比方说，学校可以在经济条件允许的情况下，购买先进的计算机设备，供学生学习与使用。这有利于帮助他们更好地了解信息技术。另外，人本性还体现为物质文化建设应该为教师的教学活动创造条件。教师可以整理教学物质资源，更好帮助学生发展。比如，学校建设"地理园"，为教师开展地理教学提供方便。在这一条件下，教师不仅可以通过课本传授学生的地理知识，而且可以组织学生到"地理园"参观学习，将抽象的知识具体化，帮助学生理解相关的知识内容。

特色性则要求小学在物质建设过程中要重视学校的特点，突出本校的特色。当前，小学的建设一致性很强，而特色性不足。这导致校园建设"千篇一律"的现象出现。因此，小学应该根据自身特色开展校本物质文化建设。小学可以根据校本精神文化价值取向，实现校本物质文化与精神文化的统一。另外，学校还可以在校园建设中融入区域特点，使校本文化具有浓郁的地方特色。这有助于增强学生对家乡的认同感，并激发其努力学习建设家乡的热情。学校可以摆放家乡风景名胜和历史人物的图片，并配上相应的文字说明。学生通过这些资料可以更为全面地了解家乡的情况，增强自身的区域认同感和自豪感。

丰富的物质文化能够为教学行为与学习活动提供良好的条件，但是并不意味着投入越多效果越好。校本物质文化建设应该坚持简约性原则。在完善小学的物质条件过程中，学校负责人应该坚决摒弃铺张浪费的错误观念，坚持物质条件完善与办学目标相互配合，从而提升物质文化的教学效用。这可以提高学校资金的利用效率，实现资金的合理使用。

① 李峻、刘玉杰：《学校物质文化初探》，载《现代教育科学》，2004(5)。

在完善学校的物质建设的过程中，学校还应该加强物质引进工作的规范化建设，避免腐败的发生。小学要保证教学设备的引进工作符合国家相关法律法规的要求，防止工作人员尤其是负责人出现违法的行为。例如，永州冷水滩区要求小学在购置设备的时候应根据《中小学校实验教学仪器装备标准》和学校的实际需要，制订出购置计划，上报区教育局电教仪器站办理审批手续。同时，学校需要建立健全教学仪器设备采购申报制度，购买总价在人民币2万元以上(含2万元)的教学仪器设备应该提出可行性报告，报区教育局批准后方可执行。

第三节　小学校本文化管理的实践

学校文化源于历史传统的传承，源于改革与实践的经验积淀。学校文化无论是显性的还是隐性的，它确是实实在在地存在着，持久地规范着、影响着生活在其中的师生。作为校园管理的重要途径，学校应该重视校本文化的管理工作，积极利用其为学校发展与学生成长服务。小学校本文化管理优化有赖于学校文化品位的提升、领导文化品质的追求、教师文化品格的塑造和学生文化品性的培养。

一、学校文化品位的提升

校本文化要真正地反映出本校的价值取向、教育理念、行为方式和管理风格，就必须对本校的发展历史、培养人才定位、文化积累进行深层次的剖析、总结和提炼，以及对本校自身传统和文化内涵的深入挖掘。[①]学校文化品位的提升可以优化本校的教育资源，并充分利用本校文化资源对师生进行激励。良好的文化氛围能够对教师进行鼓舞与激励，推动其实现自我发展。良好的文化氛围能够对教师进行感染，促使其积极提高自我素质，实现教学技能的提升。同时，良好的文化氛围会对学生产生积极影响，使其在文化感染下不断完善自我。学生学习的过程就是个体与学校交互作用的过程，学校的文化氛围必然对其成长成才产生显著影响。良好的文化氛围能够给予学生极大的精神鼓舞，使其积极应对学习中出现的各种困难，从而在学习上不断获得进步。另外，学校文化品位提升还有助于扩大学校的社会影响力，增强教师的归属感与光荣感，

---

① 李焦明：《校本文化内涵解析与培育途径探讨》，载《成人教育》，2008(8)。

使其乐于和勤于奉献。随着时代的发展，人们对学校的评价更为全面和系统。文化品位已成为人们衡量一个学校好坏的重要标准。具有较高文化品位的小学更容易获得社会的认可与青睐。这要求学校在提高自身影响力的同时应该将文化品位的提升作为一项重要的工作。学校文化品位的提升需要其在继承已有文化的基础上，依据时代精神要求，结合教学实践，不断探索与发展。

1. 继承已有文化

学校文化是既具有厚重的历史传统积淀，又具有深邃的人文精神内涵的文化。它的品质提升需要继承与发展已有文化。已有文化为校本文化的发展提供了前提与基础，是其发展的起点和开端。继承已有文化需要学校善于挖掘本校文化，了解自身文化传统。通过了解与发现自己的精神与传统，学校可以获得强大的精神动力，并使其服务于学校管理与建设。校友既是学校宝贵的社会资源，也是重要的文化资源。校友在学习和工作过程中所体现的精神与品质是校本文化的有机组成部分。学校应该善于利用这部分资源，利用校友的事例对在校学生进行激励。小学领导可以利用国旗下讲话、主题班会等机会，对校友的奋斗的事迹进行宣传，让学生了解和学习校友的良好品质。另外，学校还可以开展以“校友教我学”为主题的演讲比赛和正文比赛，引导学生了解校友。这能够帮助学生将校友品质融入自身的品格之中，实现思想认识水平的提高。除此之外，继承已有文化还需要学校善于挖掘校史中的亮点。这些亮点是学校重要的精神财富，同时也是教育学生的天然教科书，应该得到学校的充分利用。比方说，具有革命传统的学校可以根据自身的条件，成立相关主题的展览馆。组织学生到展览馆参观学习，从而丰富学校文化的内涵，实现文化品质的提升。

2. 依据时代精神

小学校本文化品质的提升应该依据时代精神，赋予校本文化新的内涵。时代精神是每一个时代特有的普适精神，是一种超越个体的集体意识。它是一个时代的人们在文明创建活动中体现出来的精神风貌和优良品格，是激励一个民族奋发图强、振兴祖国的强大精神动力，是构成时代精神文明建设的重要内容。因此，学校在提升校本文化品质的过程中，要善于把握时代精神，使校本文化建设更好地服务于教育与社会。学校需要根据时代要求，选择已有文化中积极因素加以整合与发展。校本文化是在长期的历史过程中形成与发展的，其必然有部分内容不符合时代精神的要求。这就要求学校在整合学校文化资源的时候去粗取精，有选择性利用符合时代要求的文化因素。通过对有益文化元素的整合利用，学校可以进一步提升自身的文化品质和教学水平，使教育质量符合时代和社会的要求，履行好自己的教育责任。另外，学校还需要根据时代精神对其文化加以发展。事物总是不断发展的，文化如果没有进步便意味着落后。为此，学校领导应该以发展的眼光，推动校本文化的进步，使其更好地服务经济建设与社会发展。北京大学附属小学初建于1906年，根据自身文化传统与时代精神提出了“快乐、进取、儒雅、大气”的八字校训。近年来，校训激励着学生勤奋好学、求真创新，并学会与他人分享，形成了以校训为核心的时代精神。

3. 扎根于教学实践

同其他组织文化相比较，校本文化的一个显著差异在于其为教学活动服务，具有明显的教育属性。小学校本文化的一个重要目标在于为教学活动提供强大的思想动力与先进的教育理念，为教师的教学和学生的学习提供一个良好的校园环境。因此，其文化品质的提升应该结合教学实践，实现教学质量的提高。立足教学实践要求学校重视文化的教育性。小学校本文化具有教育功能，学校在提升文化品质的同时要注意其对教育的贡献。偏离了教育的目标，学校校本品质的提升也就失去了自身的核心意义。为此，校本文化建设需要坚持以教育为导向，以文化品质的提高带动教学水平的上升，任何偏离教育这个目标的行为都应该给予制止。一方面，学校避免校本文化建设成为面子工程，只关注形式和口号而忽视了其对教学实践的实际意义。当前，一些小学在开展校本文化建设的过程中，仅仅是喊口号、挂横幅，忽视了其与教学实践的意义。这便偏离了小学校本文化建设的根本目标。另一方面，小学可以将校本文化建设与教学活动联系起来，使其切切实实为教育服务。学校领导应该鼓励教师寓文化建设于活动之中，从而实现两者的完美契合，从而更好引导学生发展。班主任可以充分利用班会的机会，给学生讲学校的文化特点与历史传统。这些可以激发学生的学校荣誉感并能够更好吸收校本文化的营养。语文老师在教学过程中可以将校友的故事与教学内容结合起来传授给学生。学生在学习语文知识的同时，可以了解校友的精神品质，并将其作为自己学习与生活的动力。这对学校文化品质的优化和教学水平的提高具有重要的意义。

二、领导文化品质的追求

每个组织都具有一个领导的核心，这一核心决定了组织发展的方向。良好的管理者能够带领组织其他成员为组织的目标而奋斗和努力。在小学教育中，以校长为核心的学校领导是学校发展最重要的推动力量，其素质与眼光将会直接影响到学校的教学质量。欧阳火木是一名山区小学校长，其带领学校教师在为学校的建设和学生的培育中做出了重大的贡献。他本着“要给学生一杯水，自己要有一河水"的理念，不断充实自己，提高自身的专业水平。他还鼓励青年教师脱颖而出，组织跟班听课，教学评议，教学研讨岗位培训，开展"教坛新秀"、"优秀班主任"等评选活动，树立典型形象。一大批青年教师在这样浓烈的教学氛围中茁壮成长，成为中心小学的教学能手。另外，他根据山区小学特点，带领师生盘活山区小学教育资源，节省开支，为学校创设了自然实验室、体育室、阅览室、舞蹈室、乒乓球室、书法室，努力让孩子"说、唱、跳、写、玩、做"得到满足和提高，努力缩小城乡孩子见识面的差距。

这个事例显示了学校领导对学校发展的重要意义。在小学校本文化中，学校领导要善于提升自身文化品质，学校的领导包括校长与一般管理者。校长的教育观念、价值取向、办学理念往往成为校本文化的核心力量。校长既是领导者，也是教育者和管理者。他通过处理人事、教学安排和奖励惩罚对校本文化管理施加影响。[①]作为学校的核心人物，校长在学校文化管理中发挥着引领作用。这就需要校长具有与文化管理相互匹配的文化品质。文化品质的提高需要校长重视学习，不断丰富自身的文化知识。这可以提升其认知水平，帮助其更好处理文化管理中的各项事务。一方面，校长要提高自己的专业能力。教师是一支专业素质很强的队伍，队伍的管理者需要具有较高的专业水平和较好的专业眼光。这有助于校长根据学校的实际，构建先进的校园文化，提高学生的素质。另一方面，校长还需要提高自己的管理水平。同一般老师相比，校长具有管理职能。这种身份决定其应该具有高超的管理艺术。通过管理学，尤其是教育管理学的学习与实践，校长能够更好优化学校文化资源，为学生的进步和教师的工作创造良好的平台。

另外，校长还应该提升自我的管理水平。校长具有比较大的行政权力，在财务、人事、教学等方面具有决定权。这是法律与组织赋予校长的合法权力，其应该合法合理行使这一权力。可是，一些小学校长却没有意识到这一点，将行政权力当作自己谋取私利的工具，其结果必然影响学校的发展，甚至导致腐败情况的发生，校长个人也将会受到法律的惩罚与制裁。中关村三小是北京市奥林匹克示范校，是全国第一所，也是唯一一所开设高尔夫课程的公立小学。小学成立之初，该校因为地理位置不好、校园狭小等因素没能得到合理发展。后来，王翠娟出任该校校长，同该校其他教师一道克服困难，实现了学校的崛起。但是，她在学校办学获得成功之后，并没有遵守相关法律法规，以"择校费"的名义大量敛财，最后受到法律的制裁。可见，校长保持行为的自觉性不

① 倪胜利：《教育文化论纲》，重庆：重庆大学出版社，2011。

仅是校本文化建设的关键手段而且是学校健康发展的关键因素。因此，校长应该在法律的规定内行使权力，有意识提升自我的管理水平，确保决策的合理性与有效性，保证校本文化建设活动顺利而合法地开展。

最后，校长还需要树立一种先进的办学理念。先进的办学理念是一面旗帜，是一种力量，是一种气质，是一种导向，是一种氛围，是一种宝贵的教育发展资源。校长应该具有正确的办学理念，并以这种理念去引领其他教师开展学校的文化建设。校长应该利用工作之余了解教育研究最新动态，及时完善认知结构，并借鉴国内其他小学的先进经验，形成先进的办学思想。另外，先进的办学理念还在于对现实教学需要的准确把握。办学理念应该服务于教学实践和校本文化建设的具体工作。为此，校长应该到教学和文化建设工作的一线，具体了解各项任务的完成情况，掌握第一手的资料。校长要以这些资料为基础，制定相应的方针和政策，以科学的理念去指导校本各项工作的开展。

三、教师文化品格的塑造

人力资源是第一资源，教师作为小学校本文化主要建设者，在校本文化建设中发挥着关键性的作用。教师队伍的质量直接关系到校本文化建设的成败，优秀的教师队伍具有强烈的责任感与使命感，并具有良好的专业知识基础与专业技能，能够根据学校的文化传统以及学生的具体需要，有效开展校本文化建设。为此，优化小学文化品质的管理关键在加强教师文化品格的塑造与完善。

1. 提升小学教师队伍素质

提升小学教师队伍素质能够有效建构教师文化品格，实现小学校园文化管理的优化。首先，学校要重视教师的在职培训活动。随着科学技术的发展，社会与教育对教师提出的文化要求越来越高。这就需要教师在完成学校教育之后，接受继续教育的培训，实现自我发展。学校应该在政策与经济上为教师接受在职培训提供条件。学校可以邀请相关领域的专家为学校教师开展讲座，让其了解某个领域最新的研究成果，拓展教师的专业视野。在国外，小学教师培训已经常态化，并成为了提升学校文化品质的一个重要手段。日本新任小学教师被录用一年内，在教学的同时参加校内校外两类实践研修。校内研修是在有经验的优秀教师指导下进行，每周两天，一年不少于 60 天；校外研修每周 1 天，一年不少于 30 天。这些在职的培训能够培养小学教师的使命感和实践能力。我国的一些小学也开始重视教师的培训，并致力于培训的规范化和制度化。如深圳市将网络培训和授课培训结合起来为小学教师提供继续教育的机会。教师通过心理健康教育 C 证、教育科学研究方法、用数字技术破解教育密码等课程的学习，不断提高教师的学科教学技能与教学管理能力，为小学教育的发展奠定了重要的人才基础。国内外小学教师在职培训的经验应该为各个学校所借鉴，并被应用到校本文化建设之中。

其次，学校要致力于教师的思想道德建设。师德是教师和一切教育工作者在从事教育活动中必须遵守的道德规范和行为准则，是教师工作的精髓。文化品质的塑造离不开强大的内省力量与强烈的责任感。具有强烈的责任感的教师能够根据自己实际，为自身文化水平的提升创造学习条件。而且良好的师德本身便能对学生进行有益的感染，使其思想认识水平获得提高。小学教育的过程是教师与学生交互作用的过程，教师不仅传授学生文化知识，而且其行为与品质也会对学生产生潜移默化的影响。具有良好的品质的教师能够对学生施加积极的影响，帮助其建构优秀的人格品质。为此，良好的师德本身便具有巨大的教育功能，应该得到学校的关注。学校应该重视教师队伍的思想建设，不断提高其认识水平，帮助其更好建构文化知识体系，为校园文化管理提供人才支撑。长沙市推进师德建设，打造一支“学为人师，行为示范”的教师队伍。小学准备建立师德师风建设的评价体系，采取自评、互评、学校考评相结合的办法，考核教师师德。另外，教育局和各校都设立举报投诉电话和信箱，建立师德建设的群众评价机制。教育局和学校将对师德考核不及格的教师给予处罚，对情节特别严重的进行解聘，甚至依法追究其刑事责任。

最后，教师要善于反思。孔子曾说过：“吾日三省吾身。”教育家叶澜曾说：“一个教师写一辈子教案不一定成为名师，如果一个教师写三年的反思，有可能成为名师。”这几句话凸显了教师反思的重要意义。每个教师由于经验和知识的不足，在教学与学生管理中难免会犯一些错误。这就需要教师在教学中要乐于和善于反思，总结文化学习与教学中的不足与缺点。通过总结，教师可以全面了解自身的教学方式，从而为教学技能的提高探究出新的途径。作为个人，教师在平时应该善于总结、回顾自己的教育过程，并从中汲取相应的经验和教训。作为集体，学校应该为教师的反思提高创造条件，并使这种反思活动制度化。

2. 强化教师间的合作

教师文化品格的形成与发展不仅需要教师队伍的建设，而且需要强化教师间的合作。萧伯纳说过：“你有一个苹果，我有一个苹果，我们彼此交换，每人还是一个苹果；你有一种思想，我有一种思想，我们彼此交换，每人可拥有两种思想。”在当今社会，合作的意义进一步地凸显，因为知识日益专业化，这决定了每个个体不可能成为每个部门的专家，其应该善于同他人进行合作，从而实现效益的最大化。为此，人们提出了知识共享的概念，强调组织内的个体应该通力合作，共同进步。这种理念应用到小学文化建设领域则要求小学教师强化合作意识，重视与他人合作与交流。教师文化的自我发展，需要教师间的彼此合作、对话、分享，在体验中逐渐形成与发展。[①]基于此，学校应该致力于知识共享型组织的建设，营造合作互助的文化学习氛围。这种文化氛围以增强学校的集体凝聚力，促使教师围绕学校的愿景而一起努力奋斗。小学在建设文化的过程中，应该采取积极的措施促成知识共享型组织的形成和发展，为教师的相互合作提供制度上的保障。例如，学校可以规定每个年级的教师定期参加集体学习，相互交流与沟通。在学习中，新的教师可以向老师请教他们管理与教学的经验，而老教师则可以通过新教师了解更多新的教学方法与技术。这种新老教师之间的良好互动能够强化教师间的合作，促进教师文化与思想水平的同步提高。

四、学生文化品性的培养

学生是小学教育工作的对象，也是校本文化建设的重要参与者。学生文化品行的培养既是小学教育的任务，也是校本文化建设的要求。学生作为学校的重要群体，其文化品性关系到校本文化建设的质量。而学生的文化素质则是小学整体素质的核心成分之一，其水平的高低直接影响到学生的整体素质水平。因此，学生文化品行的培养应该成为小学校本文化建设的一项重要工作。

在学生文化品行培养的过程中，教师发挥着举足轻重的作用。同中学生与大学生相比，小学生的可塑性更强。他们的认识水平比较低，而且比较容易受到成人的影响。同时，他们对外界事物具有较多的好奇心。这些心理特点决定了教师能够对他们施加比较大的影响。另外，他们主动性比较弱，在完成学习和生活任务中比较难集中自己的注意力。这增加了他们文化品质自我培养的难度，需要教师给予更多的指导和帮助。

培养学生的品质品行可以让其了解我国优秀传统文化和学校已有的优秀文化。我国传统文化是前人留给我们的宝贵财富，对学生具有较大的教育意义。教师可以指导小学生了解传统文化知识，实现自我发展。教师可以充分利用“第二课堂”的机会，为学生学习传统文化创造条件与机会。在“第二课堂”中，教师可以选取一些国学经典段落，让学生诵读。学生通过诵读经典可以了解古人的思想、学习为人处世的道理并增加文化积累。例如，小学通过朗诵《论

① 殷磊：《学校文化建设与教师专业发展》，载《中国高教研究》，2005(3)。

语》，可以了解到学习和做人的道理，提高自身的思想水平和文化修养。“三人行，必有我师焉”“知之为知之，不知为不知，是知也”“温故而知新可以为师矣”……这些内容能够给学生以启迪，指引他们更好对待他人和学习。除了指导学生学习经典外，教师在培养学生文化品行过程中还应该帮助学生了解校本文化。学校可以利用宣传栏、黑板报等形式为学生学习校本文化创造条件。学生通过这些载体，能够更为详细地了解学校历史、校友事例以及学校传统等内容，不断提高自身文化的品性。

【案例分析1】 为什么骨干教师纷纷要求调走？①

某小学2010年，有33位教师要求调走，其中大多是骨干教师。可是校长认为自己对骨干教师已经足够重视了。那为什么会出现那么多骨干教师要求调走的现象呢？调走的李老师在谈话中提到了两个直接与学校相关的原因。(1)“有时我觉得自己像是在孤军奋战，可能我们学校太缺少团结协作、友好竞争的氛围吧。比如说教学成绩吧，我所教的英语学科成绩是全年级最好的，我班学生的英语当然也是最出色的，可是我们班竟然没有一个三好学生。……我希望自己的学生的每一门功课都出色，可是我又没有这个能力”。(2)“我当时也听到有人在议论我，说我傲，不太谦虚，不太合群，看不起年纪大的老师，眼里没有人，等等。其实，我只是把他们闲聊的时间都用在了学生身上，因而和他们的沟通少了，以致招来非议。这些我倒不在意，最让人生气的是，在考核中不以教育教学效果来评价老师，而是以谁人缘好，给谁的得分就高，真是太不公平了”。校长陷入了沉思，问题究竟出在哪呢？接下来如何做好这些教师的稳定工作？其工作的突破口应选在哪里呢？

解析思路：

1. 从校本文化的功能和管理意义切入问题，并分析原因。
2. 从构建合作的教师文化着手分析，谈解决教师间的关系问题。
3. 从校本文化的内容讨论学校的发展问题。

【案例分析2】 “感恩教育”活动的效果为什么不理想

某小学为了提高学生的整体素质，加强学校的思想道德建设，决定在学生中开展“感恩教育”系列活动。在活动开始之前，德育主任召开班主任会议，要求班主任通过开展形式多样的教育活动，帮助学生形成感恩他人的意识并了解相关感恩他人的行为习惯。在活动经过两个月之后，学校领导发现“感恩教育”的效果不明显。德育主任为此召开了班主任会议，总结此次教育活动的经验与

① 季苹、张文清：《学校文化自我诊断》，北京，教育科学出版社，2004。

教训。一些高年级的教师反映自身的教学压力大，没有过多的时间与精力开展“感恩教育”。一些教师则认为，父母家长看重的是学生的成绩，而不是其感恩行为与意识，开展相关的活动没有太大的实际意义。另一些教师则表示自己对“感恩教育”活动的目标与开展方式不是很了解，没有办法指导学生。你认为，怎样做才能提高“感恩教育”活动的效果？针对教师中反映的问题，校长要通过什么途径解决这些认识问题？对于学校类似于“感恩教育”的活动，要做一个怎样的长期计划，才能达到理想的效果？

解析思路：

1. 从校本文化管理的角度规划学校的发展。
2. 从学生文化品性的培养着手，提升学生的文化素养。
3. 从教师文化品格的塑造，提升教师对学生品性管理的认识。

复习与思考

1. 小学校本文化是什么？
2. 小学校本文化的功能有哪些？
3. 小学校本文化的具体内容是什么？
4. 小学校本文化管理实践的途径是什么？

推荐阅读

1. 候岩．学校文化研究概论．郑州：河南人民出版社，2008.
2. 季苹，张文清．学校文化自我诊断．北京：教育科学出版社，2004.
3. 倪胜利．教育文化论纲．重庆：重庆大学出版社，2011.
4. 赵中建．学校文化．上海：华东师范大学出版社，2004.
5. 郑金洲．教育文化学．北京：人民教育出版社，1997.
6. 赵复查，现代教师文化的校本建构．教育评论，2005(2).

第十二章　小学校本特色管理

本章重点

- 校本特色的内涵、结构和类型
- 小学校本特色管理的过程
- 小学校本特色管理的实践

第一节　校本特色概述

一、校本特色的内涵

“校本”即以校为本，它的基本含义源于20世纪80年代以来西方学校改革运动中出现的一种全新的学校管理理念——校本管理。特色是指事物所表现出来的独特形态、色彩和风格。[①] 特色的含义有广义与狭义之分。广义的特色是指有别于其他事物之处，是一个中性的概念：既有褒义的，也有贬义的；既可以指正面的特色，也可以指反面的特色。“学校特色”一词的提法则源于1993年中共中央、国务院印发的《中国教育改革和发展纲要》(以下简称《纲要》)。该《纲要》提出：“中小学要由‘应试教育’转向全面提高国民素质的轨道，面向全体学生，全面提高学生的思想道德、文化科学、劳动技能和身体心理素质，促进学生生动活泼地发展，办出各自的特色。”[②]学校特色是学校所形成并呈现出来的独特的发展形态、色彩与风格，是学校之间的个性与差异，是一所学校赖以生存与发展的生命力。所以，学校特色中的“特色”主要指狭义的即褒义的意思。

校本特色，即以校为本的特色，具有以下4个特点：(1)校本性。校本的核心理念是“权力下放”与“共同决策”，即学校拥有一定的自主权决定学校的发

① 李国炎、莫衡、单耀海等：《当代汉语词典》，948页，上海，上海辞书出版社，2001。

② 孙孔懿：《学校特色的内涵与本源》，载《教育导刊》，1997(2)、(3)。

展方向和途径。(2)优质性。校本特色是对学校教育不断进行“优化”的结果。(3)独特性。独特性是校本特色的核心因素，是一所学校区别于其他学校的重要标志，即“人无我有，人有我优，人优我精”。(4)稳定性。校本特色绝不是一蹴而就的，它需要经过长时期、有目的、有计划、自觉的建设才会形成。因此，稳定性是校本特色成熟的标志，是学校教育教学活动中经常表现出来的、比较稳定的行为特征。

综上所述，我们认为校本特色是指学校拥有一定的自主权，并以本校为基点，在长期教育实践中，遵循教育规律，发挥学校办学优势，寻求特色突破口，做到以点带面，实行整体优化，从而逐步形成的一种优质的、独特且稳定的办学风格和办学模式。

二、校本特色的结构

任何事物都可以分成若干组成部分，这些组成部分并非杂乱无章地堆积，总是以一定的方式联系着。结构就是组成客观事物的诸要素的结合方式。根据校本特色的内涵，校本特色是一种个性化的办学风格和模式，而这种风格和模式是由各个互相联系的要素按一定的方式组合而成。因此，要了解校本特色的结构，就要了解构成校本特色的诸要素。一般说来，校本特色由如下要素构成。

1. 校本教育理念

关于教育理念的概念，至今仍无统一之说。但是综观各种提法，可以肯定的是教育理念属于理性认识层次，是教育主体对教育规律及其现象进行思维的概念或观念的形成物。一所学校的教育理念往往体现了办学主体人对教育现实的思考和价值取向，并以此对教育现实进行自觉的反应。同时，教育理念的外延甚是宽泛，通常我们看到的诸如“教育思想”、“教育观念”、“教育主张”、“教育认识”等概念都属于教育理念的范畴。

教育理念源于实践的总结又回归对实践的指导，而独到的教育理念是一所学校办好教育、彰显校本特色的首要因素。所谓独到的教育理念，不是与一般教育理念完全对立的什么奇异的教育理念，它具有三个特定的要求：

(1)从宏观上要遵循现代教育的任务、原理和法则。例如，现代教育扬弃了传统的限制人性的教育，倡导以人为本，把重视人、尊重人、理解人、爱护人和发展人的精神贯注于教学的全过程，注重人的现实需要和未来发展，更注重开发和挖掘人自身的禀赋和潜能，通过培养人的自尊、自立、自强意识，不断提高人的生存和发展能力，促进人自身的发展与完善。鉴于此，现代教育要求形成符合其任务要求、原理和法则的教育理念——以人为本的理念。此外，现代教育的改革与发展规律使教育理念呈现多元化的趋势，如全面发展的理念、素质教育的理念、创造性理念、主体性理念、个性化理念、开放性理念、多样化理念、生态和谐理念和系统性理念等。

(2)从中观上要体现党和国家关于教育的路线、方针、政策和法律中的指导思想。一方面，创建校本特色，需要学校拥有自主权，因此权力下放就是最核心的问题。权力下放意味着教育决策权的重新分配和政府职能的转变，取而代之的是教育行政部门由传统的对学校实行全过程、全方位的监督控制，转向通过立法、拨款、社会中介、政策引导、信息服务等各种间接手段对学校进行宏观调控，以保证党和国家教育路线、方针、政策的贯彻和实现，同时保证学校公正、合理地得到并运用权力。另一方面，《中国教育改革和发展纲要》要求："中小学要由'应试教育'转向全面提高国民素质的轨道，面向全体学生，全面提高学生的思想道德、文化科学、劳动技能和身体心理素质，促进学生生动活泼地发展，办出各自的特色。"这就是说，校本特色必须要以面向全体学生，全面提高学生的综合素质为前提，进行"应试教育"改革，不能离开这个前提去建设什么校本特色。

(3)从微观上要服从校本办学的实际情况。每一所学校都是一个个具体的个体，具有与其他学校不尽相同的特点。因此，一所学校的校长必须在普遍的教育思想指导下，以本校的实际情况为出发点，提出符合本校实际的办学主张，这又是教育理念的独到之处。"独到"并非绝对的空前绝后，而是受到程度和内容的限制。例如，一个校长的某种办学理念，别人早已有之，但是他比别人理解得更广阔更深刻，或者在实施办学思想的过程中注意和解决了别人忽视的问题，这些都是"独到"的体现。

2. 校本常规制度

校本常规制度指一定时期内本校成员所认同的规章制度、惯例程序和传统习俗的总和。校本常规制度的形成和执行往往是通过学校的常规管理来实现的。学校的常规管理指学校为实现一定的办学目标，把管理活动中那些处于基础层次又相对稳定的管理内容，通过科学的、切实可行的规范、制度，采取说理教育、指令执行、严格训练等方式，使全校师生形成预期的良好的行为习惯。[①]学校的常规管理是构成校本特色的要素之一，这是由于：(1)只有学校各个成员对本校常规制度的一致认可并在此基础上进行严格和稳定的管理，才能

① 孙孔懿：《学校特色论》，56页，北京，人民教育出版社，1998。

使学校的秩序走上正轨，才能为校本特色的创建提供巩固性的制度保障。不难想象，假如一所学校无章可循或者有章不循，管理混乱，人心不齐，校长的教育理念和目标是得不到支持和践行的。那么，校本特色何以形成？一所学校的特色塑造不但离不开学校严格稳定的常规秩序，而且特色的品位高度也取决于常规管理的水平。(2)校本特色和常规是对立统一的关系，前者依附于后者。校本特色以独到的教育理念为先决，必然要求打破传统的常规制度，推陈出新，否则即使教育理念再独到，特色也无法形成。反过来，校本特色作为一种稳定的办学风格和模式，也有助于进一步维护常规管理的稳定性和科学性。可以说，校本特色与校本常规制度之间的关系就好比“你中有我，我中有你”。

3. 校本文化气息

校本文化是一所学校经过其内在系统(管理、教育、教学、科研、生产、经营、生活)的维持与外在环境变化的互动，共同创造、继承和不断更新的假设、信念、价值观念、规范、道德准则等意识形态的产物。校本文化包括物质文化和精神文化。

校本物质文化是以实物为载体，将学校的文化特色和学校成员的追求以及成员的精神风貌表现出来，如学校的建筑、设备、技术、校服、校旗、校徽、艺术雕塑等。对校本物质文化特色的理解不能狭隘地集中于齐全和先进的校园硬件设施上，关键是学校如何通过实物来营造校本独特的文化气息，对形成学校优良的思想和行为起到无形的推动作用，这才是真正的特色所在。如济南市舜耕小学在创建校本特色的过程中就注意到了物质文化元素的植入，如以传说中舜的化身设计凤凰图案为校徽；以舜德楼、舜志楼、舜华楼、舜耕楼、舜乐园命名校园建筑等来烘托以舜文化为主线的物质文化气息。

校本精神文化是以符号、语言和行为模式为形式表现出来的，如通常所说的校风就是一种校本精神文化，是学校基本假设(管理者对环境、人性、教育活动、时间空间的本质等的看法)、学校价值观念和学校理想、目标和行为规范共同作用的结果，是学校成员行为方式上表现出来的一种普遍心理品质和心理特点，是学校的一种独特的心理环境。因此，校风也是一所学校的特色的标识。积极的校风有广义和狭义之分。广义的校风是指一般意义上的良好的风气，如“勤奋好学、团结友爱、文明礼貌”之风等。狭义的校风是指一所学校区别于其他学校的独特之风，体现了一种个性化的心理环境，如全国著名小学北京小学的“自立自强”之风，北京市第二实验小学的“探索质疑”之风，育民小学的“优德创新”之风等。不难看出，校本特色中的校风主要指的是狭义的校风。

综观学校的各种特色内容，那种单纯致力于物质文化特色或精神文化特色的学校其实很少，在创建校本特色的过程中，往往是结合了两种文化特色。物质文化为校本特色提供硬件基础，而精神文化为校本特色提供环境氛围，只有两者的相互配合和作用才能更好地发挥校本优势，挖掘校本特色。

4. 校本师资力量

蔡元培先生说过："有特色的教师是学校的宝贵财富。"学校教师是学校的生命和活力所在、精神和力量所依，特色建设要靠特色教师来实现。①校长的教育理念和学校的特色主题都必须依靠一支与之相适应的教师队伍去实施。校长独到的教育理念只有深入到每个教师的思想中并内化成教师的自觉行动，持之以恒地实践，校本特色才能形成并稳定发展。因此，在创建校本特色的过程中，校长与教师要相互配合，共同努力才能取得成功。一方面，校长应该注重培养一支有高度凝聚力的，专业能力强同时又具有个性化的师资队伍。这点要求校长要与教师共同讨论学校的愿景，分享自身的教育理念，接受教师的意见和建议；围绕校本特色主题有针对性地组织教师进行学习和实践，指导教师形成共同的教育价值观，并化成共同的奋斗目标；鼓励教师挖掘学校潜在的特色资源并给予教师充分的自主权对传统进行改革和创新；提供充足的机会让教师进修学习，提高自身专业技能，并为教师展示才能提供舞台。另一方面，教师要有自我发展意识，形成个体特色，除了要充分发挥自己先天的优势，还要不断地学习，更新专业知识；积极开展团队学习，为打造特色团队尽献一己之力。这既是教师个人成长的内在需要，也是外部环境的要求，更是创建校本特色的必然趋势。总之，校长要将培养强有力的师资力量作为一项系统工程来实行，教师要将自我特色与校本特色融合在一起，强化主人翁意识并自觉地付出行动。

5. 校本学生素质

提高学生的素质无疑是一所学校教育的最高宗旨，也是学校追求特色的最终目标。学生的素质就好比学校的门牌，是一所学校的培养力量和办学声誉的终端评价标准。学校若抛开以促进学生全面发展这个基点来构筑校本特色，最终只不过是为了特色而特色——只有富丽堂皇的外表，没有实质性的内在。真正的特色是这样体现出来的：学校以独到的教育理念、严格稳定的常规制度、浓厚的文化气息、强大的师资力量为基础，通过长期的教育和熏陶，最终把办学特色转化为众多毕业生素质上的积极特征。

值得注意的是，在现代教育理念的倡导下，简单意义上的培养一些优势项

① 张建明：《浅谈特色学校的内涵与要素》，载《上海教育科研》，2005(8)。

目或一批特长生的做法已经不适合成为校本特色追求的目标了。相反，学校创建校本特色之路，是在充分尊重每一位学生发展可能性的基础上，做到因材施教，进而促进学生的和谐和均衡发展。有了先进的教育理念，有了一批有特长的师资队伍，在教育教学中就会从学生的兴趣、爱好出发，注意方式方法，充分发展学生的个性特长，使学生成为他可能成长的那个人，而不是“一刀切”地发展学生的同一特长，扼杀学生的天性与其他特长。学生总体素质的提高才是校本特色建设的成功之处。

三、校本特色的类型

1. 办学思想特色

办学思想特色是体现在办学方向上的校本特色，它主要包括三个方面：第一，坚持社会主义的政治方向，表现在能坚持以马克思主义、毛泽东思想和邓小平理论为指导，坚持走社会主义道路，坚持党的领导，把学生培养成为有理想、有道德、有文化、有纪律的一代新人。第二，坚持社会主义建设服务的方向。要求学校要按照教育与生产劳动相结合的方针，以社会教育和就业需求为参照，从本校实际情况出发，培养社会主义现代化建设需要的人才，避免“唯成绩论”、“一切只为升学率”的办学模式。第三，坚持社会主义“三个面向”的战略发展方向。传统的教育理念、封闭式的教育环境和故步自封的教育队伍难以获得长足发展，与校本特色之路更是遥遥相望。因此，“教育要面向现代化、面向世界、面向未来”，这是邓小平教育思想的精髓。学校应该勇于根据本校资源和需求情况，兼收并蓄，大胆借鉴外界先进的办学理念和教育手段，培养思想开放、与时俱进的教师队伍，让学校的教育“请进来，走出去”。

办学思想特色还要以多元的办学模式为保障。现代多元化教育理念要求学校打破传统单一的办学模式，走多元化办学之路，这也是创建校本特色的内在要求。传统的办学体制是以政府为主导，学校缺乏自主发展权利为前提的，而现代的办学主体逐渐趋向多样化，出现了以政府办学为主体，社会各界共同办学的多元化趋势。要创建校本特色，首先要求政府下放权力，使学校成为办学的自主实体，给予学校充分的自主发展空间，这是不断发挥办学特色并取得长远发展的重要保障。

2. 教育教学特色

教学是实现教育目的，完成德智体美劳五育任务的基本途径，是学校工作的中心。教育教学中的校本特色是体现在一所学校总体的教学风格，而非个别教师的独特教学风格。这种教学特色一般通过四个方面表现出来：(1)先进的教学思想。教育理念的现代化要求学校要有与之相对应的现代化教学思想来指导具体的教学工作。但是，这并不意味着简单地照搬国内外先进的教学理念，或者是单纯地引进先进的教学设备、知名的专家或名师，而是要立足本校实际，找准基点突破。在具体的实践当中，可以采用取长补短或革新除弊的突破方式。(2)完整的课程结构。课程结构是根据培养目标而确定的课程门类、形态及相互间的关系，是一所学校办学特色的载体反映。学校要创建课程特色，就要改革单一的课程结构，以学生全面发展为宗旨，重视显性课程和隐性课程之间的相互联系和相互作用，建立完整的课程结构，并挖掘潜在的课程资源以形成独特的校本课程体系。(3)创新的教学方法。在构筑校本特色方面，创造先进的教学方法更有利于校本特色的稳定和巩固。

3. 课外活动特色

除了教育教学，课外活动也是学校教育的一个重要组成部分。课外活动是指学校在学科教学活动之外有目的、有计划、有组织地对学生进行的多种多样的教育实践活动。[①]课外活动在教育内容及结构方式上区别于以学科教学为中心的教学活动，它不以课程中的学科为单位，内容不受教学计划、教学大纲的限制，有其独特的范围和性质。要形成课外活动特色，需要做到三个方面：(1)体现活动的科学性。首先，学校领导应该充分认识课外活动在实现全面发展教育目的中的重要作用，注重巩固、扩大和加深学生在课堂上所学得的基础知识、基本技能，形成和发展学生在科技、文艺、体育、劳动等方面的兴趣和才能。其次，充分利用课外活动的特点，有意识地把思想品德教育寓于活动之中，培养高尚的情操和文明行为。(2)选择最佳的活动形式。课外活动的形式包括科学技术活动、文化艺术活动、体育活动、劳动工艺活动、社会实践活动和传统的节假日活动等。学校要实现课外活动上的独到之处，就应该根据教育方针、培养目标，小学生的身心发展特点以及校内外的实际情况，选择专注于某一项形式“做大”或“做细”，或者选择内容丰富、形式多样的课外活动。(3)充足的硬件和软件条件。学校活动特色的建设需要学校有与之相应的基础设施设备、合理的课外活动方案和开展模式、一批专业的指导教师队伍和学生浓厚的兴趣和高度的参与度。

4. 管理特色

学校管理是学校通过一定的机构和人员，使学校沿着一定的方向维持学校

① 邵宗杰：《教育学》，305页，上海，华东师范大学出版社，2006。

教育规律进行正常运转，使其获得不断发展和提高的手段。[①]学校管理工作是学校教育发展到一定历史阶段，从教育活动中分化出来的一种独立的组织育人的活动。它为教师的"教"和学生的"学"服务，促使教育活动正常有序地进行，从而保证学校各项教育目标的实现。因此，学校管理也是学校工作的一个重要的方面。一所学校的管理工作是否有别于或优于其他学校，在很大程度上取决于这所学校管理观念的新颖之处。学校管理观念是从教育观念中分化出来的一种相对独立的思想状态，服务于教育观念。学校的管理者应该树立创新的管理意识，主动跟随现代教育的步伐，不断对传统的管理观念进行改革和创新。具体包括：(1)创新管理理念。管理者要对创建特色过程中产生的新事物、新问题要怀有强烈的探究精神，乐于接受挑战并随客观环境的变化而不断地更新自己的观念。(2)创新管理目标。要求管理者在办学方向、管理目标和学校同社会的关系的处理，要随教育环境的变化而适时进行调整。(3)创新管理组织。新型的、灵活的内部组织结构应该是根据本校的特点、规模和特色路径等实际情况进行设置的。一方面，内部组织结构应该力求精简有效，管理层次少，职责分工明确，有利于提高工作效率；另一方面，结构的形式要有利于调动师生参与工作的积极性，根据校本特色的创建需要灵活设置结构形式。(4)创新管理风格。一所学校的管理风格会直接涉及师生的士气和积极性的有效发挥以及资源和要素的有效融合。现代学校管理风格趋向于人本型、魅力型的领导风格，即在学校管理过程中，领导者以非凡的气魄、度量和作风对待人与事；以情感管理为突破，坚持以人为本；建立民主管理和监督，扩大师生的管理参与度；营造开放、合作、和谐和互相信任的管理氛围等。人本型、魅力型领导者能产生强大的气场和个人影响力，这种影响力往往能演化成对师生的情感号召力，能增强组织凝聚力，振奋士气，这是创建特色的过程中重要的管理氛围。(5)创新管理制度。要求建立规范的人员聘用制度、系统化的教学制度、严格的校规校纪和实质性的评价制度等。

第二节　小学校本特色管理的过程

一、校本特色形成的一般过程

创建校本特色，并非一朝一夕就能实现，而是一个长期的过程。从找到特

① 赵敏、江月孙：《学校管理学》，5页，广州，广东高等教育出版社，2008。

质到凝聚特点再到形成特色的过程中，不同学校体现出不同的特点，但一般都会经历三个阶段。

1. 孕育阶段：寻找特质

特质指事物特有的性质，是特色的始源。任何校本特色的形成都是由学校的某一种特质慢慢发展而来的。每一所学校在自然环境、历史传统、校长素质、教师素质、生源质量、教学设施等方面，总有区别于其他学校的地方，总有自己的特质。[①]因此，特色形成的初级阶段就是寻找某一种甚至是几种具有开发性的特质，在具体的实践当中，就是选择特色项目。

这一阶段的任务是：(1)明确特色建设目标，如从物质文化入手，寻找学校建筑设施、校旗校徽、师生校服和教学设备中的特质等；或从精神文化入手，寻找德智体美劳五育中的某种特色项目、课程项目或名师项目等。(2)深化创造性工作成果，再次提炼特质。比如，在创造性的教学工作中延伸出来的一种更新的思想、行为或挑战一种不同的教学模式等。在这种情况下，首先要对这些成果进行分析、总结，重点发展优势，把其指导思想、活动内容和程序、所需的资源条件和预期效果等了如指掌，再进行比较和选择。初级阶段是一个摸索的阶段，对特色的形成起着决定性的作用，因此这个阶段往往要求全校总动员，收集各方面的资料，并邀请相关的专家共同进行交流和探索，为特色的形成打好理论基础。

2. 发展阶段：凝聚特点

特点指人或事物独特的地方。从范围上讲，特点是特质发展到一定阶段的结果。如果将特质比喻为“点”，那么特点就是“点”经过一定的方式组合并排列而成的“线”。在创建校本特色的过程中，凝聚特点是特质到特色的媒介，处于蓄势待发的阶段。这个阶段的任务是：为特色项目提供物质和精神条件，让特质“活起来”。要求校长要对获得认同的指导思想、活动内容和过程串联起来，进行细致的研究之后展开广泛的宣传并落实到实际的工作当中，如指派主管人、分工明细、责任到位。校长要深化理论上的思考，结合本校实际，提供相关的人力、物力的支持，及时进行阶段的总结与讨论，大力发挥教师的创新思维能力，并以此理清操作规范，思路清晰地执行项目建设。

3. 成熟阶段：形成特色

与特点的“点”不同，特色的“色”具有情境、景象的意思。因此，特色犹如“面”，是由“点”、“线”经过巩固和完善之后形成的一片景象，这个景象反映的

---

① 孙孔懿：《学校特色论》，125页，北京，人民教育出版社，1998。

就是校本特色，具有整体性和弥散性。这个阶段处于办学特色的最后总结、评估阶段。判断一所学校是否形成某种特色，一般有以下五条标准：(1)形成独到的教育理念并深入人心，外化为学校的成果。(2)形成以教育理念为指导思想的常规制度并持之以恒地执行。(3)形成独特的校风，引人入胜。(4)形成富有个性化的、强大的师资队伍并甘于奉献。(5)形成与特色吻合的学生素质特征。创建校本特色的三个阶段是点线面式地有序开展，前一阶段是后一阶段的前提和基础，后一阶段又是前一阶段的发展和巩固，一个阶段紧接一个阶段，由点的量变到面的质变，循序渐进，最终形成校本特色。

二、校本特色创建的多元模式

模式，在科学论述中经常被视为理论和实践的中介，用来泛指某种事物的标准形式或使人可以照着做的标准样式，既是理论的应用，又是实践的概括。在这里，校本特色创建的模式是指学校在形成特色的过程中较为常见、较为稳定的机缘、程序及其实施方法的策略体系。[①] 不同学校的特色在形成过程中体现出不同的模式，根据当前校本特色创建的特点，归纳起来主要有以下五种。

1. 发扬式

这种模式包括两种途径：第一种途径是学校在历史上已形成了某种传统，只要学校办学主体人继续将其沿袭下去，便能促进传统的飞跃；第二种途径是学校办学主体对传统进行改革和创新，以求突破。前者的特点是学校拥有源远流长的传统文化，并且这些传统铸造了世世代代师生优良的学校精神。后者的特点是学校已经形成的传统与时代精神有明显的冲突，继承这种传统只会阻碍学校的发展，所以必须对此扬弃和创新。

2. 矫正式

发展的本质就是旧事物的灭亡，新事物的产生。新事物的产生不外乎这两种方式：一是矫正旧事物的弊端，使之“脱胎换骨”，变成新事物；二是完全摒弃旧事物，重新创造完全不同于旧事物的新事物。很明显，矫正式是属于第一种产生方式。旧事物之所以不被时代接纳，是源于它本身存在不符合社会发展规律的弊端，如果能意识到这些弊端并将其矫正过来，便能使其重新焕发活力，与时俱进。校本特色的创建亦是如此。

① 孙孔懿：《学校特色论》，130页，北京，人民教育出版社，1998。

3. 发挥式

这种模式的特点是办学主体具有时刻迎接机遇和挑战的意识，及时发现和充分利用办学实践中出现的某种特质，以点带面，形成特色。能否利用这一模式的关键在于对机遇的发现和把握。虽然机遇的产生是不以人的意志为转移的偶发因素，但是机遇的大小、长短、隐显却与主体的精神状态分不开。因此，它需要办学主体人有追求特色的强烈动机并在机遇面前能当机立断，充分利用机遇所创造的优势。

4. 填补式

学校是一个开放的系统，对外受政治舆论、经济体制、文化环境的影响等，对内则受办学主体人及师资队伍的知识、素质、人格、能力的影响等。因此，只要有一个因素发挥了消极的作用，对学校的实践工作都会产生或多或少的负面影响，造成学校工作的“空白”。填补式模式的特点就是填补学校工作过程中的“空白”，将“大事做好，小事做细”，努力达到“尽善尽美”的境界。这种办学的态度、方式和结果，无疑也是一种校本特色。

5. 奋起式

奋起式模式的特点是学校办学主体陷入办学困境时，迎难而战，奋发图强，理智对待，扭转局势，最终走出困境并获得突破性的发展。奋起式是校本特色能否形成的关键模式，可以说，是学校“止步不前”或“突破发展”的转折点，因此这种模式要求办学主体人不但要具备扎实的办学理论和实践知识，还需具备独特的能力，如“急中生智”的决断力、“敢于创新”的执行力、“集思广益”的领导力和“全面布局”的号召力等。

三、影响校本特色管理的内外因素

校本特色管理是指学校管理者为实现既定的目标，对与校本特色创建过程相关的人、财、物、时间和空间等进行计划、组织、协调、控制和领导的过程。从系统的观点来看，任何组织都是一个系统，它存在于一个更大的系统之中。学校本身就是一个系统，其内部的各个要素之间的相互关系和矛盾影响着学校的运行和发展，同时学校也存在于社会这个更大的系统之中，也会受到系统外部各要素的影响。总结起来，影响校本特色管理的因素有来自学校的内部因素也有来自社会的外部因素。

1. 内部因素

(1)校长独特的办学能力。毋庸置疑，每一所学校的校长都具备了基本的办学能力，这是学校能否获得基本生存的条件。然而，创建校本特色的目的绝非只想要“图生存”，更重要的是“谋发展”，不但要求校长要具备最基本的办学能力，而且还要拥有超于一般校长的办学能力，要懂得如何凭借自身所掌握的理论和实践经验，把学校的特色发掘出来并获得长久发展。校长独特的办学能力主要体现在七个方面：第一，拥有个性化的教育思想和人格魅力是形成特色的前提；第二，制定明确的办学目标是校本特色的关键；第三，充分利用校本资源是形成特色的重要条件；第四，善于改革创新是形成特色的必经之路；第五，营造良好的文化氛围是形成特色的依托要素；第六，建立民主型管理制度是形成特色的有力保障；第七，优化师生素质是形成特色的根本保证。

(2)教师的专业精神与能力。师资，是最重要、最基本的办学条件。一所学校的物质设施无论多么简陋，但只要有一支精诚团结的优质教师队伍，就拥有了雄厚的办学力量，就能取得卓著的办学业绩，就能形成显著的办学特色。优质的教师队伍，是校本特色形成和发展的又一个必不可少的内部因素。事实上，教师素质的方方面面都会影响校本特色的形成，但是最重要的影响因素是教师的专业精神和专业能力。

毛泽东说过：“人是要有一点精神的。”而从事“太阳底下最光辉职业”的教师尤其需要一点精神，也就是专业精神。教师的专业精神是教师形成专业热情和工作热情的根本动力，也是彰显校本特色的重要精神元素。现代教育的发展要求“好教师”应该具备 12 种专业精神，即友善的态度、尊重课堂上的每一个人、有耐性、兴趣广泛、良好的仪表、公正、有幽默感、良好的品性、对个人的关注、伸缩性、宽容和颇有方法等。

教师专业能力是衡量教师队伍素质的重要标准，也是教师职业的基本保障，更是形成校本特色不可或缺的内部依据。校本特色的形成要求教师要具备以下几种专业能力：在教学能力方面，要具有特色化的教学技巧、良好的言语表达和明显的教学效果；在教学对象方面，要具备了解学生、启发引导学生、教会学生学习、组织管理学生和因材施教的能力；在自我教育方面，要具备主动性的自学能力、崇高的道德修养、良好的人际沟通能力。此外，除了具备良好的师德和精深的业务能力以外，要求教师还须具备与校本特色相对应的特长，即特别擅长的技能或特有的工作经验。教师教无所长，难以使学生学有所长，一所学校的教师如果都是一无所长，要形成校本特色也是不可能的。

(3)学生和家长的教育观。教育观是人们对教育的地位、作用、过程、方法、内容、评价等方面的理性认识。长期以来，应试教育和传统观念的负面作用催生了以升学率为唯一标准的学校办学质量评价体系和“以成绩论英雄”的教师评价体系，也导致了许多学校形成了“重知识轻能力”、“重理论轻实践”的教学观念等，诸如此类不正确的教育价值观在家庭教育中也普遍存在，成为当前家庭的主流教育观。然而，这些教育观不仅影响学校素质教育的开展，制约学校教育的改革和创新，最终也会导致学校的某项特色建设难以被认可。另外，创建校本特色乃是一项战略工程，需要整个学校和社会的支持力量才能取得成功。其中，学生和家长对特色建设的进程起着重要的影响作用。如果学生和家长曲解了学校创建特色的思想和行为，采取不合作的态度，必然会阻碍特色创建的内部一致性和连续性，导致整个进程缓慢甚至难以维持下去。因此，校本特色的构建需要学生和家长具备正确的教育观，需要学生和家长的合作与支持。

2. 外部因素

(1)开阔的社会需求。建设校本特色的号召并不是随着学校的产生而产生的。在我国，为适应现代教育理念，提高国民素质和深化素质教育的社会需求，国家在1993年通过《中国教育改革和发展纲要》提出了创建学校特色的要求。可见，社会的需求是教育发展、校本特色发展的根本动力。一个社会的时代特征往往会衍生出与之相适应的学校特色，这是历史的必然发展趋势。如我国现代教育史上的“列宁小学”、“抗日军政大学”、“速成中学”、“五七学校”等，都是特定时代的特定产物。改革开放之后，我国出现了一幅鱼跃而上的经济景象，教育也得到了国民的重视和发展。当今，随着社会需求的越发开阔，学校展现出来的特色也渐趋多元化，出现了诸如以“成功教育”为特色的上海市闸北区第八中学，以“赏识教育”为特色的东莞市塘厦镇第二小学，还有以“生本教育”为特色的广州市天河区昌乐小学等。社会对学校办学质量的需求，有大到满足整个国家的政治、经济和文化的需求，也有小到满足某个社区的人才培养需求，对校本特色的建设方向起着决定性的作用，而无法满足社会需求的特色最终注定是失败的。

(2)宽松的行政管理体制。教育行政管理体制是指一个国家的教育行政组织系统，主要由教育行政组织机构的设置、各级教育行政机构的隶属关系及相互间的职权划分等构成。20世纪80年代，国家开始进行了一系列的基础教育体制改革，如1985年的《中共中央关于教育体制改革的决定》中明确了“基础教育管理权属于地方”，还有1993年的《中国教育改革和发展纲要》中进一步规定：“中等及中等以下教育，由地方政府在中央大政方针指导下，实行统筹管理。”通过改革，基础教育的行政管理体制开始从高度集中的集权制向分权制过渡，地方政府享有一定的管理权责。然而，这些改革只是侧重于权限的划分，在保证管理组织的合理运转方面，仍存在不足的地方。我国的教育行政管理的组织形态是由上而下垂直式的，机构设置从中央到省、自治区、直辖市到乡、镇，这种垂直关系要求下级服从上级。可见，尽管实行“分级办学、分级管理”，但是始终没有改变这种隶属关系的本质，反而产生了集权制与分权制的矛盾。这种矛盾导致了学校在办学过程中往往不知所措，校长手中虽握有“办学自主权”，然而实际的办学权却屡屡受阻，无法将其权力运用到具体的工作中。这也是我国学校长期以来缺乏特色的政治根源。学校要求整齐划一的多，鼓励创新的少，最终造成了学校的活力难以发挥、创新意识难以产生，个性也难以展现。学校要走出行政管理的拘囿，自主办出特色，那么，拥有宽松的行政管理体制则是首要条件。我们期望未来在管理体制上，政府对学校的管理应该转为以宏观调控为主，使学校成为面向社会自主办学的实体，享有充分的办学决定权和自主管理权。在此前提下，鼓励学校在遵守教育法律法规、遵循教育规律的基础上，通过历史传统、办学规模、教育教学质量、校园文化、师资队伍和学生素质等方面的良性竞争，办出自己的校本特色来。

(3)开通的公众舆论氛围。公众舆论是由最初的个别看法，经过相互交流而达成较为一致的意见后逐渐形成的。公众对校本特色的舆论主要包括其对这所学校的办学方针、办学措施和办学成果等的看法。一旦某种公众舆论占主流，群众就会自觉或不自觉地把它进一步扩散，使之更加广泛并带有某种情绪色彩。很明显，如果一所学校的特色之处受到社会舆论的肯定，这所学校就能得到社会的尊重，并享有一定的社会荣誉，校本特色自然也能得到有效的宣传和推广。相反，学校若受到公众舆论的抨击，办学质量和社会声誉受到否定，特色之路又从何谈起呢？可见，公众舆论对校本特色的形成产生了很大的外部影响作用。根据媒体报道，位于江苏苏州城区，被誉为苏州硬件设施“最豪华”的澄湖小学开学了。该校总投资共计 1.1 亿元，校园内各处上网方便，花了 30 万元建造模拟生态馆。然而，公众对这所公立“豪华小学”所展现出来的办学特色并非都是拍手称道。我国地区的教育资源的不平衡，硬件与软件配套的不符，在中西部地区，一些孩子连一个能坐下来读书的教室都没有，这种强烈反差使公众感觉用上亿元建所学校确实有些奢华，并且部分公众对“豪华”、“过亿”的字眼也开始敏感起来了。即便是这些字眼儿背后没有多少见不得人的事情，这些公众也会将其自身的情绪慢慢放大，最终变成了一种反“豪华”的事实。①

公众对学校工作的总体评价和改进意见包含一定的合理性，但是在它当

① 《公众为何对豪华小学过度敏感》，见中国网网站，2010-09-06。

中，也往往会有某一种主流的思想和情绪在主导整个舆论氛围，这种氛围抑或是积极的、客观的，抑或是消极的、片面的。因此，对公众舆论要加以正确的引导，对其产生的原因及其结果应该保持理性的分析，置之不顾或盲目跟从只会导致矛盾的加剧，最终不但会毁灭学校辛苦创建起来的特色，并且也会阻碍学校的长久发展。

第三节 小学校本特色管理的实践

校本特色的形成一般经历三个阶段，即寻找特质、凝聚特点和形成特色的过程。每个阶段的管理实践要求是不同的，寻找特质阶段是属于“点”式管理，关键在于找到特色的切入点；凝聚特点阶段是“线”式管理，主要是根据创建特色的目标来设计通往特色的路径；形成特色阶段则需要全面布局，实施“面”式管理，最终形成某一方面的特色。

一、寻找切入点，凝练校本特色

校本特色是体现学校历史文化传统的要素之一，它的形成需要一段慢慢积累的过程。学校在创建特色的过程，首先要全盘摸底，对校本特色的创建进行条件分析。在具体实践中，可采用国外流行的 SWOT 分析方法对学校过去的积累、现在的基础和未来的发展方向进行全面而深入的分析。

SWOT 分析法是由美国旧金山大学的韦里教授于 20 世纪 80 年代初提出的，之后被广泛应用于战略管理领域并成为帮助领导分析情况并制定目标的有效工具。S(Strengths)表示优势，即在制定目标时找出学校自身的优势、W(Weaknesses)则指弱势，即学校当前在组织结构、人员控制、行为规范、工作效率等方面存在哪些不足之处。O(Opportunities)是指机遇，即影响学校生存和发展的机会和条件。T(Threats)表示威胁，即找出影响学校的不安全因素。机会因素和威胁因素是对学校的发展直接有影响的有利和不利因素，属于外部因素，主要包括国家政策、经济资源、社会环境和生源状况等方面。内部因素包括优势因素和劣势因素，它们是学校在其发展中自身存在的积极和消极因素，主要包括学校的规模、经费、文化、学校内部管理、教育教学、干部队伍建设、教师队伍建设、学生发展等因素。SWOT 分析可以帮助学校领导将问题按轻重缓急分类，明确哪些因素可以发挥特色作用，哪些是发展目标上的障碍，哪些资源可待开发，哪些是目前亟须解决的问题等，并将这些研究对象一一列举出来，然后用系统分析的思想，把各种因素进行匹配分析，从中得出一系列相应的结论，明确校本特色创建的模式，从而找出创建校本特色的切入点。

成都市磨子桥小学是全国闻名的小学之一。磨小围绕地理环境、学校规模、硬件设施、行政班子、教师队伍、学校管理、学生状况、家庭教育、社区参与、地方资源、教育政策、学校文化、学校特色、学校品牌等因素，从优势、劣势、机会、威胁四个方面对学校进行全面分析，他们重视从问题中找出路，重视学校的规划，让规划真正成为引导学校发展的航灯，办出校本特色。磨小从地域、生源、办学声誉、师资条件、校园环境、教学质量和教育理念等进行剖析，发现学校地域优势资源明显，学生来源基础较好、社区资源丰富，办学声誉良好、教育理念先进，校园环境优美，教师队伍优秀，教学质量较高等优势。磨小通过劣势分析发现教师的办学理念和对学校办学的价值认同度还不够，名师队伍的专业化建设水平不能适应学校发展；校本课程建设与课堂教学变革没有根本性突破；现代教育技术手段运用相对落后等问题。该校在发展中也找到了机遇，如成都市被批准成为国家级“教育综合改革试验区”，所在武侯区的《十二五教育发展规划》中明确提出了“高位求进、特色发展”新的战略目标，这些都是打造学校品牌的良机，为磨小发展提供了良好的外部因素。然而，机遇也是伴随着挑战而产生。磨小也分析了学校的理念认同、专业化队伍、课程教学改革和高标准办学条件这些外部因素的挑战。

经过 SWOT 全面分析，磨小将学校内部因素和外部因素排列，发挥优势因素，克服弱势因素，利用机会因素，化解威胁因素，以“阳光”教育为特色的切入点，制定出一系列学校未来发展的措施，如设计开发和实施了一系列的卓有成效的校本课程(阳光课程、以家乡为主题的综合实践活动课程)；对教师实施职业生涯规划，以此促进教师专业化发展；挖掘校外的资源和优势，加强阳光系列教育活动，并渗透到学校教育教学工作的方方面面。使学校“阳光”的育人目标更加落实，追求有载体、有实效，最后走出了“阳光”特色之路。①

二、围绕创建目标，精心设计路径

上一个阶段在于帮助学校找出发展中的内部和外部影响因素，并围绕这些因素形成一系列的目标战略计划，为设计特色路径打下基础。这里的目标战略

① 詹惠卿：《有感于 SWOT 分析——赴成都参加大岭山镇中小学干部培训班心得体会》，载《小学科学·教师版》，2012(5)。

是指学校在创建特色的过程中，从本校的实际情况出发，最后选出最佳的创建模式，主要包括4种：(1)发扬式：通过优势因素分析，找出学校的基础积累中的优势，升华基础，将其加以巩固、拓展和提升到一个更深的层次。(2)矫正式或填补式：经劣势因素分析，准确、深刻地揭示学校发展中存在的弊端或空白之处，并在认真研究这些弊端和不足的基础上，提出切实可行的矫正或填补方案，消除发展中的障碍，填补空白的地带，走整体优化道路，最终形成特色。(3)发挥式：学校要善于发现机遇，抓住机遇并充分利用由偶然因素形成的某种特殊条件，因势利导，找准突破点，然后进一步深入和扩展，连线带面式地形成特色。(4)奋起式：学校要着眼于特色创建的威胁因素，这些因素往往会使学校陷入发展的困境，一旦不利因素浮出水面，便要引起足够的重视并动员全员参与，将大问题化小，小问题化零，走出困境，奋发而上，最终解决阻碍前进步伐的问题，走入特色之门。

选择目标战略是进行特色路径设计的前提条件，不同学校的特色路径是不同的。路径选择是学校进行特色建设的关键环节，是学校改革和发展的瓶颈。抓住了这个关键进行优化，学校就会创造一种新的局面，形成一种有特色的办学模式。[①]学校进行特色建设可从多种路径进行选择，包括办学思想、教育教学、课外活动以及管理等。具体选择哪种路径作为特色的通道则要根据学校的具体情况而定，一旦学校确定了合适的目标战略和路径，接下来就是以“点线”带面，实施总体布局，使校本特色在学校领导的有效管理过程中逐渐产生和形成。

三、全面布局实施，创建校本特色

一所学校的特色一般体现在办学思想、教育教学、课外活动以及管理特色四个方面，这也是创建校本特色的四个基本路径。寻找特色的切入点和设计特色的路径是为学校的全面战略布局铺好砖，最终能否顺利走上特色之路，取决于学校的有效管理与实践。全面布局实施要求学校要将特色的创建作为一项战略工程来开展，有效地运用校内外的各种有利的资源，动员相关的人员积极参与，将各项工作落实到位。学校应该根据自身的人、财、物、时空等方面的实际情况，或采用单个路径的全面布局，或采用所有路径的全面布局。

1. 办学思想特色的创建

在办学思想特色方面要注意坚持正确的办学方向，采用多元化的办学模

① 拱雪：《学校特色建设的流程与环节》，载《教育科学研究》，2011(7)。

式。如北京市光明小学建校于1959年，现一校三址，共有51个教学班，1791名学生。光明小学以办学理念作为特色之路的切入点，并将这种理念有效地落实到学校的教育教学、教师发展、管理方面。经过十几年的实践，学校最终形成了自身的办学特色。近年来，该校先后被评为全国文明单位、全国绿色学校、北京市课程改革先进校、北京市科技教育示范校、北京2008奥林匹克教育示范学校、北京市校本培训示范校和北京市校本课程先进校等。光明小学自1996年在实施素质教育中原创性地提出“我能行”教育，并确立让每个孩子在成长中都实践“我能行”、让每位教师在教育教学中都体验“我能行”、让每位家长在培养孩子过程中都相信“我能行”的办学目标。在教育教学方面，学校坚持课堂教学改革，建立了较为完整的校本课程结构，其中，英语是校本品牌学科，此外还有围棋(五子棋)、口琴、“攀登”英语、古诗文诵读和国学等课程。在教师发展方面，学校重视教师队伍建设，近些年共培养出4名特级教师，10名市级学科带头人、骨干教师，近40名区级骨干教师，形成一支优秀的教师队伍，为学校的发展奠定了坚实的基础。在行政管理方面，学校长期实施人性化管理，已形成一种民主、平等与和谐的学校氛围和积极向上的团队精神。①

2. 教育教学特色的创建

在教育教学特色方面，要以先进的教学思想为指导，以开发完整的校本课程结构为主力，以创新的教学方法为突破。如江苏省太仓市朱棣文小学创办于1999年9月，在办学过程中，该校从著名华裔物理学家诺贝尔物理奖获得者朱棣文博士的成长、成功、成名的事例，以先进的教育思想为指导，以科技教育为突破口，寻找人才的成长规律，逐渐形成学校独特的人才培养模式。

首先，寻找特色切入口，明确教学目标。在建校的初期，该校领导确定了自身的办学特色，制定了办学目标：“学校将以朱棣文的人文素养和科学精神为依托，以自然科技教育为切入口，构建探究型、实践型的校本课程，着力培养学生的实践能力和创新精神。”在这一目标的指导下，学校确定了课题《“朱棣文精神”在小学教育中的实践研究》，该课题为学校的科技特色教育活动的开展提供了指导和保证。在此基础上，该校将科技教学纳入教学计划，并专门成立了科技教育领导小组，具体负责学校的科技教育，科技活动，科技竞赛的工作。同时在具体实施过程中，整合综合实践。根据不同的年级，制定相应的研究课题。尤其是与每届科技节紧密结合，做好科技节与综合实践课程相整合，

① 北京市重点科学规划2010年重点课题组：《北京市小学学校特色建设案例分析》，载《教育科学研究》，2011(7)。

根据学生的年龄特征、接受能力，在辅导员的指导下确定自己的研究课题。

其次，弘扬科学精神，编著校本教材。为了更好地传播朱棣文精神的内涵，并将其科学精神内化为师生自身的素质为目标，该校设置了一系列校本教材。现在学校已编著了两本小册子——《朱棣文》和《发现朱棣文》，前者较为全面地介绍了朱棣文的生平事迹和各种记者对他的采访报道，包括朱棣文来学校参观访问时学校师生写的自己眼中所看到的朱棣文。后者系统全面、深入浅出地介绍朱棣文精神的丰富内涵，为该校的特色教育提供思想和理论的基础。另外，综合实践活动及科技教育的辅导教师在指导学生开展科技和实践活动中已积累的丰富素材和经验，这些不但能为以后的科技教育提供借鉴同时也丰富了校本教材的内容。

最后，落实科学教育，实施创新性教学方法。新的课程标准指出：小学科学课程以培养学生的科学素养为宗旨。科学素养除了必要的科学知识以外，还包括科学的思维方式，对科学的理解，科学的态度与价值观，以及运用科学知识和方法解决问题的意识。因此，该校教师在课堂上比较注重培养学生学科学、用科学的志趣和能力，尤其注重培养学生的科学方法和态度。具体的做法是：(1)培养学生的问题意识。根据学生的年龄特点，激发学生对事物的兴趣，让学生活跃的思维指向探究的问题。(2)培养学生的合作意识。小学自然课中的实验探究教学是培养学生观察能力、实验能力、动手能力和创造能力的有效手段，同时也是培养儿童合作意识的土壤。(3)选择贴近学生生活的材料。教师为课堂准备的材料既体现了内容的科学性，又符合学生的年龄特征和认知规律，贴近学生的日常生活，同时也具有趣味性，能使学生喜欢并有能力通过对材料的探究来发现问题、认识问题。(4)联系生活，注重课后延伸。善于捕捉学生的好奇心理，在恰当的时机引领孩子们探究生活中的科学。在探究的过程使学生逐步学会探究的方法，让探究变得得心应手。另外，为了提高教学的效果，更进一步发展学生的探究、动手能力，学校组织了形式多样、丰富多彩的科技教育活动，既有包括无线电制作班、航模制作小组、车模制作小组、船模制作小组、手工艺制作小组、小种植小组、小饲养小组、标本制作小组、气象观测小组、科技小实验小组、环保监测小组等为内容的科技兴趣小组，也有包括信息技术教育、研究性学习、社区服务与社会实践以及劳动与科技教育等课程主题的综合实践活动。①

① 《以科技教育为抓手 打造学校名人特色品牌》，见朱棣文小学网站，2007-10-10。

3. 课外活动特色的创建

在课外活动特色方面，要注意体现活动的科学性，选择合适的活动形式以及提供充足的活动设施和师资条件。如浙江省宁波市北仑区淮河小学，总是被人们冠以“安全隐患、没经验、生源流失”等触目惊心的“名号”，因为淮河小学地处宁波市北仑区的城郊接合部，学校对面就是高耸的集装箱堆场，一辆辆集装箱总是从校门口轰然驶过。但是，这样的一所学校最后通过开展独具特色的“阳光城”实践活动而走上了特色的道路。

学校意识到了自身的劣势和外部的威胁因素的同时，也通过对教师、学生、家长和社会的调查分析找到了自身的优势和机遇。对教师而言，尽管他们中没有区级以上的学科骨干，但大家都有将学校办好的强烈愿望，平均年龄不到30岁的教师队伍，更是充满了活力和激情。对学生而言，尽管他们的成绩不是数一数二，但都有一颗积极上进的心，他们渴望在新学校放飞理想，获得进步；对家长而言，尽管家长普遍认为学校处于“弱势”，但他们还是期待新学校迅速发展，并愿意为新生的淮河小学出谋划策；此外，学校周边的教育资源也相对充足。学校周边有三个社区，特色非常鲜明。像芙蓉社区是一个环境优美的生态型社区；牡丹社区则是“人文型”的，文艺极具魅力；北极星港口社区，港区文化很突出。而且这三个社区的教育资源很丰富，有北仑港、吉利汽车等知名大型企业，还有丰富的人力资源。

在充分掌握各方面情况后，学校依托周边社区的资源优势，根据学生的天性，开展了以“特色载体构建为手段，情境模拟为形式，感恩教育为突破口，生存教育为凸显点，综合素养提高为目标”的“阳光城”综合实践活动。“阳光城”是一个将学校和周围社区整合而成的模拟城市；学生就是这个城市中的“小市民”；学校就是这个城市的快乐大本营，是开展活动的最高领导机构；其中还开办了陶艺吧、车模馆、手工坊、机械室……在这个最高机构下，设有三个特色基地：“生态基地”(芙蓉社区)、“综艺广场基地”(牡丹社区)、“绿色港湾基地”(北极星社区)。“阳光城”采用“小市长负责制”，由学生进行自主管理，并聘请社区的各单位领导和优秀人员担当“小市长顾问”、“小市民辅导员”等。小市民就在他们的培训、指导下，自主策划活动方案，参加各种丰富多彩的实践活动。

“阳光城”的活动轰轰烈烈地展开了。在活动中，学生模拟各种角色，获得了一种体验，养成了一种品质。像“阳光城”俱乐部开展的“海岛觅食”活动，模拟“海上遇难”，带领学生开展“荒岛求生”训练。在家里娇生惯养的孩子们，在活动中知道了该如何根据风向搭建锅灶、在荒岛上该捡什么样的柴火、怎样才能让火经久不熄……一位学生后来写道："尽管屡次受挫，但在困难面前，我没有退缩，而是越挫越勇。从懦弱到坚强，我从'小公主'变成了自强自立的人。"再进入作为"阳光城"大本营的学校，在这里，有"小市长办公室"，有"城管局"、"环保局"等各种执法部门，在"小市长"、"小局长"的管理下，"市民"的文明素质有了大幅提高。

做操时，站得远远的是老师，捧着执法记录本的是"城管局"；铃声响起，老师还未到位，"监督局"第一时间通知老师并将情况记录在案。"小市长办公室"举行的"校门口执法"等活动，整顿了某些不良风气，净化了"阳光城"的空气。作为一个辅助手段，"阳光七彩卡"也随之出台。阳光七彩卡分为红色德育卡、绿色学习卡、黄色体育卡、蓝色美育卡、白色体验卡、紫色心理卡和代表最高荣誉的七彩阳光卡。每位"市民"获得单类卡 10 张即可获得七彩阳光卡。学期末，"小市长办公室"根据阳光七彩卡的张数评出"阳光好公民"。"小市民"可以将阳光卡兑换成阳光币，再用阳光币换取自己喜欢的实践活动。比如去动漫农庄参加劳动，去图书馆借书，在"六一"节换取自己心仪的小礼物等，"市民"们有了成功的目标，自然有了好好学习、认真负责、帮助他人等优秀品德养成的土壤。

"阳光城"的老朋友，教育部基础教育课程改革专家组成员、华中师范大学郭元祥教授在几次参观后欣然题词："'阳光城'是构建和谐链(和谐校园——和谐家庭——和谐社区——和谐社会)的最有效载体!"这是对淮河小学的课外活动特色致以最高评价，同时该校的办学思想也得到了区教育局的大力支持。①

4. 管理特色的创建

在管理特色方面，要以创新的时代管理观念为依托，力求在管理理念、目标、组织、风格和制度五个方面能有所突破，与时俱进。如北京市东城区府学胡同小学创建于 1368 年，从"古代官学"到"现代学校"虽历经 600 多年却保持发展优势。该小学以历史文化传统为优势，以"府学文化"为切入点，采取传统发扬式的目标战略，府学胡同小学充分挖掘自身的管理优势，走管理特色之路。在管理目标方面，以文化管理为手段，以学生的全面发展为最终目标；在管理组织方面，创设学校发展的共同愿景、塑造府学共同价值观以形成高凝聚性的组织形态；在管理制度方面，建立共同的行为准则，形成府学行为体系。学校的制度建设以共同价值观为基础，主要包括完善规章制度，强化常规管

① 郑巍巍：《从实践的特色走向理论的特色——浙江省宁波市北仑区淮河小学创办学校特色之路》，载《人民教育》，2009(22)。

理；完善教师激励机制；塑造尊重人性的领导行为。在管理风格方面，展现出人文管理的魅力。建设校长文化、课程文化、教师文化、学生文化和环境文化，构建学生的童年乐园、教师的精神家园，进而构建府学文化圣园。①

【案例分析1】 谢家湾小学的办学特色

重庆市九龙坡区谢家湾小学校创办于1957年，该校现已形成一校三地五部(本部老校区、本部新校区：华润谢家湾小学、朵力分校、俊逸分校、幼儿园、国际住读部)的办学格局。学校拥有52个小学教学班，8个幼儿园教学班，共有在校学生2000多名。谢家湾小学无论是德育工作还是教学科研工作都取得了累累硕果。它连续十八年获得办学水平综合评价一等奖；先后被评为"四川省重点小学"、"重庆市德育示范学校"、"重庆市现代信息技术示范学校"、"全国绿色学校先进集体"、"全国体育工作先进集体"、"重庆市首批示范小学"。

谢家湾小学在多年办学积淀下，在"六年影响一生"办学理念引领下，在从知识育人向文化育人的转变中，逐步形成了以"红梅花儿开，朵朵放光彩"为主题的校园文化特色。学校摒除功利，心平气和地办学校，以孩子的立场、孩子的体验和孩子的收获作为所有工作的出发点和归宿；让每个孩子按照自己的优势去发展，以"自信、自尊、自觉、自悟"作为育人目标，坚持不懈地实施素质教育。

并且，该校把艺术教育当作是一种公民的基础素质教育，向全体学生实施，关注学生综合素质的培养，从"纯粹艺术"教育中解脱出来，探索多元化的艺术教育途径。在艺术学科的课堂中坚持基本技能与情感并行发展，把艺术教育渗透到学科教学中去，开设了人人必修的《生活与礼仪》课、《综合实践》课和选修的兴趣课和特长课，其内容包含了声乐、绘画、雕刻、攀岩、体操、陶艺、书法、器乐、舞蹈、演讲、主持、表演、手工编织、金工、木工等40多个方面，为学生创设自主发展的空间，强调多门艺术学科的沟通和融合，使艺术教育的本质真正回归到情感教育、审美教育和素质教育的层面。

此外，谢家湾小学还是重庆体育传统项目学校，全国群众体育运动先进集体，在区"九龙杯"田径运动会竞赛中多次荣获第一名，为各级体育运动队输送了大量人才。该校坚持"人人参与，人人锻炼"的理念，让每个孩子都有锻炼的机会。其攀岩运动、轮滑运动、亲子运动等特色活动大大提高了孩子们运动的

① 北京市重点科学规划2010年重点课题组：《北京市小学学校特色建设案例分析》，载《教育科学研究》，2011(7)。

兴趣。学校每年两届的运动会，保证了每个孩子都有上场的机会，而且老师、家长齐上阵与孩子们共同锻炼。学校坚持每天锻炼一小时的运动时间，学校的大课间活动也以容量大有特色著称于市内外。①

解析思路：

1. 从校本特色的类型分析谢家湾小学的特色之路。

2. 谢家湾小学的校本特色包括哪些要素？

【案例分析2】 以健康教育创办学特色

虹口区第三中心小学坐落在具有浓郁文化氛围的山阴路上，与鲁迅、郭沫若、瞿秋白等20世纪一代文化巨匠的故居相邻，是一所具有悠久历史的学校。学校为突出办学特色，从“新视野下的健康教育”着手，把健康的躯体、健康的心理、社会和环境四个方面与学校德育、智育、体育、心育等加以的融合。在德育上，提升学生生命的价值；在道德教育上，重点抓责任感教育和健康行为，让学生懂得生命力的提升源于真、善、美；在智育上，以增强生命的正能量为切入点，引导学生树立正确的人生目标；在学习上，重点抓学习健康保健和珍惜生命，让学生懂得生命力的质量基石是心智健康；在体育上，激发生命的活力，体育锻炼时重点抓保健体育技能，让学生懂得生命力的物质基础是强健的体魄；在心育上，开发生命的潜能，在心理健康教育中重点抓积极的情绪，让学生懂得生命力的精神源泉是健康的心理。学校在实践的基础上总结出“系统优化、全面促进”的四种新健康教育的操作方法：(1)双线并进——在新健康教育中科学态度和人文精神融合。(2)三方互联——在新健康教育中，学校、家庭、社区三方的教育要同步协调，形成合力。(3)四项整合——在新健康教育中，始终把生理健康、心理健康、道德健康和社会适应良好的教育活动整合，并在教育实践中以新健康教育的载体来突破。(4)五育交融——新健康教育应结合学校的智育、德育、体育、美育、心育融合实施。②

解析思路：

1. 从第三中心小学抓健康教育的理念着手，分析办学特色的切入点。

2. 从第三中心小学办学特色的总结与提炼，看特色的形成过程。

复习与思考

1. 校本特色的内涵是什么？

---

① 《谢家湾小学》，见百度百科网站，2012－03－21。

② 《昨天 今天 明天的辉煌》，见虹口区第三中心小学学校网站，2007－09－19。

2. 何谓校本特色管理？

3. 校本特色创建的多元模式包括哪些？

4. 校本特色包括哪些类型？

5. 影响校本特色形成的因素有哪些？

6. 校本特色的形成包括哪几个阶段？

7. 校本特色管理的实践流程是怎样的？

推荐阅读

1. 孙孔懿．学校特色论．北京：人民教育出版社，1998.

2. 王荣德．学校管理新策略．北京：科学出版社，2007.

3. 赵敏、江月孙．学校管理学．广州：广东高等教育出版社，2008.

4. 郑巍巍．从实践的特色走向理论的特色——浙江省宁波市北仑区淮河小学创办学校特色之路．人民教育，2009(22).

5. 拱雪．学校特色建设的流程与环节．教育科学研究，2011(7).

6. 张建明．浅谈特色学校的内涵与要素．上海教育科研，2005(8)．

参考文献

[1] (美)韦恩·K·霍伊，塞西尔·G·米斯克尔. 教育管理学. 范国睿译. 北京：教育科学出版社，2007.

[2] (美)弗莱蒙特·E. 卡斯特，詹姆斯·E. 罗森茨韦克．组织与管理：系统方法与权变方法．傅严，李柱流，等译．北京：中国社会科学出版社，2000.

[3](法)亨利·法约尔．工业管理与一般管理．迟力耕，张璇，等译．北京：机械工业出版社，2007.

[4](美)哈罗德·孔茨，海因茨·韦里克．管理学．北京：经济科学出版社，1993.

[5](美)约翰 M. 伊万切维奇，罗伯特·康诺帕斯基，迈克尔 T. 马特森．组织行为与管理．邵冲，苏曼，等译．北京：机械工业出版社，2006.

[6](美)彼得·圣吉．第五项修炼：学习型组织的艺术与实务．郭进隆，等译. 上海：上海三联书店，1998.

[7]陈孝彬，高洪源．教育管理学．北京：北京师范大学出版社，2008.

[8]孙绵涛．教育管理学．北京：人民教育出版社，2006.

[9]黄　葳．教育管理学——概念与原理．广州：广东高等教育出版社，2002.

[10]张东娇等．教育管理学．北京：高等教育出版社，2011.

[11]司晓宏．教育管理学论纲．北京：高等教育出版社，2009.

[12]吴志宏．教育管理学．北京：人民教育出版社，2006.

[13]王世忠．教育管理学．北京：教育科学出版社，2011.

[14]倪杰．管理学原理．北京：清华大学出版社，2006.

[15]王绪君．管理学基础．北京：中央广播电视大学出版社，2001.

[16]张 德．现代管理学．北京：清华大学出版社，2007.

[17]李景平．现代管理学．西安：西安交通大学出版社，2002.

[18]孙绵涛．教育管理原理．广州：广东高等教育出版社，1999.

[19]吴林富．教育生态管理．天津：天津教育出版社，2006.

[20]萧宗六，贺乐凡．中国教育行政学．北京：人民教育出版社，1996.

[21]吴志宏．教育行政学．北京：人民教育出版社，2000.

[22]张新平．教育管理导论．上海：上海教育出版社，2006.
[23]陈向明．质的研究方法与社会科学研究．北京：教育科学出版社，2001.
[24]萧宗六．学校管理学．北京：人民教育出版社，2008.
[25]吴志宏．学校管理理论与实践．北京：北京师范大学出版社，2002.
[26]李保强．学校管理学．北京：高等教育出版社，2002.
[27]阎德明．现代学校管理学．北京：人民教育出版社，2004.
[28]王荣德．学校管理新策略．北京：科学出版社，2007.
[29]郭振武．学校管理．北京：中央广播电视大学出版社，2000.
[30]杨天平．学校常规管理学．北京：人民教育出版社，2004.
[31]赵中建．学校文化．上海：华东师范大学出版社，2004.
[32]郑金洲．教育文化学．北京：人民教育出版社，1997.
[33]倪胜利．教育文化论纲．重庆：重庆大学出版社，2011.
[34]张智光．决策科学与艺术．北京：科学出版社，2006.
[35]申继亮．教师人力资源开发与管理．北京：北京师范大学出版社，2006.
[36]季苹，张文清．学校文化自我诊断．北京：教育科学出版社，2004.
[37]侯岩．学校文化研究概论．河南：河南人民出版社，2008.
[38]孙孔懿．学校特色论．北京：人民教育出版社，1998.
[39]朱宗顺．现代学校教育导论．武汉：华中理工大学出版社，2000.
[40]徐美恒，李明华．公共关系管理学．北京：中国人民公安大学出版社，2002.
[41]朱新凭．教育管理心理学．北京：中国人民大学出版社，2008.
[42]朱小曼．现代学校制度的理论与实践研究．北京：教育科学出版社，2008.
[43]彭和平．公共行政管理．北京：中国人民大学出版社，1995.
[44]张东娇．公众、事务与形象：学校公共关系管理导论．重庆：重庆大学出版社，2000.
[45]赵琴．学校教育与家庭、社会教育．广州：广东高等教育出版社，2000.
[46]叶澜．新编教育学教程．上海：华东师范大学出版社，2001.
[47]陈振明，孟华．公共组织理论．上海：上海人民出版社，2006.
[48]罗珉．组织管理学．成都：西南财经大学出版社，2003.
[49]朱国云．公共组织理论．南京：南京大学出版社，2003.
[50]黄崴，胡劲松．教育法学概论．广州：广东高等教育出版社，1999.
[51]李晓燕．教育法学．北京：高等教育出版社，2004.